한국인의 눈부신 철학

한국인의 눈부신 철학

제1판 제1쇄 발행일 2025년 2월 18일

글_ 손석춘
기획_ 책도둑(박정훈, 박정식, 김민호)
디자인_ 정하연
펴낸이_ 김은지
펴낸곳_ 철수와영희
등록번호_ 제319-2005-42호
주소_ 서울시 마포구 월드컵로 65, 302호(망원동, 양경회관)
전화_ 02) 332-0815
팩스_ 02) 6003-1958
전자우편_ chulsu815@hanmail.net

ISBN 979-11-7153-024-3 03150

철수와영희 출판사는 '어린이' 철수와 영희, '어른' 철수와 영희에게
도움 되는 책을 펴내기 위해 노력합니다.

한국인의 눈부신 철학

한류와 '다이내믹 코리아'의 뿌리

손석춘 지음

철수와영희

한국인 대다수는
어떤 철학으로 살았을까

대한민국. 참 역동적이다. 작가 한강이 스웨덴에서 노벨문학상을 받을 때 한국은 생게망게한 비상계엄 소동을 벌였다. 하지만 계엄 선포와 동시에 거리로 나선 민중들은 친위 쿠데타에 나선 대통령 윤석열을 탄핵했다.

2016년에 이어 2024년 12월의 대통령 탄핵은 민중의 촛불이 없었다면 가능하지 않았다. 세계인의 눈길을 모은 촛불혁명이 거듭 일어난 모습은 민주주의가 후퇴하는 세계사적 상황에서 단연 돋보인다. 계엄 선포에서 탄핵까지 열이틀에 걸쳐 응원봉을 들고 케이팝K-POP을 부르며 민주주의를 노래한 한국인의 눈부신 모습도 지구촌에 퍼졌다.

그런데 2016년 촛불혁명 이후에도 사람보다 자본, 연대보다 경쟁 중심의 사회체제에 큰 변화가 없어서일까. 한국인의 철학적 빈곤을 꼬집는 목소리가 솔솔 들린다. 실제로 미국과 유럽의 언론계와 학계에서 한국의 전통 철학은 중국에서 수입한 철학이라고 섣불리 단정하는 이들이 적잖다. 20세기 전반기에 일본 제국주의가 한국인을 '쉽게 끓고 쉽게 식는 민족'이라고 국제 사회에 흘리며―정작 냄비는 일본인이 써온 그릇(나베)이고, 한국인은 전통적으로 뚝배기를 애용했다―한글과 한국 문화의 조직적 말살에 나선 여파다.

문제는 더 심각하다. 한국은 고유한 철학이 없다는 섣부른 단정을 다름 아닌 한국인이 저지르기도 한다. 누구일까. 스스로 의식하고 있지 못하지만 뼛속까지 사대에 젖은 사람들이 우리 학계와 언론계에 똬리 틀고 있다. 그들이 한국의 철학적 전통은 중국을 좇은 사대라고 비판하는 것은 아이러니다. 다름 아닌 그들이야말로 현대 유럽과 미국의 철학을 좇아왔기 때문이다. 그 논리대로 한다면 한국인은 전근대에는 중국의 유학, 근대 이후에는 유럽과 미국의 철학을 수입해왔을 따름이다. 딴은 전혀 틀린 말은 아니다. 과거 양반계급이던 선비들은 주자학을 내세워 지배 세력으로 군림했고, 현재 대학에 전임으로 자리 잡은 철학 교수들은 누가 더 최신 사유를 빠르게 수입하는지 경쟁이라도 하듯 미국이나 유럽 철학자들의 생각을 들여와 퍼트리고 부익부 빈익빈의 기득권 체제에 의도했든 아니든 편입되어 있기 때문이다. 그 결과 한국의 사상계는 '수입 백화점'이 되었다는 자조마저 철학자들 사이에서 흘러나오고 있다.

하지만 양반계급의 고위 유학자나 대학의 강단 철학자들이 한국인을 대표하진 않는다. 아니, 그들은 과거나 지금이나 극소수이다. 철학자로서 그들의 삶 또한 대다수 한국인들의 삶과 겉돌았다. 한국인들이 살아가는 삶에서 문제의식을 찾지 못하고 중국인, 유럽인, 미국인의 삶에서 배태된 문제의식을 수입해온 결과다. 일찍이 신채호는 "석가가 들어오면 조선의 석가가 되지 않고 석가의 조선이 되며, 공자가 들어오면 조선의 공자가 되지 않고 공자의 조선이 되며, 무슨 주의가 들어와도 조선의 주의가 되지 않고 주의의 조선이 되려 한다"며 사대주의자들이 지닌 "노예의 특색"을 "통곡"했다.

물론 모든 선비 또는 철학자들이 동시대를 살아가는 대다수 한국인의 삶을 외면한 것은 아니다. 더러는 우리 삶의 현실을 기반으로 독창적인 사유를 전개한 철학자도 있었다. 하지만 그 '사문난적斯文亂賊'이나 실학자, '거리의 철학자'들은 과거나 지금이나 자신의 철학을 펼치며 후학을 길러낼 제도적 공간에서 배제되었다.

그렇다면 철학의 수입이나 유통과 단절되어 있던 대다수 한국인의 철학은 무엇이었을까. 그 물음에 앞서 그 대다수에게 철학이 있었겠냐며 냉소하는 시선부터 살필 필요가 있다. 철학을 철학자의 전유물로 여기는 이들이 적지 않아서다. 과거 양반계급의 선비들이 주자학을 수입하며 그랬듯이 미국과 유럽에 유학하고 돌아와 대학에 터잡은 교수들에게 수입품은 '일반인들' 앞에 매우 갖기 어려운 상품처럼 선망되어야 했다.

하지만 철학이 없는 사람은 없다. '모든 사람은 이미 철학자'라는 명제는 좌우의 이념을 넘어 20세기 이후 확고히 정립됐다. 현대 언어철학자들은 언어로 표현되는 가장 단순한 지적 활동에도 특정 인생관이나 세계관이 담겨 있음을 규명했다. 언어를 쓰는 모든 사람은 철학을 지녔다는 뜻이다. 일찍이 그람시 Antonio Gramsci 도 인간을 모두 철학자로 보았다. 문화철학자 말 Ram Adhar Mall 은 철학이 서유럽에만 있었던 것이 아니라 모든 전통문화에 있음을 강조했다. 문화철학은 1990년대 이후 독일 철학계에서 한 흐름을 이루며 '진정한 철학은 자신의 생활 세계에 뿌리를 내려야 한다'고 역설했다.

물론 '철학'을 함부로 남용하는 윤똑똑이들이 없지는 않다. 하지만 그렇다고 해서 우리가 철학이라는 말을 대학의 강단 철학자들에게 넘길 아무런 이유가 없다. 이 책에서 '사상'이라는 표현이 통념상 더 적실해 보이더라도 굳이 '철학'이라 쓴 까닭도 여기에 있다. '철학'이라는 말을 대학 전임교수들에게 맡길 때 사회 구성원 대다수의 삶은 피폐해지게 마련임을 강조하고 싶다. 실제로 '원로 철학교수'들의 사회적 발언은 케케묵은 이데올로기로 기득권 체제 강화에 한몫해왔다.

이 책은 역사적으로 한국인 대다수는 어떤 철학으로 살았을까, 어떤 철학을 품고 삶을 살아가며 죽음을 맞았을까를 탐구한 결실이다. 학술지에 발표한 논문들을 기반으로 새로운 주제를 더하고 다듬어 각 장의 연관성을 높이며 처음부터 새로 썼다. 학술서 아닌 교양서로 구상했기에 각주는 모두 생략하고 참고문헌을 맨 뒤에 붙였다. 학술지를 보는 이들은 학계에 국한되어 있기에 대다수 독자에겐 이 책이 담은 문제의식과 논리적 탐색 모두 처음이고 낯설 수 있다. 그래서 한국인의 철학을 찾은 문제의식과 방법론, 기본 개념들을 '여는 글'에 압축해 서술했다. 여는 글을 정독한 뒤에는 관심 있는 주제부터 읽어도 무방하다.

이 책이 한국에는 고유한 철학이 없다고 여기는 나라 안팎의 지구인들과 가능한 많이 만나기를 소망한다. 한류로 한국 문화에 관심이 점점 커지고 있는데 정작 한국인들이 우리 안에 깊숙이 자리한 철학을 모른다면, 외국인들의 물음에 아무 말도 못한다면 참으로 안타까운 일이다. 그 철학이 눈부시기에 더욱 그렇다.

한국인의 눈부신 철학은 인류 공동의 유산이거니와 독자들은 이 책을 통해 '다이내믹 코리아Dynamic Korea'의 뿌리를 발견할 수 있고 새로운 인류 문명을 열어갈 상상력을 얻을 수 있다. 한국인들은 물론 한류를 깊이 알고 싶어하는 외국인들에게 두루 뜻깊은 시간이 되리라 감히 기대한다.

차례

여는 글

◆

**철학사
밑물결에**

**생동하는
서사**

◆

♦

도도한 철학,
도저한 저류

♦ 한국 철학사에는 두 흐름이 있다. 먼
저 다른 나라, 다른 사회에서 영근 철학을 수입해온 흐름이 사뭇
도도하게 흘러왔다. 과거에는 중국과 인도의 철학, 현대에는 유
럽과 미국의 철학이 그것이다. 흥미롭게도 수입된 철학은 언제
나 지배 세력 또는 기득권 체제를 견고히 해왔다. 불교와 유교는
왕권의 이데올로기였고 주자학은 양반계급이 출세하는 도구였
다. 도구적 지식은 20세기에 접어들며 유럽과 미국 철학으로 바
뀌어 확고히 자리 잡았다. 그 흐름의 철학자들은 대부분 밖과 위
로부터 사유하는 길을 걸어왔고 지금도 그렇다. 철학을 수입한
주자학자들과 강단 철학자들은 나라 안에선 한껏 권위와 부를
누렸지만 나라 밖에선 사대주의로 내심 주눅들기 일쑤였다.

하지만 그와 다른 흐름이 연면히 이어졌다. "강이나 바다의
바닥을 흐르는 물결"을 저류底流라 하듯이, 바깥바람 영향을 곧

장 받아온 철학의 '겉물결' 아래 깊은 곳을 흘러온 '밑물결'이 있
다. 한국인 대다수가 긴긴 세월 몸으로 살아간 철학이 반짝이는
곳이다. 대다수 사람들―영어사전 뜻 그대로 'people'이고 국어
사전 뜻 그대로 '민중'―이 삶을 바라보는 관점은 한자나 영어
가 찰랑찰랑 넘치는 세상을 이겨내며 도저한 흐름을 이어왔다.
바로 신화와 설화다. 언어를 쓰는 모든 사람이 이미 철학자라면,
기나긴 시간에 걸쳐 민중들 사이에 소통되며 다듬어진 설화와
신화는 한결 풍성한 철학을 담고 있을 터다. 그 밑물결에서 길
어 올린 철학은 눈이 부시게 빛난다.

21세기 인터넷 시대에 철학사의 흐름을 도도한 겉물결과 도
저한 밑물결로 나누어 사유한다면 자칫 고루한 접근으로 떨어
질 수 있다. 한국 철학의 고유성과 지구촌의 학문적 흐름을 모
두 아우르는 사유가 바람직하기에 더 그렇다.

그럼에도 군이 겉과 밑으로 흐름을 나눈 까닭은 지배 세력의
오랜 사대적 사유가 학계와 언론계를 통해 여전히 민중들 사이
에 악영향을 끼치고 있어서다. 사뭇 세련되어 보이지만 그들은
중국을 사대한 전근대의 비루한 유생들과 다를 바 없다. 전근대
의 패권국이 중국이었다면, 지금은 미국으로 옮겨 갔을 따름이
다. 아직도 한글 · 한국문화 · 한국인을 무시하고 영어 · 서양문
화 · 백인을 좋아하는 일부의 세태는 한숨을 불러 일으키기에 충
분하다. 더러는 한글 · 한국문화 · 한국인을 비하하는 언행까지

서슴지 않기에 더욱 그렇다.

　저자가 경험한 두 장면을 공유하고 싶다. 먼저 2020년 9월, 서울 금천의 호암산이다. 산 중턱에 돌탑들이 좌우로 즐비한 돌계단 길이 있고 그 끝에 '산신당'이라는 글자가 새겨진 큰 바위가 있었다. 종종 산책 다니던 그 길을 어느 날 다시 찾았을 때 돌탑들은 여러 곳이 파괴되었고 '산신당' 글자는 돌을 거칠게 깎아내 지워졌다. 누가 그랬을까. 마치 과시라도 하듯이 '범인'은 빨간 페인트로 십자가를 그려놓았다. 기실 '산신당' 훼손에 그치지 않는다. 단군상의 목을 거침없이 잘라버리는 만행을 저지르기도 한다. 한국기독교총연합회는 단군상 건립 반대 및 철거 결의 대회까지 가졌다. 종교의 자유는 물론 보장받아야 하지만 자신이 믿는 종교만이 옳고 나머지는 모두 우상이라는 근본주의적 신앙은 세계사에서 숱한 참극을 빚었다. 더구나 단군은 한국인의 뿌리다. 단군상의 목을 서슴없이 망치로 부수는 만행은 자신의 고유 문명을 천시하며 서양의 종교를 광신하는 사대성의 또 다른 살풍경이다. 그들은 종종 정치 집회를 열고 태극기와 함께 미국 성조기를 흔들어 아연케 한다.

　다음 장면은 2022년 10월 29일의 서울 이태원이다. 그 전날 KBS와 MBC 두 공영방송이 할로윈 축제를 예고하는 뉴스를 보며 몹시 착잡했다. 바로 그해에 오랜 전통의 '처용 축제'를 울산시가 중단하겠다고 발표했을 때는 단 1초도 보도하지 않았던

방송들이다. 알다시피 처용과 할로윈 모두 '가면 축제'다. 고유한 철학이 담긴 전통적 가면극은 무관심과 외면에 사라지고 우리 문화와 대단히 이질적인 가면극은 주요 뉴스 시간대에 예고방송까지 나왔다. 착잡함은 다음 날의 끔찍한 사고와 슬픔으로이어졌다. 젊은 세대의 누리소통망^{SNS}에도 두 공영방송의 뉴스가 영향을 주었다. 결국 할로윈 축제에 인파가 몰렸다. 119로 구조를 요청했음에도 좁은 골목길에서 159명이 깔려 죽고 195명이 다치는 참사를 빚었다. 서재에서 촛불을 켜고 애도의 향을 사르는 마음은 더없이 스산했다.

그렇다. 결코 가볍게 볼 문제가 아니다. 과거 중국의 주자학을 숭배했듯이 유럽과 미국의 철학과 종교를 우러르며 한국인의 삶과 사상을 낮춰 보는 사대주의 폐해가 지금도 윤똑똑이들사이에 넓고 깊게 퍼져 있다. 하지만 그 사대주의자들이 철학을수입한 나라들에서도 민중 사이에 전승되어온 신화와 설화에서철학을 찾는 연구는 낯설지 않다. 다름 아닌 서양 현대철학에 문학과 철학의 경계를 허무는 흐름이 나타나고 있다.

서양 근대철학이 물리학을 비롯한 자연과학을 예민하게 의식했다면, 현대철학은 진리가 하나라거나 인간이 그것을 정확히 인식할 수 있다는 생각에서 벗어나 문학을 사유의 동반자로삼고 있다. 신화와 설화가 문학의 주요 갈래이자 뿌리임은 두말할 나위 없다. 굳이 서양의 연구 경향을 덧붙인 이유는 사대주의적 철학과 철학의 사대주의화에 오염된 사람들이 적지 않아 그들에게 조금이라도 더 다가가고 싶어서다.

◆

새로운 인간관,
"사람이 바로 문학"

◆　　　　　　　학문의 사대성에 물들지 않고 고유의 독창적 이론을 펼쳐가는 학술 단체가 우리 학계에 없는 것은 아니다. 드문 가운데 한국문학치료학회가 돋보인다. 한국에서 싹튼 학문, 문학치료학의 기본 명제는 새뜻하다. '인간이 곧 문학이며 문학이 곧 인간이다'가 그것이다. 국문학자 정운채가 주도한 문학치료학은 짧은 시간에 학계에 뿌리를 내렸다. 2004년에 처음 선보인 학술지『문학치료연구』는 인문학 분야 인용지수 상위권에 빠르게 오르며 '학문적 가치와 전문성'을 확보했다. 한국 신화와 설화를 깊이 연구해온 신동흔은 '인간이 곧 문학'이라는 문학치료학의 전제를 "한국 인문학이 내건 가장 혁신적이고 도전적인 명제라 해도 좋을 것"이라고 평가했다. 기실 '인간이 곧 문학이며 문학이 곧 인간'이라는 문학치료학의 명제에 '저작권'을 찾자면 오랜 세월 민중들이 즐겨 쓴 인생론에 이른다.

노년에 이른 많은 이들이 '내 인생을 소설로 쓰면 장편소설 몇 권이 될 것'이라고 토로해왔다.

민중들 사이에 오간 그 생각을 깔끔하게 '인간이 곧 문학'으로 정리한 정운채는 "문학작품이나 인생의 저변 또는 내면에서 끊임없이 작용하고 있는 서사"에 주목했다. 그 서사는 문학작품이 만들어진 배경과 진후 맥락을 이해하게 해준다. 사람도 곧 문학이기에 작품처럼 서사가 있다. 작품의 서사가 구체적인 작품으로 드러나듯이, 사람의 서사는 그의 삶으로 드러난다. 작품이 지닌 서사가 '작품서사', 사람이 지닌 서사가 '자기서사'다. 문학치료학은 사람을 이해하기 위해 그 사람의 자기서사를 탐색한다.

작품서사와 자기서사는 중요한 차이가 있다. 문학작품과 작품서사는 이미 구체적으로 형상화되어 고정적이며 완결적이다. 그러나 문학으로서 사람은 고정적이지도 완결적이지도 않다. 바로 그렇기에 치료가 가능하다. 개개인의 자기서사에 문학작품의 서사가 영향을 끼칠 수 있기 때문이다. 작품서사를 통해 자기서사를 건강하게 만들어갈 수 있는 것이다.

문학치료학에 학문적 관심이 높아가며 새로운 시도들이 더해졌다. 학문 사이의 경계를 넘어 융합과 통섭이 모색되었듯이 문학치료학도 '국문학과 다른 학문의 융·복합으로 범학제적 성격의 새로운 학문으로 성장해야 한다'는 주장이 나왔다. 학회는 창립 이후 지금까지 매달 학술 대회를 빠짐없이 열고 발표와 토론을 통해 학문적 발전을 일궈가고 있다.

2014년에 학회에 참여해 10편의 논문을 발표하고 여러 학자들과 토론하면서 나는 문학과 철학의 통섭을 구상했다. 인간이 곧 문학이라는 기본 명제, 자기서사와 작품서사를 구분한 문학치료학의 방법론에서 착상한 탐색이다. 그 과정에서 '서사'의 개념도 철학적으로 재구성하게 되었다. 문학치료학의 기존 개념이 틀렸다는 말이 전혀 아니라 다른 길을 새로 모색했다는 뜻이다.

문학치료학 이론은 삶을 '인간관계'로 보기 때문에 자기서사와 작품서사의 서사 개념을 "인간관계의 형성과 위기와 회복에 대한 이야기"로 정의한다. 기존의 서사 이론이 주목하는 인물, 사건, 배경도 모두 인간관계 속에서 파악한다. 인간관계의 밑바탕에 가족 관계가 있다고 본 문학치료학은 이를 자녀 서사, 남녀 서사, 부부 서사, 부모 서사로 범주화하고 '기초서사'라 규정했다. 주체가 어떤 위치에서 인간관계를 바라보고 운영하는가에 따른 구분이다. 인간관계의 주체가 자녀 입장일 경우에는 자녀 서사, 남녀 입장일 때는 남녀 서사, 부부 입장일 때는 부부 서사, 부모 입장일 때는 부모 서사로 분석할 수 있다. 누군가의 자녀로 태어나 이성에 눈뜨고 부부가 되어 부모가 되는 인생의 단계를 고려한 구분이다. 가족 관계에 근거한 개념이지만, 모든 인간관계에 적용할 수 있다고 강조한다. 자녀 서사는 순응, 남녀 서사는 선택, 부부 서사는 지속, 부모 서사는 양육 관계를 이른다.

문학치료학은 서사 개념을 비롯해 독자적인 학문적 영역을 갖추고 있으며 앞으로 더 많은 연구가 축적되리라 믿는다. 다만 인간을 문학으로 보는 인간관에 새로운 철학적 탐색도 필요하다. 문학치료학이 인간을 곧 문학으로 보면서 서사를 '인간관계의 형성과 위기와 회복에 대한 이야기'로 국한하면, 전자의 탁견이 온전히 살아나지 않기 때문이다. 문학으로서 인간의 삶은 개개인 사이의 인간관계에 그치지 않을뿐더러 그 위기를 반드시 '회복'으로 넘어서려고 하지도 않는다. 저자가 현대 우주과학과 사회철학을 융합한 우주철학으로 문학치료의 기본 개념들을 재구성한 까닭이다.

♦

문학치료의 철학, 우주철학의 서사

♦   우주철학은 문학치료학이 그렇듯이 한국에서 싹튼 학문으로 인간을 우주와 분리되지 않은 존재로

인식한다. 인식론적으로도 존재론적으로도 인간은 우주와 분리할 수 없는 존재다. 우주철학의 인간관은 한마디로 '우주인'이다. 우주에서 생겨난 우주적 존재라는 뜻이다.

개개인의 삶과 사회 모두 우주의 표현으로 파악하는 우주철학의 인간관은 이성을 맹신하지 않는다. 사람이 모르는 어둠이 우주에 가득하다는 진실, 현대 우주과학이 발견한 암흑물질과 암흑에너지가 우주 전체의 95퍼센트라는 사실을 망각하지 않는다. 우주와 불가분의 관계인 사람에게도 그만큼 어둠이 짙게 드리워져 있다고 본다. 우주철학의 인간관은 그 자체로 충분히 문학적이다. 인간의 유적 본질로 노동과 함께 성찰을 강조한다 (상세한 내용은 『우주철학서설 : 어둠의 인식론과 사회철학』 참고). 사람이 바로 문학이라면 어둠을 머금은 우주인은 더더욱 문학이다.

우주철학을 기반으로 우리는 새롭게 서사 개념을 구성할 수 있다. 일반적 의미로 서사敍事, narrative는 '인간 행위와 관련되는 일련의 사건들에 대한 언어적 재현 양식'이다. 간명하게 '말 또는 글이 된 이야기'로 정의된다. 좀 더 정밀하게 내러티브를 풀이하자면 '인간이 삶에서 경험하는 여러 가지 다양한 실제 사건, 혹은 허구적인 사건을 개인 고유의 방식으로 의미를 부여하고 해석한 것을 언어나 다양한 매체를 활용하여 표현한 것'을 이른다. 영영사전은 자기서사self-narrative를 '한 사람의 발달에 대한 성찰적 이야기'로 풀이한다.

서사를 '인간관계의 형성과 위기와 회복에 대한 이야기'로 정의한 문학치료학에선 서사의 영어를 'Epic'으로 표현한다. 에픽은 일반적으로 "(작품으로서의) 서사시, 사시史詩"를 뜻한다. 서사시적인, 영웅적인, 장대한 사건의 이야기다. 영영사전을 들춰 보아도 물론 비슷하다. '영웅의 모험 이야기를 담은 긴 시' 또는 '일반적으로 흥미로운 사건이나 모험에 대한 이야기를 들려주는 긴 책, 영화 등'이 에픽이다. 문학치료학이 자기서사와 작품서사를 모두 에픽으로 표현한 까닭은 일반적 의미로서 '서사'와 다른 개념임을 부각하기 위함이다.

우주철학은 '문학작품이나 인생의 저변 또는 내면에서 끊임없이 작용하고 있는 서사' 개념을 중시한다. 인간을 문학으로 본다면 한 사람이 살아가는 이야기가 내러티브이고, 그 사람이 그렇게 살아가는 심층에 자리한 이야기가 에픽이다. 다만 문학치료학처럼 그 심층에 자리한 이야기를 '인간관계의 형성과 위기와 회복에 대한 이야기'로 국한하지 않는다.

인간을 우주적 존재로 파악하는 우주철학은 사람이라면 누구나 자기 눈으로 삶과 세상을 바라본다고 전제한다. 인간은 생물학적 시각으로서 눈과 함께 자신의 내면에 삶과 세상을 보는 '눈'을 지니고 있다. 아무리 생존경쟁에 쫓기는 사람이나 흔히 말하듯 '생각 없이 사는 사람들'도 자기 눈으로 세상을 본다. 생물적 눈과 내면의 눈은 칼로 두부 자르듯이 나눌 수 없다. 삶과 세상을 보는 관점으로 얽혀 있다. 따라서 그 관점은 이성에 근거한 개념과 논리로 체계화되어 있지 않고 그렇게 될 수도 없다. 삶의 모든 시간을 이성적 판단으로 살아가는 것은 포유류 영장목에 속하고 파충류의 뇌가 일부 남아 있는 인류에게 가능하지 않다. 삶의 한순간 한순간을 경험할 때마다 이성이 주체가 되는 것도 아니다.

자신의 삶과 세상을 바라보는 관점은 이성, 감성, 의지, 본능이 섞여 하나의 이야기로 사람의 내면에 살아 있다. 바로 그 이야기가 우주철학의 서사 개념이다. 내러티브보다 에픽이 가깝다. 내러티브가 살아가는 이야기라면 에픽은 삶의 이야기다. 삶과 세상을 바라보는 이야기에는 삶의 자세, 삶의 철학이 녹아들어 있게 마련이다.

광막한 우주에서 사람은 저마다 내면에 자리하고 있는 삶의 이야기에 준거해 세상을 마주하며 살아간다. 서사Epic에는 삶과 세상을 보는 눈이 담겨 있다. 사람이라는 문학의 심층에 자리한 그 이야기가 자기서사Epic of Self, 문학작품의 저변에 깔려 있는 이야기가 작품서사Epic of Literary Work다. 문학작품에 삶과 세상을 바라보는 작가의 눈이 배어 있다면 사람이라는 문학의 작가는 누구일까. 바로 자기다. 개개인에게 자기의 가슴 깊은 곳, 심층에 자리하고 있는 이야기는 살아가는 인생 전반에 걸쳐 작동한다.

사람이 바로 문학이라 보고 개개인의 심층에 자리한 서사를 '삶과 세상을 바라보는 이야기'로 개념을 간명히 정립할 때, 우리는 이성에 근거한 서양철학의 오랜 인간관과 철학의 고정관념에서 말끔히 벗어날 수 있다. 기실 서양철학 내부에서도 해체주의 철학자 데리다^{Jacques Derrida}는 철학이 "궁극적으로는 문학의 한 갈래"라고 단언한다. 신실용주의 철학자 로티^{Richard Rorty}는 철학이 초월적 진리를 추구하는 학문이 아니라 삶을 새롭게 재서술하는 작업이라며 '철학의 문학화'를 주창한다. 철학이란 초월적 진리를 찾는 것이 아니라 우리 삶을 새롭게 재서술하는 작업이라는 것이다. 미국철학회 회장을 역임한 누스바움^{Martha Nussbaum}은 철학과 문학 사이의 장벽을 허물자는 로티의 제안을 적극 지지했다.

그렇다고 '사람이 바로 문학'이라는 인간관에 기반한 철학적 탐색이 해체주의나 신실용주의를 따르는 것은 아니다. 사람의 내면에 자리한 '삶과 세상을 바라보는 이야기'를 중시하는 철학은 해체주의 철학이나 신실용주의 철학에 매몰되지 않는다.

우주적 존재로서 사람이라는 문학의 철학적 탐색은 서사 개념에 '삶과 세상을 바라보는 눈'이 담겨 있듯이 사람이 세상 속에서 살아간다는 사실을 가볍게 보지 않는다. 여기서 '세상'을 자연과 사회로 나눠볼 수 있다. 물론 엄밀히 말하자면 자연도 사회도 인간이 그렇듯이 우주의 부분이다.

인간은 자연 속에 살아가는 포유류이자 사회 속에서 살아간다. 다만 사람에게 자연과 사회 또한 얽혀 있다. 어떤 사람도 자연에서 혼자 살 수 없다. 더러 사회를 등지고 자연에 은거하더라도 기본적으로 먹거리를 비롯해 생활필수품을 사회에 의존할 수밖에 없다. 출가한 승려나 수도사들도 마찬가지다. 자연이 그렇듯이 사회 또한 사람의 존재론적 기반이다.

서양 철학사 전반에 큰 영향을 끼친 아리스토텔레스는 일찍이 사람을 '자연 본성적으로 사회적 동물'이라고 정의했다. 그는 『정치학』에서 인간을 '조온 폴리티콘zoon politikon'이라고 일컬었는데, 고대 그리스에서 '폴리스polis'는 '인간이 생존 본능에 따라 혼자 살지 않고 공동체를 이뤄 다른 사람과 소통하며 살아갈 수밖에 없는 존재'임을 전제한다. 공동체가 소통과 조율하는 정치 없이 유지될 수 없다는 점에선 '정치적 동물'이라는 번역이 옳고, 정치라는 말이 협소하게 이해될 수 있기에 공동체를 강조할 때는 '사회적 동물'로 옮길 수 있다. 아예 '정치사회적 동물', 또는 '공동체적 동물'로 번역할 수도 있겠는데, 중요한 것은 사람이 언제나 다른 사람들과 함께 소통하며 살아가는 동물이라는 사실이다.

동아시아의 전통적 사유에서도 인간은 사회적 동물이다. '인간人間'이라는 말 자체가 문자 그대로 '사람과 사람 사이'를 뜻한다. '인간'의 표준국어대사전 풀이를 보더라도 명확하다. 사전의 의미는 우리가 그 말을 그 풀이대로 쓰고 있음을 방증한다. 인간의 사전 풀이는 "생각을 하고 언어를 사용하며, 도구를 만들어 쓰고 사회를 이루어 사는 동물"이다. 또 다른 풀이로 "사람이 사는 세상"이다. 요컨대 '인간'은 사회적 동물일 뿐만 아니라 그가 살아가는 세상을 뜻한다. 기실 사회적 동물이라는 명제를 군이 떠올리지 않더라도 '사람 없는 사회'나 '사회 없는 사람'은 상상하기 어려울 만큼 비현실적이다.

삶에 우주적 관점을 지니자고 제안하는 우주철학에서 보면 더욱 그렇다. 우주에서 사람과 사회는 떼려야 뗄 수 없는 관계다. 생물행동과학자 리버먼Matthew D. Lieberman은 인간이 "어떻게 사회적 관계를 형성하고 유지할 것인가 하는 것은 포유류 진화의 핵심 문제"라고 단언했다. 자연사natural history를 연구해온 고생물학자들이 강조하듯이 현생인류가 신생대의 매머드를 비롯한 대형 포유류와 네안데르탈인을 몰아내고 현재의 위상을 갖게 된 것은 서로 소통하고 협력할 수 있는 능력, 사회적 뇌를 지녔기 때문이다.

아리스토텔레스가 사람을 사회적 동물이라고 한 근거를 언어에서 찾았듯이 말 자체가 사회적 약속이다. 인간은 사회 속에서 비로소 사람이 되었다. 그 말은 개인을 사회보다 낮춰 보자는 의도적 제안이 결코 아니다. 개인도 어디까지나 사회적 개인이라는 뜻이다. 고대 사회의 개인과 현대 사회의 개인이 가슴에 지닌 서사, '삶과 세상을 바라보는 이야기'는 확연히 다르다. 은둔을 하든 자살을 하든 어떠한 개인의 삶도 그가 존재하는 시대를 벗어날 수 없다. 시대는 사회와 역사가 엉켜 있는 시공간이다.

사회와 무관한 개인의 관념으로 흔히 낭만주의를 떠올린다. 그런데 개인의 고유성을 주창하며 유럽에서 낭만주의를 선구한 작가이자 철학자인 슐레겔^{Friedrich Schlegel}은『초월철학 강의』에서 도덕과 종교도 개인 차원의 문제가 아니라고 역설했다. 그를 비롯한 18세기 말 낭만주의 사조는 인간의 '도덕적 삶과 종교적 삶은 사회를 매개로 해서만 실현된다'고 보았다. 나아가 고대 그리스의 폴리스를 예시하며 도덕·종교적 삶의 실현이 정치를 통해서만 가능하다고 주장했다. 슐레겔은 '공화국 수립'을 자기 시대의 과제로 여겼다.

우리에게 역사란 "역사가와 그의 사실들의 끊임없는 상호작용 과정, 현재와 과거 사이의 끊임없는 대화"라고 정의한 것으로 잘 알려진 E. H. 카^{Edward Hallett Carr}는 같은 책에서 '현재와 과거 사이의 대화'를 더 명확하게 밝히고 있다. 카는 "현재와 과거 사이의 대화라고 불렀던 그 과정은 추상적이고 고립적인 개인들 사이의 대화가 아니라 오늘의 사회와 어제의 사회 사이의 대화"라고 강조했다. 무릇 모든 사회는 역사로부터 자유롭지 못하고 모든 역사는 사회로부터 자유롭지 못하다. 신학자인 존 B. 캅 주니어John B. Cobb Jr.도 "스스로를 돌이켜보면 우리가 누구인지, 무엇인지는 대개 우리가 속한 사회들의 작용이라는 사실을 알게 된다"고 토로했다.

낭만주의 철학자, 이성주의 역사학자, 신학자가 두루 강조하듯이 사람에게 사회가 분리될 수 없는 삶의 기반이라면 '사람이라는 문학'의 서사를 탐색할 때 '사회서사Social Epic'를 들여다보아야 한다. 기실 '삶과 세상을 바라보는 이야기'라는 서사 개념 정의에 이미 '사회'가 배어 있다. '인간'이라는 말의 사전 정의에 '사람 사는 세상'이 들어 있는 맥락과 같다.

◆

사람과 문학의 심층에
자리한 사회서사

◆　　　　　　　　사람이라는 문학의 서사에 '사회성'이 담겨 있음은 '문학치료' 개념을 학계에 처음 제안한 정운채의 논문 「시화詩話에 나타난 문학의 치료적 효과와 문학치료학을 위한 전망」에서도 발견할 수 있다. 그는 모든 것이 경제적 가치에 종속되고 있는 사회 풍토에 문제의식을 갖고, 그런 사회에서 문학이 지속되어야 할 이유를 찾았다. 논의의 정당성을 확보

하기 위해 정운채는 전통 시대의 과거제도를 예로 들었다. 문학 능력이 인재 선발의 가장 중요한 기준으로 작용한 것은 "당시 사회가 오늘날에 비해 문학의 가치를 가장 철저하게 인식하였음을 반증해주는 것"이라고 평가했다. 모든 것이 경제적 가치에 종속되고 있는 작금의 사회 풍토에서 시화의 문학 능력이 인재를 선발하는 기준이던 과거제도를 짚은 것은 신선한 접근으로 보인다.

하지만 조금 더 살필 필요가 있다. 과거제도를 놓고 '문학 능력이 선발 기준이었다'고 높은 평가만 할 수 있을까. 조선왕조의 중종 시절에 정계의 실력자 남곤南袞(1471~1527)이 기묘사화己卯士禍 직후 왕에게 '아뢴 말'을 짚어보자.

"근일 문체가 매우 예스럽지 않은 것은 다 저들이 창도倡導하였기 때문입니다. 지금 글을 만드는 자는 옛글을 본뜨려 하되 궤격詭激하기를 힘쓰는데, 옛글의 문체가 이러해서는 안 됩니다."

남곤이 "저들"로 칭하며 겨냥한 이들은 조광조를 비롯한 개혁 세력이다. '궤격詭激'은 언행이 지나치게 과격하거나 격렬함을 뜻한다. 기묘사화를 일으켜 조광조를 숙청한 기득권 세력은 '죄안罪案'에 '후진을 유인하여 궤격이 버릇이 되게 했다(引誘後進詭激成習)'고 썼다. 남곤은 그 원인으로 조광조가 시행한 '현량과'를 정조준했다. 결국 조광조는 사약을 받았고 남곤은 좌의정을 거쳐 영의정 자리까지 올랐다.

그런데 남곤이 없애려고 한 현량과는 과거제도가 '밖으로 나타내는 글만을 시험'하는 한계가 있기에 '현량賢良'이라는 말 그대로 '학행과 능력 있는 개혁적 선비'를 발탁하기 위해 도입한 제도였다. 여기서 눈여겨볼 것은 당시 과거제도가 기득권 세력인 '훈구파' 자제들에게 유리했다는 사실, 그 문제점을 해소하려고 조광조가 개혁에 나섰다는 사실, 청빈한 개혁 세력의 몰락과 함께 과거제도가 다시 강화됐다는 사실, 과거제도를 통해 "문체가 예스럽지 않고 궤격"한 답안을 쓴 선비들을 탈락시켰다는 사실이다. 그것은 오늘날에도 신문사나 방송사의 수습 기자 시험 과목에 들어 있는 작문이나 논문이 응시자의 사상적 경향을 파악하는 장치로 작동하는 이치와 같다. 심지어 교수를 채용할 때도 대상자가 쓴 글이나 논문 주제를 통해 '사상'을 검증하는 대학이 대부분이다.

그래서다. 과거제도가 문학을 중심에 두었고 시화 작품이 정신 영역에 생겨난 병을 치료했다고 분석한다면, 사회적 맥락을 놓침으로써 진실과 어긋나기 십상이다. 정운채가 부각한 공자의 문학론, 곧 "온 나라의 사람됨이 온유돈후溫柔敦厚하면 시교가 이루어진 것을 알 수 있다"는 논리에도 틈이 보인다. 과연 모든 사람이 '온유돈후'하면, 문학의 가치인 '올바른 관계 회복'이 이뤄지고 '사회 전체가 건강성을 회복'할 수 있을까. 그렇지는 않을 것이다. 무엇보다 결정적 문제는 전근대 사회의 신분제도다.

왕을 정점으로 한 신분제 질서에 대한 고민 없이 '사회 구성원 모두의 인간관계가 원만해지고 억울한 사람이 하나도 없는 세상'은 가능하지 않다. 양반계급이 지배하던 사회만을 두고 하는 말이 아니다. 현대 사회에서도 형식적 공정을 내세운 불공정의 문제점은 이어지거나 되살아나고 있다. '개천에서 용 나는 시대는 끝났다'는 말이 빠르게 퍼져간 것은 그 방증이다.

사회서사 개념은 '문학으로서 사람'이 사회적 동물이라는 사실을 놓쳐서는 안 된다는 문제의식에서 출발했다. 사람의 삶이 사회적 맥락 없이 가능하지 않기 때문이다. 그 엄연한 사실을 무시할 때 삶과 문학의 문제를 바라보는 눈은 제한적이거나 어두울 수밖에 없다. 사람이 곧 문학이기에 더욱 그렇다.

철학자 아도르노^{Theodor W. Adorno}는 변증법적 유물론의 반영 이론과 사회주의 리얼리즘에 비판적이지만, 문학의 사회적 성격을 부정하지 않았다. 오히려 사회적 성격의 범위를 넓혔다. 사회적 생산력과 생산관계가 예술작품 속에도 나타난다고 보았다. 그에게 예술작품은 언제나 사회적 노동의 산물이다. 아도르노는 개인적인 자아가 작품을 통해 객관화를 이룩할 수 있는 것도 '자아 속에 있는 집합적 본질' 때문으로 분석했다. 굳이 아도르노의 논리에 기대지 않더라도 모든 개인의 삶이 그렇듯이 문학적 작업도, 작품도 사회 속에서 이뤄진다. 문학으로서 사람과 마찬가지로 문학작품의 심층에 자리한 자기서사와 작품서사 또한 사회적일 수밖에 없다.

무릇 개개인이 살아가는 이야기는 범주화하기 어렵다. 각자의 고유한 이야기이거니와 누구도 온새미로 헤아릴 수 없을 만큼 다채롭기에 범주화가 바람직하지도 않다. 다만 개개인이 지닌 서사에는 자신이 몸담고 살아가는 세상을 바라보는 관점이 녹아들어 있게 마련인데 사회서사로 범주화가 가능하다. 자기서사와 작품서사는 서사가 누구 또는 어디에 있는가를 짚은 개념이고, 사회서사는 삶과 세상을 바라보는 서사의 내용을 살피는 개념이다. 개념의 층위가 달라 사회서사는 자기서사와 작품서사에 모두 들어 있다.

사회서사는 사람을 우주인이자 문학으로 보는 우주철학에 기반을 두고 있기에 삶의 모든 것을 사회적 잣대로 판단하는 사회성의 오류를 범하지 않는다. 개개인이 사회를 인식하는 관점과 삶의 자세를 중시한다. 사회서사를 범주화할 때도 두 요인을 기준으로 삼는다. 삶과 세상을 바라보는 이야기가 '서사'이어서 굳이 사회서사라 명명하지 않고 '삶의 서사'라 해도 무방하지만, 사람과 사회가 떼려야 뗄 수 없는 관계임을 많은 이들이 왕왕 잊고 있기에 '사회'를 부각할 필요가 있다.

사회서사는 주관적으로 개개인이 자기 내면에서 삶을 대하는 자세와 함께 객체로서 사회를 어떻게 인식하느냐에 따라 달라진다. 여기서 사회 인식은 개개인이 지금 살고 있는 사회체제

를 어떻게 바라보느냐의 문제다. '사회체제social regime'는 사회과
학 개념으로 학자마다 정의가 다소 다르다. 더러는 사회체제를
'다양한 모든 사회적 관계들의 총체'로 보고 '경제체제와 정치
체제의 복합체'라 규정하고, 더러는 '정치체제, 경제체제, 시민
사회-문화체제 등 하위 체제들의 융합'으로 풀이한다. 후자로
정의할 때 사회체제는 '다원적이고 복합적인 권력 및 헤게모니
관계'가 된다. '복합'이나 '융합'이 어떻게 이뤄지느냐에 따라 사
회체제의 모습과 성격이 달라진다.

　정의가 엇갈릴 때 학자들은 논쟁을 벌이지만 그럴수록 일상
언어에서 그 말이 어떻게 쓰이느냐를 살필 필요가 있다. 국어사
전의 풀이가 그것인데 '사회체제'를 "1) 특정한 근본 원리에 의
하여 사회의 질서가 통일적으로 유지되고 있는 상태. 2) 특정한
국가의 지배적인 정치 질서"(표준국어대사전)로 설명한다. 일상 언
어의 사회체제는 아리스토텔레스가 본디 사람을 정의한 '정치
사회적 동물' 개념과 맞닿아 있다. 요컨대 사회체제는 개개인이
살아가는 삶과 세상의 정치·경제·문화적 성격을 구체적으로
인식할 수 있는 개념이다.

　사회서사를 범주화하기 위해 개개인이 자기 내면에서 삶을
대하는 자세를 내향형과 외향형 둘로 간명히 나눌 수 있다. 실
세로 인생을 내향적으로 살아가는 사람과 외향적으로 살아가는
사람을 일상에서 충분히 구분할 수 있다. 카를 융Carl Gustav Jung

(1875~1961)은 두 유형을 '성격 유형 이론'으로 개념화하면서 외향성은 개개인의 '정신적 에너지psychic energy'가 객관적 대상을 향하는 경향, 내향성은 주관적 주체를 향하는 경향으로 정의했다. 두 경향과 함께 사고·감정·감각·직관 기능을 더해 성격 유형을 나누지만, 태도는 외향형과 내향형으로 구분한다. 사회서사를 범주화할 때 내향성과 외향성은 성격 유형의 단순한 태도가 아니라 삶을 대하는 자세로 볼 수 있다. 외향형은 객관적인 조건과 요구, 내향형은 주관적인 요소들을 중시한다. 두 유형 모두 삶의 의지가 감성, 이성과 얽혀 작동한다. 사회 인식은 세상을 보는 관점으로 사회체제를 고정불변의 질서로 보느냐와 변화하는 것으로 보느냐에 따라 갈라진다. 두 관점을 조합하면 사회서사를 〈표1〉처럼 네 범주로 나눌 수 있다.

〈표1〉 개개인 내면의 사회서사 범주

사회 인식 개인 성격	사회체제 불변	사회체제 변화
내향적 삶	순종서사	관조서사
외향적 삶	적응서사	실천서사

첫째 순종서사다. 자기 삶을 대하는 자세나 성격이 내향적이고 사회체제를 고정불변으로 인식할 때, 그에 맞춰 순순히 삶을 살겠다는 마음이 자기서사로 자리 잡는다. 지금 살고 있는 사회

체제의 질서를 따라 애면글면 살아가는 사람들의 내면에 자리한 서사다. 객체적 현실이 불변이니 내향적인 사람은 그 질서에 순종하며 살아가야 한다. 아니, 그럴 수밖에 없다.

둘째, 적응서사다. 사회체제를 불변으로 본다는 점에선 순종서사와 같지만 삶을 대하는 자세나 성격이 외향적이다. 그때 현재의 사회체제에 잘 적응하며 그 질서를 따라 자신의 삶을 한껏 펼쳐간다. 순종과 적응의 차이는 확연하다. 사전적 의미 그대로 순종은 "순순히 따름"이고, 적응은 "일정한 조건이나 환경 따위에 맞추어 응하거나 알맞게 됨"이다.

셋째, 관조서사다. 사회체제는 변화한다고 생각하지만 그 변화하는 흐름에 발을 들여놓기를 꺼려하는 서사 범주다. 심층에서 변화의 흐름을 관조하는 사람들은 표층에서 현실로부터 언제나 한발 물러서서 조용히 자신의 개인적 삶을 추구하거나 사회 현실을 지켜보게 된다.

넷째, 실천서사다. 사회체제가 변화한다고 보는 점에서 관조서사와 같다. 그런데 관조하지 않고 그 변화에 적극 뛰어드는 서사다. 변화하는 현실에 들어가 그 흐름이나 방향에 참여하고 실천하며 살아간다.

역사적으로 한 사회에서 살아가는 모든 사람과 문학작품의 심층에 자리한 사회서사는 네 가지 가운데 하나로 볼 수 있다. 사람들이 삶과 세상을 바라보며 살아가는 다양성을 담아낼 수 있는 사회서사의 네 범주는 카를 융의 심리학과 함께 고전이 된 두 사상가의 사회사상에 근거했다.

먼저 조선왕조 시대의 대표적 지식인이자 작가인 교산蛟山 허균許筠(1569~1618)의 「호민론」이다. 허균은 「호민론」에서 "천하에 두려워해야 할 바는 오직 백성일 뿐이다. 홍수나 화재, 호랑이, 표범보다도 훨씬 더 백성을 두려워해야 하는데, 윗자리에 있는 사람이 항상 업신여기며 모질게 부려 먹음은 도대체 어떤 이유인가?"를 묻고 '백성'을 세 범주로 나눈다.

항민恒民은 "대저 이루어진 것만을 함께 즐거워하느라, 항상 눈앞의 일들에 얽매이고, 그냥 따라서 법이나 지키면서 윗사람에게 부림을 당하는 사람들"이다. 원민怨民은 "모질게 빼앗겨서, 살이 벗겨지고 뼈골이 부서지며, 집안의 수입과 땅의 소출을 다 바쳐서, 한없는 요구에 제공하느라 시름하고 탄식하면서 그들의 윗사람을 탓하는 사람들"이다. 허균은 항민도 원민도 결코 두렵지 않다며 호민을 말한다. 호민豪民은 "자취를 푸줏간 속에 숨기고 몰래 딴마음을 품고서, 천지간天地間을 흘겨보다가 혹시 시대적인 변고라도 있다면 자기의 소원을 실현하고 싶어하는 사람들"이다.

여기서 항민은 순종서사, 원민은 사회체제를 비판적으로 인식했지만 행동에 나서지 않는 관조서사, 호민은 실천서사를 지닌 사람들이라고 볼 수 있다. 허균이 문학작품에서 형상화한 '홍길동'과 활빈당이 바로 호민이다. 지배계급이 아닌 사람들을 나눈 범주이기에 적응서사를 지닌 유형은 빠졌다. 적응서사는 대체로 지배계급의 심층에 자리하고 있지만 민중이면서도 부를 축적하거나 지배계급 편에 적극 가담하는 사람들의 심층에 자리한다.

또 다른 근거는 사회과학의 기틀을 세운 철학자 카를 마르크스Karl Heinrich Marx(1818~1883)의「포이어바흐에 관한 테제」이다. 마르크스는 제1테제에서 "지금까지 대상, 현실, 감성이 단지 '객체' 또는 '관조'의 형식으로만 파악되고, '감성적인 인간 활동, 곧 실천'으로서, 주체적으로 파악되지 못했다"고 주장했다. 제1테제는 '혁명적'의 의미를 '실천적·비판적' 의미로 병렬해서 썼다. 여기서 사회체제를 '단지 객체'로 보는 삶의 심층에는 순종서사와 적응서사가 자리한다고 볼 수 있다. 관조의 형식으로만 세상을 파악하는 삶, 감성적인 인간 활동으로서 실천하는 삶의 심층에는 각각 관조서사와 실천서사가 있을 터다.

사회서사의 네 범주는 심층 서사로서 사람이 세상에서 어떤 자세로 삶을 살아가는지, 앞으로 어떻게 살아갈지를 결정한다. 여기서 자기서사나 작품서사가 어떤 범주인지를 추상적으로 판단할 일은 결코 아니다. 주관적인 머릿속 추측이나 예단이 아니라 실제 삶에서 자신이 지금까지 살아온 이야기나 창작된 문학 작품의 냉철한 분석에 근거해 심층의 사회서사를 포착해야 한다.

만일 사람이 자기가 생각하는 대로만 행동해 나간다면 세상은 오래전에 달라졌을 터다. 하지만 생각과 행동은 언제나 일치하는 게 아니다. 저마다 내면의 심층에 사회서사가 있기 때문이다. 현실은 변화한다고 생각하면서도 실제로 살아가는 삶의 모습은 현실의 사회체제를 고정불변으로 여기며 '처세'하는 사람들이 우리 둘레에 적지 않다.

우주철학의 사회 이론은 개개인이 자기 안에 어떤 사회서사가 자리하고 있는지 짚어보는 성찰을 중시한다. 사회서사의 네 범주를 〈표1〉로 담았지만 그 범주들이 네 칸으로 구획된 칸막이처럼 고정되어 있는 것은 아니다. 오히려 역동적이다. 허균도 호민이 "나라의 허술한 틈을 엿보고 일의 형세가 편승할 만한가를 노리다가, 팔을 휘두르며 밭두렁 위에서 한차례 소리 지르면, 저들 원민이란 자들이 소리만 듣고도 모여들어 모의하지 않고도 함께 외쳐대기 마련이다. 저들 항민이란 자들도 역시 살아갈 길을 찾느라 호미, 고무래, 창자루를 들고 따라와서 무도한 놈들을 쳐 죽이지 않을 수 없는 것"이라고 보았다. 마르크스도「포이어바흐에 관한 테제」에서 관조와 실천의 차이를 자위행위와 실제 사랑으로 비유하면서 변화의 가능성을 적극 열어두었다. 융의 심리학 또한 사람의 성격을 외향형으로 나누면서 그것을 운명이나 필연이 아니라 '경향'임을 분명히 했다.

무릇 모든 개념과 이론은 현실을 포착하는 그물이다. 지구촌의 부익부 빈익빈 현실을 사회과학적 설명 못지않게 '정의롭지 못한 세상 이야기'로 접근한다면 우리는 그 이야기와 '등장인 물'들의 심층을 서사 개념으로 들여다볼 수 있다. 그때 사회서 사는 삶과 세상을 조금 더 구체적이고 정확하게 파악하는 쓸모 있는 그물이 될 수 있다.

이를테면 문학치료학으로 노사 관계 해결을 모색한 연구에 서 강미정과 정운채는 설화 '한 군데만 새는 도깨비 보'를 흥미 롭게 해석했다. 설화의 내용을 간추리면 다음과 같다.

> 한 과수댁이 논에 물이 빠져 농사를 지을 수가 없자 보를 막을 궁 리를 했다. 그런데 어느 날 저녁에 보니 도깨비들이 그곳에 모여 놀고 있었다. 과부가 도깨비와 친해지려고 음식을 대접했는데 도 깨비들은 음식을 먹고 다음 날 튼튼하게 보를 막아주었다. 과부는 또 도깨비들을 위해 제사를 지냈는데 음식 한 몫이 부족했다. 그랬 더니 도깨비들이 보에서 작은 돌 하나를 빼버렸다. 그 뒤로 도깨비 가 돌 하나를 뺀 자리는 어떻게 해도 항상 샜다.

두 연구자는 자신들의 노동에 충분한 대가를 받지 못했다고 여긴 도깨비들이 보에서 돌 하나를 빼내어 과수댁이 손해를 보 게 만든다는 이야기로 보고, 설화에서 '노사 관계'의 서사를 읽 어낸다. "사용자가 노동의 대가를 충분히 지불하면 열심히 일을 하지만, 그렇지 않은 경우에는 열심히 일을 할 수 없고 그 손해는 지속될 것이라는 서사가 작동하고 있다"는 것이다. 그 분석을 사회서사의 '그물'로 짚으면, 오늘의 노사 관계에 주는 의미를 조금 더 진전시켜 논의할 수 있다. 노동의 대가를 충분히 지급하지 않는 현실은 바꿔야 한다는 실천서사를 도깨비들의 심층에서 읽어냄으로써 사회적 해결 과제를 제시할 수 있기 때문이다. '과수댁'의 내면에선 노동인들을 온전히 대우하지 않으면서도 적응 또는 순종할 것을 기대하는 서사를 읽을 수 있다.

설화를 비롯한 문학작품과 사람이라는 문학을 사회서사 개념으로 들여다볼 때, 우리는 각각의 심층에서 작동하고 있는 서사를 파악하고 새로운 의미를 찾을 수 있다. 아울러 사회체제의 변화 여부를 짚지 않은 채 사회 구성원들에게 화합을 강조하는 섣부름도 경계할 수 있다. 사회성을 고려하지 않은 치료는 자칫 억압이 되거나 병리적 현상을 키울 수 있기 때문이다. 사회서사 개념은 문학작품에서 오랜 세월에 걸쳐 불평등과 부당한 대우를 넘어서려는 민중의 지혜 또는 소망을 발견함으로써 오늘의 삶을 건강하게 바라볼 힘도 줄 수 있다.

사회서사 네 범주를 역동적으로 진단하고 더 나아가 치료할 수 있도록 서사로 인한 건강한 삶과 병리적 삶을 구분하면 여덟 유형을 도출할 수 있다.

〈표2〉에서 볼 수 있듯이 사람과 문학작품이 현존 사회체제를

〈표2〉 개개인의 성찰에 따른 사회서사 발현

내면 성찰 ＼ 서사 범주	적응서사	순종서사	관조서사	실천서사	서사 범주 ＼ 삶의 모습
성찰 심화	선행	평안	초연	창조	건강한 삶
성찰 결여	탐학	굴종	방관	독선	병리적 삶

〈표3〉 성찰의 범주와 대상

성찰의 범주	성찰의 대상	성찰할 지점	성찰 방법	지향점
생물적 성찰	생물적 존재로서 자기	동물적 욕망, 이기성	자기 대화 학습과 명상	우주적 조망 (우주인＝문학)
사회적 성찰	사회적 존재로서 자기	관습, 이데올로기		

어떤 자세로 바라보고 관계 맺느냐에 따라 심층에 적응, 순종, 관조, 실천 네 가지 서사가 있고, 주체가 자신의 내면을 돌아보는 수준에 따라 성찰 심화와 성찰 결여의 두 서사 유형이 있다. 이는 성격 유형과 충돌하지 않는다. 내향형과 외향형 모두 자기 성찰을 심화할 수도, 외면할 수도 있다. 어떤 성격을 지녔든 자기 성찰은 바람직한 미덕이다. 가령 자신이 어느 경향의 성격인지 짚어본다면 그 또한 성찰이다.

　인간의 성찰을 우주철학은 〈표3〉처럼 크게 두 범주로 나눈다. 생물적 성찰과 사회적 성찰이 그것이다. 생물적 성찰은 인간이 원천적으로 우주에서 생겨난 생명체, 특히 동물의 한 종임을 망각하지 않는다. 자신이 동물적 욕망의 굴레를 벗어났는지, 약육강식이라는 동물의 왕국 논리를 자연스럽게 받아들이고 있는지 깊이 살핌이 생물적 성찰이다. 사회적 성찰은 자신이 관습이나 인습, 편견이나 고정관념, 이데올로기의 굴레와 논리에서 자유로운지 돌이켜 봄이다. 생물적 성찰과 사회적 성찰이 깊어질 때 인간은 자신이 우주적 존재임을 새삼 확인하며 삶과 세상을 새로운 관점에서 조망할 수 있다.

〈표2〉에서 성찰 심화와 결여, 두 유형의 서사가 발현되는 양상은 건강한 삶과 병리적 삶으로 나눌 수 있다. 그렇게 가르는 까닭은 심층에 있는 병리적 서사를 탐색해 건강한 서사로 치료하기 위함이다. 자기서사와 작품서사에 두루 적용할 수 있지만 편의상 자기서사에 한정해 논의하자.

심층에 적응서사를 지니고 살아가는 사람은 부귀를 추구하거나 누릴 수 있다. 고전문학에서도 많은 주인공들이 부귀를 누리며 행복한 결말을 맞는다. 다만 내면을 성찰하는 정도나 수준에 따라 두 유형이 구분된다. 부귀를 누리면서도 자기 성찰이 깊은 사람은 타인을 배려하며 나눔으로 선행하는 건강한 삶을 살아간다. 하지만 병리적 삶이 있다. 적응서사에 성찰이 결여될 때 탐욕과 포학으로 치닫는 병리적 삶을 살아간다. 사회체제를 변화하려는 움직임에 잔혹한 대처도 서슴지 않는다. 지금 부귀를 누리고 있는 사람은 자신이 자칫 병적 탐학으로 떨어질 수 있기에 긴장이 요구된다.

심층에 순종서사를 지니고 살아가는 사람은 안정을 추구하거나 누릴 수 있다. 성찰을 바탕으로 한 건강한 삶의 모습은 평안이다. 하지만 순종서사에 성찰이 결여될 때 굴종에 이르러 비루하고 병리적인 삶을 살아간다. 적응서사의 선행과 탐학 사이가 역동적이듯이 평안과 굴종의 경계도 확연히 나눌 수 없기에 스스로 자신을 성찰할 필요가 있다. 자신의 의지와 전혀 무관하게 평안이 깨질 위험성이 있기에 더 그렇다. 식·의·주의 기본 생존권을 확보하기 위해 어쩔 수 없이 순종서사를 내면화한 사람들이 적지 않다는 사실도 중시할 필요가 있다.

심층에 관조서사를 지니고 살아가는 사람은 사회에서 무슨 일이 일어나든 얽매임 없이 사뭇 초연하게 살아갈 수 있다. 하지만 관조가 자기 성찰을 잊을 때 방관에 이르러 부도덕하거나 병리적 삶을 살아간다. 초연과 방관의 경계도 백지 한 장 차이일 수 있어 '떨림'이 필요하다. 나침반 바늘이 북쪽을 정확히 가리키기 위해 떨고 있는 이치와 같다. 유럽 중세의 영지주의 철학자 에크하르트$^{\text{Meister Eckhart}}$(1260~1327)는 초연을 조화로움이 아니라 '자기를 놓아버리는 것'이라 풀이했다. 아울러 "관조하는 삶"이 가장 행복한 삶이라고 말한 아리스토텔레스가 행복의 필요조건을 강조한 대목도 새겨야 옳다. 아리스토텔레스는 '어

느 정도 재산이 있어야 한다'며 관조의 물적 기반을 외면하지
않았다.

심층에 실천서사를 지니고 살아가는 사람은 새로운 사회체
제를 일궈내는 창조적 성과를 거둘 수 있다. 동시에 현 사회체
제에서 이익이나 권세, 명예를 누리고 있는 사람들로부터 억압
이나 탄압을 받을 수 있다. 다만 성찰하는 실천서사를 지닌 사
람은 그 고난까지 적극 받아들인다. 물론, 실천서사에도 병리적
징후는 나타난다. 자신만이 옳다거나 신념을 절대화하는 독선
이 그것이다. 이를테면 혁명 동지들까지 '반혁명 세력'으로 몰
아 거침없이 죽인 스탈린이 대표적이다.

네 서사의 범주에서 건강한 삶과 병리적 삶의 경계는 유동적
이다. 거듭 강조하는 까닭은 그 사이에 놓인 대다수 사람들의 실
존적 중요성 때문만은 아니다. 자기서사가 작품서사와 소통하
며 변화하는 역동성과 치료 가능성을 강조하기 위함이다. 여기
서 작품서사는 비단 문학작품만 두고 하는 말이 아니다. 사람이
문학이기에 타인도 곧 문학이다. 타인의 서사와 소통하며 자기
서사가 변화할 수 있기에 더욱 역동적이 된다.

사회서사Social Epic를 자기서사, 작품서사와 함께 '내러티브
narrative'가 아닌 '에픽epic'으로 옮긴 이유는 본디 에픽이 '서사시
적인 영웅 이야기'나 '일반적으로 흥미로운 사건이나 모험에 대
한 이야기'임을 주목해서다. 누구나 가슴 깊은 곳에서 자신의 삶

이 의미 있고 더 나아가 서사시적이기를 꿈꾼다. 실제 살아가는 모습은 그렇지 않더라도 심층에선 그렇다는 말이다. 많은 사람이 자신의 인생을 소설로 쓰면 몇 권은 나올 것이라고 자부 또는 자위하는 말도 그 맥락에서 다시 새길 수 있다. 누구나 그 소설의 주인공이기 때문이다.

우주인으로서 사람을 문학으로 보는 우주철학의 사회 이론과 서사 개념은 자신의 삶을 스스로 돌아보게 한다. 사람은 누구나 세상과 그 전개 과정인 역사에 대한 나름의 서사를 지니고 있다. 역사의 현재인 지금의 사회에 대해서도 마찬가지다.

문학의 출발점인 신화와 설화는 기록되기까지 숱한 세월에 걸쳐 구전되어오는 과정에서 민중들이 스스로 동참해 보태고 기움─비유하자면 전근대 시대의 위키피디아Wikipedia라 할 수 있다─으로써 수많은 사람들의 내면, 그들이 삶과 세상을 바라보는 관점을 듬뿍 담고 있는 이야기다. 선사시대부터 입말로 전해오며 다듬어졌을 신화와 설화에서 시작한 여러 민족의 문학사는 새로운 철학으로서 우주철학의 풍성한 밑절미가 된다. 지구촌 곳곳의 민중들이 전승해온 이야기에 녹아든 삶과 세상을 보는 관점, 바로 그것이 철학인 까닭이다.

우주철학은 삶과 세상 모두 우주적 현상, 우주의 표현임을 자각한다. 삶과 세상을 인식하는 관점이 우주로 탁 트일 때 문학으로서 사람은 곧 우주인임을 깨달을 수 있다. 존재론으로 살펴도 사람은 실체적 존재가 아니라 사회는 물론 우주와 떼려야 뗄 수 없는 관계적 존재이기에 그 자체로 우주인이다.

간추리면, 우주철학에서 사람은 곧 우주인이자 문학이다. 개 개 우주인의 내면에는 삶과 세상을 바라보는 이야기가 자리 잡고 있다. 과학적 우주론과 종교적 우주론의 통합을 시도한 물리학자 브라이언 스윔$^{Brian\ Swimme}$과 생태사상가 토마스 베리$^{Thomas\ Berry}$는 함께 쓴 책 『우주 이야기』에서 "인간은 이야기를 통해 삶을 이해하게 되고 개인 생활과 사회생활에서 일어나는 위기의 순간에 효과적으로 대처할 수 있는 정신적 활력을 얻는다"고 주장했다. 그 이야기에 담긴 삶과 세상을 바라보는 관점이 곧 세계관이다. 전통적으로 세계관은 우주관과 인생관, 윤리관으로 구성되었다. 그 관점을 담은 이야기가 바로 서사이다.

한 인간이 가슴에 지닌 '삶과 세상을 바라보는 이야기'가 어떤 사회서사인가에 따라 그의 살아가는 이야기가 달라진다. 사람―문학이자 우주인―이 지닌 사회서사는 삶을 통해 견고하게 자리잡고 있지만 그렇다고 변화에 닫혀 있는 것은 아니다. 서사의 소통을 통해 얼마든지 변화할 수 있기에 역동적이다.

그렇다면 한국인이 수천 년에 걸쳐 사랑해온 신화와 설화에는 삶과 세상을 바라보는 어떤 관점, 어떤 세계관이 녹아들어 있을까. 한국사를 톺아보면 한국인 대다수인 민중의 서사는 전근대의 중화 문명에 이어 근대 이후 유럽과 미국의 서양 문명에 내내 억압되어왔다. 지구촌의 온갖 정보가 실시간으로 손 안에 들어온 시대를 살아가는 한국인들이 자칫 망각하기 쉬운 지혜, 신화와 설화의 문학작품은 물론 한국인 가슴에서 생동하는 서사와 그에 담긴 눈부신 철학을 찬찬히 탐색해보자.

1장

◆

곰의 동굴과

산신 단군

◆

♦

그리스 신화와 단군
그리고 중화주의

♦   단군. 한국인의 원형이다. 21세기를 살아가는 한국인들 가운데 적잖은 이들이 선뜻 동의하지 않겠지만 '원형'의 의미를 새겨보면 그들도 동의할 성싶다. 사전적 의미로 원형은 "같거나 비슷한 여러 개가 만들어져 나온 본바탕"이다. 심리학에선 조금 더 파고들어 우리의 오랜 옛날부터 조상들이 겪은 원초적 경험이 세세손손 이어진 후손들의 정신 속에 구조화된 것을 원형原型, Archetype이라 본다. 카를 융은 원형이 '집단 기억과 무의식'으로 자리 잡아 그 집단의 신화와 종교는 물론 개개인의 문학작품과 꿈에 반복해서 나타난다고 주장했다. 한국인의 원형이 단군이라면, 한국 문화의 원형은 그의 건국신화라 할 수 있다.

단군은 한국인 최초의 왕이다. 단군의 건국신화(이하 단군신화로 줄임)에 대한 연구가 문학을 비롯해 민속학, 역사학, 사회학,

종교학, 정치학, 교육학, 철학에서 폭넓게 이뤄져온 까닭이다. '단군'을 검색어로 찾아보면 수천 편에 이르는 학술논문들이 나온다. 그런데 과연 현대 한국인들 사이에 단군신화 이해가 더 풍부해졌을까. 그 물음에 선뜻 그렇다고 할 사람은 많지 않을 듯싶다.

그리스·로마 신화를 들먹이면 교양이 높아 보이고 단군신화를 꺼내면 '뭔가 시대에 뒤떨어진 사람처럼 취급한다'는 개탄이 학계에서 나온 지도 오래다. 한국 문화에 관심 갖는 외국인들에게 부끄러운 일이지만, 한국의 대학생들마저 단군신화를 황당한 이야기로 넘기는 겉핥기 인식에 머문다는 진단이 나온 것도 오래전이다. 우리가 단군신화를 새삼 곰곰이 살펴야 할 쓸쓸한 이유다.

단군신화가 홀대 속에 '중화주의'의 먹잇감이 되고 있어 문제는 더 심각하다. 중국 국무원 산하의 사회과학원에 몸담은 신화학자 예수셴葉舒憲은『곰 토템熊圖騰 : 중화조선신화탐원中華祖先神話探源』을 출간하며 중국의 전설에 나오는 황제黃帝를 곰 토템 집단으로 보고 그것이 조선 민족의 단군신화에 영향을 끼쳤다고 주장했다. 중국이 이웃 나라를 모두 자국의 역사로 편입하려는 동북공정東北工程이 고구려사는 물론 단군신화까지 '중화주의 이데올로기'로 포섭할 깜냥이다. 그의 근거 없는 주장에 따르면 단군은 황제의 먼 친족이 된다. 대응할 가치조차 없는 패권주의적 연구이지만 중화주의가 시진핑 체제에서 갈수록 강화될 전망이어서 가볍게 볼 문제가 결코 아니다. 이웃 나라의 건국신화까지 함부로 손을 대는 패권적 중화주의는 중국의 미래를 위해서도 전혀 바람직하지 않다는 진실을 들을 귀가 없어 보여 더 그렇다.

◆

한국인의 첫 나라 세운
단군 이야기

◆　　　　　　　　한국인 최초의 왕인 단군의 이야기는 긴긴 세월 전승되면서 미처 의식하지 못할 뿐 한국인들 가슴에 깊숙이 원형으로 자리 잡고 있다. 일찍이 아리스토텔레스는 "신화를 사랑하는 사람은 어떤 방식으로든 철학자"라며 신화의 전통이 철학적 탐구의 출발과 이어져 있다고 간파했다. 마르크스도 "하나의 민족과 그 문화적 본질을 파악할 때 가장 좋은 것은 신화로부터 실마리를 찾는 것"이라고 주장했다.

국문학자 이어령과 허경진의 단군신화 풀이도 흥미롭다. 이어령은 '신에게서 버림받으면서 인간의 역사가 시작'된 서양의 세계관과 달리 '신과 짐승이 인간 안으로 들어올 때 역사가 생겨난' 단군신화의 특성을 부각했다. 그는 또 "인간의 나라를 다스리는 원칙이 서양 사람들처럼 투쟁과 정복에 있지 않"다고 했는데 서양만이 아니라 중국과도 다른 세계관이다. 허경진은 단군신화를 '무당의 굿판' 맥락에서 짚었다. 그에게 단군은 "단군신화의 주인공인 동시에 작가"이다. 그는 단군신화를 '건국 서사시'로, 단군은 '서사시인'으로 보고 다음과 같이 풀이했다.

제정일치 사회에서 제사는 아주 중요한 행사였으며, 가장 중요한 행사 때에는 밤을 지새워가며 굿판을 벌였다. 모닥불을 피우고 노래와 춤을 즐기며 굿판을 벌이다가 한밤중이 되면, 무당이 자기의 신통력을 과시하기 위해 그 자리에 모인 부족민들에게 본향풀이를 들려줬다. '내 할아버지가 하늘에 있는 신 환인이며, 아버지가 하늘로부터 땅에 내려와 이 세상을 다스리던 환웅이다'라는 내용의 본향풀이는 석기시대 원시인들의 사고력과 상상력을 사로잡기에 충분했다. 그 정도의 신을 모신 무당이라면 자기들의 지도자로 삼아도 부족함이 없었던 것이다. 더군다나 그 본향풀이가 자기들의 집단기억과 꼭 들어맞았으니 거부감도 없었을 것이다.

단군이 단군신화의 주인공이자 작가라는 분석이 돋보인다. 그렇다면 단군은 '사람이 바로 문학'이라는 명제의 가장 상징적인 존재가 된다. 단군의 출생과 삶, 죽음 이후까지 하나의 장엄한 서사시, 문학이다. 곧 자세히 살펴보겠지만 우주와의 연관성도 짙다. 단군신화는 한국인(조선 민족)이 외세의 침략을 받을 때마다 민중의 사랑을 받아왔다. 고려 왕국이 몽고(원나라)의 침탈, 조선 왕국이 일본(임진왜란)과 청나라(병자호란)의 침략을 받은 뒤에 그러했고, 일본 제국주의 침탈이 노골화된 20세기 초에는 단군을 신앙화한 대종교가 세워졌으며 박은식을 비롯한 많은 독립운동가들이 동참했다.

우주철학의 사회서사 이론으로 단군신화를 들여다볼 때 신화에 담긴 철학적 의미를 새롭게 발견할 수 있다. 일찍이 해방 직후에 우리문학연구회는 단군신화를 가장 오래된 서사문학으로 다루어 "원시문학의 내용을 고찰하는 재료"로 삼아야 한다고 주장했다. 모든 사람이 내면에 지닌 사회서사는 개개인의 심층에서 삶을 운영하고 문학작품의 심층에도 살아 있다. 단군신화는 아무리 줄여 잡아도 1000년 이상에 걸쳐 우리 민중들 사이에 소통되며 한국인의 정체성에 큰 영향을 끼쳐왔다.

그런데 단군신화 또는 단군설화라는 말은 자칫 오해를 불러올 수 있다. 단군과 조선을 신화나 설화적 존재로 돌릴 수 있기 때문이다. 일제강점기에 일본 학자들이 단군을 후대에 조작된 것으로 부정했기에 그런 오해는 말끔히 정돈할 필요가 있다. 물론 '단군신화'를 말해온 이들이 단군의 역사적 실존을 모두 부정한 것은 아니다. 그럼에도 단군조선은 역사적으로 실재했던 고대 왕국임을 분명히 짚고 갈 필요가 있다. 단군신화를 굳이 '단군의 건국신화' 줄임말이라고 밝힌 이유다. 고조선은 후대에 '옛 고古'를 더해 붙여진 이름으로 국호는 엄연히 '조선'이거니와, 고려 시대에 기록된 단군신화에도 나라 이름을 '조선'으로 서술하고 있다. 이성계가 나라 이름을 '조선'으로 선택하면서 과거의 조선을 '고조선'으로 표기하기 시작했을 뿐이다. '고조선'이란 나라는 없었으므로 문맥에 따라 '조선'과 함께 '고대 조선'이나 '단군조선'을 병기하겠다.

역사학계에서 고대 조선의 역사를 서술할 때는 기록이 없기에 고고학 유물이나 유적을 통해서 생활사나 문화사를 논의하고 있다. 다만 『환단고기桓檀古記』나 『규원사화』처럼 진위가 확인되지 않은 자료들에 근거해 47대에 이르는 단군의 족보를 만들어내고 그 후대 단군들의 업적을 서술하는 것은 근거가 부족하거니와 설득력도 약하다. 굳이 무리해서 고대 조선을 과장할 필요가 없기에 더 그렇다.

황하黃河 문명보다 명백히 앞선 요하遼河 문명의 유물들이 1980년대 이후 대거 출토되고 있다. 지리적으로 요하 문명은 고대 조선의 문명으로 이어졌거나 최소한 황하와 대동강의 두 갈래로 발전해갔다고 추정된다. 사회학자 신용하는 요하 문명(홍산 문화)과 대동강 문화, 한강 문화의 3대 신석기 문화를 통합해 기원전 3000년경에 형성된 조선 문명을 동아시아 최초의 고대 문명으로 보았다. 신석기시대 농업혁명의 성과로 동아시아에서 최초의 고대 국가인 조선을 건국할 경제적 기반을 마련했다는 주장이다. 조선 문명이 고대 중국 문명보다 앞섰다는 근거로 신용하는 남한강 유역과 금강 상류 유역에서 출토된 소로리 단립벼 볍씨(BP 1만 2500±150년), 조동리 단립벼 볍씨(B.C. 4250~B.C. 4290년), 남한강과 근접한 금강 상류의 대천리 단립벼 볍씨(B.C. 3500년경), 한강 본류의 고양 단립벼 볍씨(B.C. 3360±80년)를 제시했다. 동아시아 최초로 신석기시대에 이미 단립벼 재배에 들어갔고 이를 계승 발전하면서 농경문화가 형성됐다는 것이다.

조선 문명이 기원전 3000년경에 형성된 '동아시아 최초의 고대문명'으로 황하 문명에 영향을 끼쳤다는 신용하의 주장은 『환단고기』나 『규원사화』와 달리 나름의 근거를 제시하고 있다. 다만 아직 근거가 충분하지 않다는 역사학계의 이견이 있고 요하 유적지에서 계속 유물이 발견되고 있는 만큼 진실이 다 밝혀진 것은 아니다. 분명한 것은 중국의 기록을 보더라도 고대 동아시아에서 조선이 독자적으로 고유 문명권을 형성했다는 사실이다.

본디 '중국'이라는 국명은 20세기에 들어와 '중화민국'에서 생긴 말로 그 전에는 부침해온 왕조에 따라 나라 이름을 불렀다. 고대 요하 문명의 구성원들이 기후변화로 따뜻한 곳을 찾아 일부는 동남쪽의 한반도로 일부는 서남쪽의 중원으로 옮겨 갔으리라 추정한다. 중원中原은 한족漢族이 일어난 황하 중류 지역이다. 고대 조선의 영토가 요하를 품고 있었음이 명백해지고 있기에 황하 문명보다 앞선 요하 문명을 계승한 나라가 조선이었을 가능성은 갈수록 높아가고 있다.

◆

조선의 고유 문명과
신화의 사회서사

◆　　　　　　한국인의 첫 왕인 단군을 기리고 그가 나라를 세운 과정을 자자손손 전하기 위해 처음에는 '구전 역사'가 만들어졌을 터다. 입으로 전해진 역사는 본디 줄거리가 간결했지만 민중 사이에 씨줄 날줄로 소통되고 전승되어오면서―그 전승은 언제나 사회적 과정이었다―전설이 되고 신화가 되었다. 단군신화에서 우리가 고대 조선 문명의 성격과 함께 이 땅에 살았던 민중의 소망, 더 나아가 그것이 오랜 세월에 걸쳐 응축된 철학을 읽을 수 있는 이유다.

역사적으로 우리 민중이 고유한 전통을 지켜오는 데 단군신화는 큰 힘이 되었다. 여러 문헌에 신화가 기록되어왔지만 자초지종이 가장 잘 담기고 널리 알려진 문헌은 『삼국유사三國遺事』

이다. 중국 남북조시대인 550년대에 기록된 『위서魏書』와 한국의 고대 역사서인 『고기古記』를 인용해 단군신화를 기록했다. 사대주의 유학자 김부식은 『삼국사기』를 내며 단군신화를 단 한 줄도 쓰지 않았다. 『삼국유사』 기이편紀異篇에 수록된 단군신화는 다음과 같다(단락에 붙은 번호는 분석을 위해 덧붙였다).

① 『위서』에 이르기를 "지금으로부터 2천 년 전에 단군왕검이라는 이가 있어 도읍을 아사달에 정하고 나라를 창건하여 이름을 조선이라 하니 요임금과 같은 시대"라고 했다. 『고기』에 이르기를 "옛날 환인(제석을 말한다)의 서자 환웅이 자주 천하에 뜻을 두고 인간 세상을 구하고자 했다. 아버지가 아들의 뜻을 알고 아래로 삼위태백 땅을 내려다보니 널리 세상을 이롭게 할 만한지라 이에 천부인 세 개를 주어, 가서 그곳을 다스리게 하였다.

(魏書云 乃往二千載 有壇君王儉 立都阿斯達 開國號朝鮮 與高同時 古記云 昔有桓因(謂帝釋也)庶子桓雄 數意天下 貪求人世 父知子意 下視三危太伯 可以弘益人間 乃授天符印三箇 遣往理之)

② 환웅이 무리 3천 명을 거느리고 태백산 꼭대기 신단수 아래 내려와 이를 일러 신시라고 하였으니 그를 환웅천왕이라 한다. 그는 풍백·우사·운사를 거느리고, 곡식·생명·질병·형벌·선악 등 무릇 세상의 360여 가지 일을 맡아서 이상을 실현해갔다.

(雄率徒三千 降於太伯山頂 神壇樹下 謂之神市 是謂桓雄天王也 將風

伯雨師雲師 而主穀主命主病主刑主善惡 凡主人間三百六十餘事 在世
理化)

③ 이때 곰 한 마리와 범 한 마리가 있어 같은 굴에 살면서 항상 신
령스러운 환웅에게 사람이 되게 해달라고 빌었다. 곰은 신령스러
운 쑥 한 타래와 마늘 20쪽을 주면서 말하기를 '너희들이 이것을
먹고 백 일 동안 햇빛을 보지 않으면 곧 사람의 모습으로 될 것이
다'라고 하였다. 곰과 범은 이것을 얻어먹고 삼칠일 동안 금기하였
는데 곰은 여자의 몸이 되었으나 범은 금기를 못하여 사람의 몸으
로 되지 못하였다.

(時有一熊一虎 同穴而居 常祈于神雄 願化爲人 時神遺靈艾一炷蒜二
十枚曰 爾輩食之 不見日光百日 便得人形 熊虎得而食之 忌三七日 熊
得女身 虎不能忌而不得人身)

④ 웅녀는 그와 혼인할 사람이 없어 매번 신단수 아래에서 아이를
갖게 해달라고 빌었다. 환웅이 이에 잠시 사람으로 변하여 그와 혼
인하여 아이를 임신하여 낳으니 이름을 단군왕검이라 했다.

(熊女者 無與爲婚 故每於壇樹下 呪願有孕 雄乃假化而婚之 孕生子 號
曰 壇君王儉)

⑤ 그는 요임금이 즉위한 지 50년인 경인년에 평양성에 도읍하고
비로소 조선이라 일컬었다. 또 도읍을 백악산 아사달에 옮겼는데
그곳을 궁홀산 또는 금미달 이라고도 한다. 1500년 동안 나라를
다스렸다. 주나라 무왕이 즉위한 기묘년에 기자를 조선에 봉하니

단군은 이에 장당경으로 옮겼다가 뒤에 돌아와 아사달에 은거해 산신이 되었으니 나이가 1908세"였다.

(以唐高卽位五十年庚寅 都平壤城 始稱朝鮮 又移都於白岳山阿斯達 又名弓 忽山 又今彌達 御國一千五百年 周'武'王卽位己卯 封箕子於朝 鮮 壇君乃移於藏唐京 後還隱於阿斯達爲山神 壽一千九百八歲)

『삼국유사』를 쓴 일연은 ①에서 단군신화가 자신이 새롭게 '발견'한 이야기가 아니라 오랜 세월에 걸쳐 전승되어왔음을 밝힌다. 신화를 기록한 시점은 1280년대이지만 단군이 아사달을 중심으로 요임금과 같은 시대에 조선을 창건했다는 이야기가 『삼국유사』를 쓴 시점에 널리 퍼져 있지 않았다면, 그렇게 서술하기 어려웠을 터다. 일연의 기록 이후 단군신화는 고려와 조선 왕조의 문헌에도 담겼고 천 년에 걸쳐 소통되었다.

신화는 우주에서 시작한다. '하늘'에 있는 환인桓因은 우주의 주재자다. '환'은 아직 한글이 없던 시기에 순우리말 "환하다"의 한자식 표기로 하늘을 상징한다는 풀이가 유력하다. 눈부시게 환한 하늘님(하느님)이 환인이다. 이어 서자 환웅이 등장한다. 여기서 '서자'를 놓고 "환웅은 환인의 서자로서 천계에서 버림받은 신령"이라고 풀이하거나 "예수처럼 하늘님의 독생자가 아니라 (…) 방계의 서자庶子"로 본 연구도 있는데 서자의 뜻을 오해해서 비롯된 오류다. '북극오성'의 하나인 '서자별'로 풀이하며

'서자족'과 '환웅족'을 나눠 보는 역사학자의 연구도 나왔지만, 국어사전의 풀이 그대로 서자를 보는 것이 적실하다. '서자'는 "맏아들 외의 모든 아들"로 많이 쓰인 말이다.

조선 민족의 전통적 신앙 대상인 '하느님(환인)'의 아들 가운데 환웅이 '하늘 아래'에 뜻을 두고 인간 세상을 구하고자 했고, 아버지는 아들의 뜻을 알고 '삼위태백'을 내려다보며 "홍익인간"이 가능하다고 판단해 '천부인'을 주었다.

신화의 고갱이로 꼽혀온 '홍익인간'은 "널리 사람을 이롭게 한다"는 의미를 중심으로 논의되어왔지만, 그 '인간' 개념을 "오늘날의 서양적 인간human being이나 인류로 막연히 이해"하는 것은 옳지 않다. 불교에서 '인간'은 산스크리트어 마누샤manusya의 번역어로서 천상天上과 수라修羅 사이에 위치하고, 중국 전통문화에서도 '인人의 세계'나 '사람이 살아가는 세상'의 뜻으로 쓰였다. 이백의 시 「산중문답山中問答」에 나오는 "별유천지비인간別有天地非人間"이나 『사기史記』의 「유후세가留候世家」에 "인간의 일을 버리고 싶다(願棄人間事)"도 그런 사례다.

요컨대 일연이 단군신화를 기록할 시점에 홍익인간은 사람을 널리 이롭게 한다는 뜻 못지않게 ―어쩌면 그 이상으로―'사람 세상', 바로 '사회'를 널리 이롭게 한다는 뜻으로 통용되었다. 표준국어대사전과 우리말샘 사전은 홍익인간을 "널리 인간을 이롭게 함"으로 풀이하고 한자사전(디지털 한자사전 e-한자)은 "널리 인간세계人間世界를 이利롭게 한다"는 뜻으로 풀어 차이를 보인다. 다만 고려대 한국어대사전은 "널리 인간 세계를 이롭게 함"으로 풀이했다.

그런데 '익益'에는 '이롭다'와 함께 '돕다'의 뜻도 들어 있다. 주역에서 익은 64괘卦의 하나로 진하손상震下巽上, 곧 '위를 덜고 아래를 더하는 상'이다. '이롭다'도 흔히 오해하듯 물질적 이익만 지칭하는 말이 아니다. '이익利益'의 국어사전 풀이가 '물질적으로나 정신적으로 보탬이 되는 것'으로 되어 있듯이 정신적인 보탬, 도움의 의미가 들어 있다.

홍익인간에 대한 기존 해석을 굳이 배제할 이유가 없다면, 우리는 '홍익인간'을 '널리 사람과 사회를 물질적·정신적으로 이롭게 함'으로 폭넓게 풀이할 수 있다. 눈여겨볼 것은 단군신화가 처음부터 현실과는 다른 세상을 꿈꾸는 서사로 시작한다는 점이다. 환웅은 하늘(우주)에서 세상을 내려다보며 살핌─전체 모습을 파악하는 조감鳥瞰─으로써 문제점을 인식하고 더 나은 세상(사회)을 만들어보겠다는 뜻을 세우고 실행했다. 환웅의 심층에는 다른 형제자매들과 달리 실천적 사회서사가 있기에 그런 선택이 가능했다고 볼 수 있다.

신화 ②에서 환웅은 태백산 신단수 아래로 내려와 신시神市를 구현한다. '인간의 360여 가지 일人間三百六十餘事' 대목에서 '인간'도 사회로 인식할 때 더 이해하기 쉽다. 환웅의 관점에서 '인세

人世'라는 표현도 나오기에 홍익인간의 '인간'은 사회와 개별적 인간을 다 아우른다고 풀이할 수 있다.

'사람 세상'을 다스릴 때 신화 ②에서 가장 앞세운 것이 경제 생활이다. 풍백風伯·우사雨師·운사雲師 모두 식량을 생산하는 농업과 관련될 뿐만 아니라, 곡식·운명·질병主穀主命主病을 먼저 꼽고 있다. 경제생활의 안정을 우선하고 이어 형벌·선악主刑主善惡이라는 법과 윤리의 문제를 제시한다. 여기서 재세이화在世理化의 우선순위가 민생이었다는 사실을 새삼 새길 수 있다. 민생의 중요성은 3세기에 편찬된 중국의 역사서가 고대 조선을 이은 부여를 기록한 대목에서도 확인할 수 있다. "옛 부여 풍속에 홍수나 가뭄이 고르지 못하여 오곡이 익지 않으면 바로 왕에게 허물을 돌려 혹은 '바꿔야 한다', 혹은 '죽여야 한다'고 하였다(舊夫餘俗, 水旱不調, 五穀不熟, 輒歸咎於王, 或言當易, 或言當殺)"는 기록이 그것이다. 곡식이 익지 않으면, 다시 말해 식량난이 발생하면 서슴없이 왕을 바꾸거나 죽이려 했다는 '증언'은 왕정의 핵심이 민생에 있었음을 방증한다. 한국 고대사는 단군조선에서 부여와 고구려로 이어진다.

널리 사람과 사회를 물질적·정신적으로 돕는 홍익인간과 재세이화는 실천적 사회서사를 구현할 때 중시해야 할 지표다.

◆

호랑이 유형과 곰 유형의
사람과 문명

◆ 　　　　　　　　단군신화는 지구촌의 다른 신화들과
달리 동물이 '사람 되기를 원한다(願化爲人)'는 독특한 상상력을
품고 있다. 신화 ③에 등장한 곰과 호랑이는 쑥과 마늘만 먹으
면서 백 일 동안 동굴에 있어야 사람이 될 수 있다. 결과는 삼칠
일에 나타났다. 곰은 사람이 되었으나 호랑이는 본성을 이겨내
지 못했다. 국문학자 조희정은 단군신화에서 "변화하고 성장하
는 서사를 지닌 존재야말로 진정한 인간"에 다다를 수 있다는
"진정한 인간-되기의 서사"를 읽었다. 그가 보기에 곰 서사는
"예외적이고 특수한 사례인 동시에 인간-되기 서사의 전형적
사례"이다. 곰이 "여인의 몸을 얻고 어머니로 변화하는 과정을
통해 존재의 탈바꿈은 인간 성장의 필수적 요소임을, 혼인 관계
와 모자 관계를 통해 관계 확산은 인간 성장의 필연적 원리임을
보여"준다는 해석이다. 다만 그의 연구에서 '서사'는 일반적인
내러티브 개념에 가깝다.

곰과 호랑이에 대한 역사학계의 지배적 해석은 곰 토템 부족
과 호랑이 토템 부족이다. 이때 환웅은 하늘과 해를 토템으로 삼

은 부족이다. 해와 곰 토템 부족이 왕과 왕비로 혼인 동맹을 맺고 여기에 호랑이 토템 부족이 제후로 참여하는 나라를 세웠다고 분석한다. 역사학계의 풀이는 설득력이 높지만, 단군신화를 천여 년 넘게 전승해온 민중들의 내면을 파악하기에는 미흡하다. 단군신화를 이야기로 송·수신할 때 역사학자처럼 이해할 민중들은 그리 많지 않았을 성싶다. 바로 그 지점에서 신화를 분석하는 역사학과 문학은 갈라진다.

사회서사 이론으로 볼 때, 하늘을 받드는 부족과 만나면서 곰 토템 부족은 기존의 부족사회를 넘어선 새로운 사회를 지향한 실천서사를 심층에 지닌 사람들이 많았고(혹은 그런 사람이 이끌었고), 호랑이 토템 부족은 자신들이 살아온 질서를 벗어나려 했으나 단념하고 다시 기존 체제에 적응하거나 순종하는 사회서사를 지닌 사람들이 많았다고 판단할 수 있다. 기존의 지배적 사회질서에 순종하거나 적응하는 서사가 심층에 자리하고 있을 때, 그것을 탈피해 사회체제의 변화를 추구하는 실천서사로의 전환은 쉽지 않음을 '동굴을 뛰쳐나간 호랑이'가 일러주는 셈이다.

두 동물을 토템 부족으로 보는 해석과 달리 호랑이와 곰을 사람과 문명의 두 유형으로 볼 수도 있다. 호랑이 유형의 사람은 동물적 욕망을 넘어서지 못한 존재이다. 사회에 그런 유형의 사람들이 많을 때 호랑이 유형의 문명을 형성한다. 동물성을 벗어나려는 의지가 강한 곰 유형의 사람은 새로운 문명을 지향한다. 인류학과 사회학에서 '문화유형론cultural pattern'은 문화가 여러 문화 요소의 단순한 집합이 아니라 어떤 주제 또는 핵심적인 동기를 중심으로 유기적 통합을 이룸으로써 유형이 나타난다고 본다.

신화 ④에서 웅녀는 사람이 된 변화에 만족하지 않고 더 나아간다. 다시 신단수 아래서 기도하며 새로운 변화를 간절히 염원한다. 그러자 하늘(우주)이 '감응'한다. 여기서 '하느님'은 다시 강조하지만 한국인 고유의 신앙으로서 하느님이다. 기독교 선교사들이 조선에 들어와 자신들의 종교를 퍼트릴 때 민족 신앙을 이용해 '갓god'을 '하느님'으로 선교했다. 그 결과 한국 문화의 하느님은 한국인들 사이에 시나브로 잊혀왔다.

하느님의 아들인 환웅이 잠시 사람으로 변해 웅녀와 사랑을 나눈다. 그래서 잉태한 생명체가 단군이다. 우리는 웅녀의 심층에서 더 나은 삶을 끊임없이 추구하는 창조적 실천서사를 읽을 수 있다.

신화 ⑤에서 단군은 조선을 건국한다. 한국인의 첫 나라이다. 1500년 동안 나라를 다스렸다는 서술이 이어진다. '단군' 이름을 김용섭은 "천단天壇에 올라 하늘에 제사를 올리는 천군天君"의 뜻으로 풀이했다. 전승되어온 신화 속의 숫자를 굳이 과학적으로 접근할 필요는 없겠지만 맥락을 살필 필요는 있다. 일연은 주나라 무왕이 기자를 조선에 봉했고 단군은 이에 장당경으로 옮겼다가 뒤에 돌아와 아사달에 은거해 1908세에 산신이 되었다고 기록했다. 신화의 결말 부분이다. 단군신화에서 많은 연구자들이 애써 무시해온 대목이다. 주나라 무왕이 기자를 조선에 봉했다는 서술이 불편했을 수도 있다.

하지만 사회서사 이론으로 볼 때 새롭게 해석할 수 있다. 물론 신화에 굳이 역사적 사실의 잣대를 들이댈 이유는 없다. 하지만 중국 신화학자들이 중화주의적 연구를 전개하는 상황이기에 먼저 사실史實 관계부터 명확히 정리할 필요가 있다.

주나라 무왕이 기자를 조선에 봉했다는 서술은 '기자조선箕子朝鮮'을 두고 한 말이다. 그런데 진나라 이전의 문헌인 『상서尙書』나 『논어』에는 기자가 은殷나라 말기의 현인으로만 나타난다. '기자 조선'의 언급이 전혀 없다. 은나라가 멸망할 무렵에 기자가 조선으로 망명해 백성을 교화했으며, 이에 그를 조선의 제후에 봉했다는 이른바 기자동래설箕子東來說은 그로부터 수백 년이 지나 한漢나라 이후의 문헌들에 기록됐을 뿐이다. 더욱이 은나라와 주나라의 영역은 황하 부근에 한정되어 있었기에 조선의 영역, 그것도 수도까지 쉽게 오갈 수 없었다. 그들의 영향권 밖인 조선 땅에 마음대로 기자를 통치자로 임명할 상황이 결코 아니었다.

한나라 시대에 그들이 처음 기자동래설을 기록할 때는 역사

서술에 객관적 실증주의가 확립되지 못했다. 더구나 고대 중국에서 역사는 왕이 통치하는 거울이자 권력을 정당화하는 도구였다. 한문제와 무제가 단군조선 침략을 준비할 때 어용 역사가 복승이 전쟁을 정당화하려고 '기자조선설'을 맨 처음 날조한 것으로 보인다. 과거에 주의 무왕이 기자를 조선의 제후로 봉했으므로 본디 자신들의 영역임을 주장할 의도였다.

사회학자 신용하가 간결하게 정리했듯이 기자조선설은 한漢이 단군조선을 침략한 전후 시기에 '한무제의 고조선 침략을 정당화하기 위하여 어용 사가들이 기획한 허구적 침략 이데올로기'에 지나지 않는다. 마치 일본 군국주의가 19세기 후반 조선을 침략할 때 어용 사가들이 '임나일본부설任那日本府說'의 허구를 날조해 낸 것과 동일한 유형의 침략 이데올로기라는 것이다. 그는 "한국의 연구자들이 기자조선설의 본질을 철저히 비판하지 않으면, 소위 '기자조선설'의 허구가 한국 역사에 대하여 언제나 침략 이데올로기로서 악용될 수 있는 위험을 내포하고 있음을 주목"해야 한다고 경계했다.

단군조선을 침략한 한나라 이후 중원의 역대 왕조가 기자조선설을 기록하면서 고려와 조선의 사대주의 지배층들까지 그것을 사실로 받아들였다. 이윽고 고려 숙종(재위 1095~1105)은 평양에 기자 무덤箕子陵을 만들고 제사를 지내기에 이르렀다. 일연이 단군신화를 기록한 것은 숙종이 기자 무덤을 평양에 만든 이후였다. 일연은 기자 무덤의 존재를 무시할 수 없었겠지만, 그렇다고 적극 받아들이지도 않아 단군조선의 역사 가운데 하나로 간략히 서술한 것으로 보인다. 조선에 들어와 사대주의 유학자들은 '기자와 같은 현인이 조선 백성을 교화한 것이 명예'라며 기자동래설에 용춤을 췄다.

현재 역사학계는 당시 중원과 평양 사이의 지리적 거리만이 아니라 단군조선의 청동기가 중원과 크게 다르다는 사실을 근거로 기자동래설을 부정한다. 단군이 조선을 건국해 1500년 동안 나라를 다스렸다는 서술은 그의 후손들이 '단군'의 자리를 이어간 것으로 해석한다. 신화의 '1908세 이야기'는 기원전 3세기 무렵 조선이 연燕나라─베이징을 도읍으로 기원전 1100년 무렵부터 조선과 경계를 이루며 전국시대에 들어와 강력해진 나라─의 침략을 받아 요하遼河의 서쪽 지역을 잃은 시점과 비슷하다고 풀이한다. 연나라를 멸망시키고 전국시대에 마침표를 찍은 진나라(진시황)의 공격으로 조선의 영토는 다시 줄어들었다. 단군조선의 민중들로서는 주나라를 비롯해 연나라와 진나라, 한나라를 거치며 그들이 살던 시대까지 끊임없이 이어진 이웃 나라─호랑이 유형의 문명─의 패권주의적 간섭과 침략을 잊을 수 없었을 터다.

조선의 민중들이 "고유한 전통을 지켜"온 이유가 "한인漢人에 원한이 깊었던 탓"이라는 역사학자 정인보(1893~1950)의 분석에 유의한다면, 신화 ①의 '삼위태백'에 대해서도 다른 풀이를 보탤 수 있다. 삼위산이 엄연히 중국에 있는 산임을 무시하지 않을 때, 하느님이 중국과 조선을 두루 살피다가 태백산을 선택했음을 강조했다고 볼 수 있다. 그 풀이에 동의하지 않더라도 우리는 신화 ⑤에서 단군조선이 한나라의 침략으로 무너진 뒤 민중들에게 맺힌 한을 치유하려는 의지를 발견할 수 있다.

단군신화가 구전되는 과정에서 신화 ⑤의 내용, 특히 뒷부분은 단군조선의 패망 이후에 덧붙여진 대목이다. 민중들은 신화를 전승하며 단군이 다시 아사달로 돌아와 산신山神이 되었다고 믿었다. 단군이 제시한 홍익인간과 재세이화의 이상을 결코 망각하거나 포기하지 않겠다는 결기를 이야기에 담아간 것이다. 산신이 되었다는 서술에 은둔을 떠올리고 관조서사로 파악할 수도 있겠지만, 은둔한 곳이 산이라는 사실에 주목해야 한다. 환웅이 강림한 곳도 다름 아닌 산이기 때문이다.

단군조선의 모든 영토에서 산은 어디서나 마을 가까이에 자리하고 있다. 민중들이 살아가는 곳에서 언제나 눈에 들어오는 산에 단군이 산신으로 머물고 있다면 고단한 삶을 기댈 '언덕'이 된다. 21세기 서울에서도 산에 오르면 '산신당'이라는 글이 새겨진 커다란 바위를 종종 발견할 수 있다. 더구나 실천서사를 심층에 지닌 사람의 '은둔'은 새로운 실천, 창조적 실천을 위한 방편이다. 그 지점에서 우리는 단군신화를 '산신의 탄생 이야기'로 읽을 수도 있다.

단군의 심층에는 환인과 환웅은 물론 웅녀를 이어받은 실천 서사가 자리하고 있다. 한국 문화에서 산신은 '천신 신앙'과 연결된 것으로 그것이 한국인에게 넓고 깊게 퍼진 까닭도 단군에서 찾을 수 있다.

♦

동굴의 어둠은
창조의 산실

♦　　　　　　　　　단군신화를 두고 2020년대에 들어와 새로운 주장들이 곰비임비 나오고 있다. 역사학자 최광식은 "단군 설화의 진짜 주인공은 농경을 가져온 환웅"이라 주장했다. 단군 설화에서 단군의 내용은 얼마 없다는 것이다. 천제의 아들인 환웅이 풍백, 우사, 운사와 3000명의 무리를 거느리고 내려왔다는 것은 농경의 시작을 의미한다. 곰과 호랑이에게 쑥과 마늘을 준 것도, 웅녀와 결합해 단군을 낳은 것도 주체는 환웅이라고 강조한다. 그런데 몽골과의 항쟁이나 이후 일제강점기 등을 거치며 건국신화가 강조되면서 환웅보다 단군이 주목받게 됐다는 주장이다. 민속학자 임재해도 단군의 아버지가 환웅천

왕이라면, 마땅히 시조는 아버지인 환웅으로 바로잡아야 한다고 주장했다. 단군에 앞서 환웅을 중시해야 옳고 홍익인간과 재세이화도 환웅이 제시했다는 논리다. 하지만 몽골과의 항쟁이나 이후 일제강점기를 거치며 건국신화가 강조되면서 환웅보다 단군이 주목받게 됐다는 최광식의 주장은 설득력이 약하다. 외세의 침략에 직면한 위기 상황에서 건국신화를 만들었다면, 오히려 하느님의 아들인 환웅을 시조로 내세우는 것이 더 효과적이라고 볼 수 있기 때문이다.

여기서 중요한 것은 "신화의 진짜 주인공" 또는 "우리 민족의 시조는 환웅"이라는 논리적 접근이 아니다.『삼국유사』에 일연이 기록하기 이전부터 수천 년에 걸쳐 민중들이 단군신화를 서로 소통하며 환웅이 아닌 단군을 겨레의 시조로 존숭해왔다는 사실이다. 그만큼 환웅보다 단군이 민중의 사랑을 받았다는 뜻이기도 하다.

그렇다면 왜 그런가를 분석하는 것이 중요하다. 신화에서 환웅과 단군은 존재의 성격이 다르다. 환웅은 하늘의 세계에서 하느님의 아들인 신적 존재이지만, 단군은 어디까지나 환웅과 웅녀 사이의 관계적 존재이다. 전자는 단일한 관계이지만 후자는 하느님의 핏줄인 동시에 웅녀의 아들이다. '곰 유형의 사람'을 상징하는 웅녀는 어둠의 동굴에서 변화의 고통을 인내하는 과정을 통과했다. 웅녀의 변신을 두고 더러는 "내림굿의 전형적인 구조와 상징"으로 해석하지만, 곰과 호랑이를 두 유형의 사람과 국가로 풀이한다면 사회서사적 접근이 더 적실할 것이다.

세계적인 민담 연구의 권위자 마리-루이제 폰 프란츠^{Marie-Louise von Franz}는 신화, 설화, 꿈에 나오는 동물들은 모두 사람과 같은 형태와 성질을 가진 동물이라고 풀이했다. "인간적 성향을 나타내는 동물 이야기"에서 동물들은 "우리의 동물적인 본능"을 표현한다. 다만 이야기에 등장하는 동물에 대한 분석을 '인간적 성향'에 그치지 않고 사회나 국가 차원으로 넓혀 논의할 필요가 있다.

웅녀가 그렇듯이 곰 유형의 사람들은 '동굴'에서 자신을 성찰하며 거듭날 수 있는 존재들이다. 사람이 포유류의 하나로서 지닌 동물성을 이겨내는 생물적 성찰이 그것이다. 하지만 호랑이와 그 유형의 사람들은 성찰이 결여되거나 부족해 동물성을 벗어나지 못한다. 무릇 모든 사람에겐 동물적 본성이 남아 있지만 그것을 성찰함으로써 사람다운 사람이 될 수도 있고 전혀 성찰이 없이 살아갈 수도 있다. 우리 민중들은 일상에서 후자의 인간형, 곧 호랑이 유형의 사람을 무람없이 "짐승 같은 인간"으로 불러왔다. 현대 사이코패스 연구자들이 그 성향을 지닌 사람을 "양복 입은 뱀"으로 은유하는 이유도 같은 맥락이다. 실제로 '짐승'에는 "매우 잔인하거나 야만적인 사람을 비유적으로 이르는 말"이라는 사전적 풀이도 있다.

호랑이가 끝내 이겨내지 못한 동물적 본성을 동북아시아 신화에서 공통적으로 나타나는 '악 또는 부정적 존재'들의 하나로 볼 수도 있다. 구비문학자 최원오는 "인간이 자연의 파괴적 힘을 배제한 채 살아갈 수 없는 것처럼 인간은 인간의 부정적 본성을 배제한 채 살아갈 수 없"기에 동북아의 신화들은 "그 인간을 성찰하기 위한 시도"로서 "악마나 사악한 정령을 형상화"했다고 보았다.

곰을 토템 부족으로 이해하더라도 동굴의 성찰을 통해 동물적 본성을 이겨낸 사람으로서 웅녀의 의미는 유효하다. 성찰로 동물적 본성을 이겨낸 사람들이 다수인 부족, 더 나아가 그런 문화가 정착된 국가로 이어질 수 있기 때문이다. 정운채는 단군신화를 분석하며 "우리 민족은 진정한 인간에 도달하고자 하는 열망을 본원적으로 간직한 민족"이라는 결론을 내놓았다.

한편 동굴에서 뛰쳐나간 호랑이는 우리에게 자기서사의 변화가 쉽지 않음을, 사람의 내면에 깃든 '어둠'이 얼마나 강력할 수 있는가를 성찰케 한다. 현대 자연과학의 발전을 바탕으로 사유하는 우주철학의 관점에서 보아도 사람에겐 존재론적으로도 인식론적으로도 아직 파악하지 못한 '어둠'이 있다. 간결히 말해 사람은 우주인이어서 더 문학이다.

단군신화에서 자기 심층에 있는 서사를 인식하지 못한 호랑이(유형의 사람)는 그로부터 자유롭지 못했고 결국 실패했지만, 곰

(유형의 사람)은 동굴의 성찰을 통해 마침내 거듭날 수 있었다. 동굴이 표면을 파고들어가듯이 심층에 있는 자기서사와 만나는 과정을 우리는 '성찰의 동굴'로 개념화할 수 있다. 그때 어두운 동굴은 창조의 산실이다.

♦

산신의 부름,
신시의 꿈

♦   단군신화를 철학계 일각에선 '한국인의 철학적 정체성을 표현한 사상서'로 보고 단군 이야기이기 이전에 한민족의 '하늘 이야기'이자 하늘에 투영된 '자기 이야기'로 풀이한다.

철학자 조성환은 중국 철학이 성인聖人을 지향한다면 한국 철학은 천인天人을 최고의 인간으로 제시한다고 보았다. 성인은 '탁월한 인식과 판단 그리고 도덕적 실천성을 강조하는 사람'이고, 천인은 '인간의 존엄과 평등 그리고 영성을 강조하는 사람'으로 구분한다. 그 '천인' 개념이 다름 아닌 단군신화에서 기원한다. 그때 단군은 환웅과 웅녀 사이에서 태어난 "반신반인半神半人의 신인神人 또는 반천반인半天半人의 천인天人"이다. 그리고 이 단군이 한민족의 시조라고 한다면, 한민족은 기본적으로 모두가 천신의 자손인 천자天子이자 천인天人"이다.

하지만 어떤가. 단군이라는 새로운 인간의 탄생을 "반신반인의 신인"이나 "반천반인의 천인"이라기보다 '본디 동물인 사람'의 아들이자 하늘(사람으로 잠시 변한 환웅)의 아들로 보는 인간관이 단군신화에 더 적확하지 않을까. 이어령도 단군신화에서 "신과 동물의 중간 매개항의 단군으로 상징되는 인간 탄생"을 읽었고, 무교를 연구한 신학자 유동식은 환웅과 웅녀의 혼인을 하늘과 땅이 융합한 것이며, 이를 통해 인간이 태어난 것을 '하늘과 땅과 인간의 창조적인 관계 구조'로 파악했다. 그렇다면, 단군과 그의 후손들은 '반천반인'이 아니라 '반수반천半獸半天'이 더 가까울 터다. 다름 아닌 인간 본성을, 보편적 인간성을 그렇게 볼 수 있다는 뜻이다.

다만 단군신화는 웅녀가 상징하듯이 스스로 성찰을 통해 변화를 이루는 과정을 강조한다. 웅녀의 심층에서 우리는 '호랑이 유형의 사람'들 속에서 하나의 동물로 살아가는 체제를 숙명이나 고정불변으로 받아들이지 않는 실천서사를 발견할 수 있다.

단군신화의 작품서사에 담겨진 사회서사의 역동적 과정을 3단계로 나눌 수 있다. 1단계는 곰과 호랑이가 살아가는 세상이다. 말 그대로 약육강식이 지배하는 '동물의 세계'다. 이는 '동물의 권리' 담론과 맥락이 다른 문제다. 야생동물의 세계는 잔혹한 생존경쟁이 지배한다. 민담의 심리학적 분석에 따라 곰과 호랑이를 각각 인간형으로 파악하면, '약육강식의 사회'로 규정할 수 있다. 그 사회에선 호랑이 유형의 사람들이 지배한다. 질서에 순종 또는 적응하며 살아가는 사람들이 많거나 그런 사람이 이끄는 사회다.

'호랑이'는 심층에 적응서사를 지닌 인간형을 상징한다. 신화에는 언급되지 않았지만, 호랑이의 먹이가 되는 숱한 동물은 순종서사를 심층에 지닌 인간형일 것이다. 호랑이와 달리 곰(웅녀)은 '동물적 질서'에서 벗어나려는 변화 의지가 강한 실천서사를 지녔다.

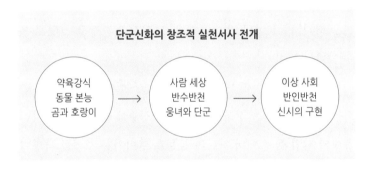

눈여겨볼 지점은 곰과 호랑이의 운명을 가른 '동굴의 창조적 성찰'이다. 무릇 성찰은 쉽지 않다. 어둠에 갇힌 동굴, 쑥, 마늘은 그 고투를 은유한다. 곰은 사람이 되겠다는 염원—거듭 나겠다는 열정—으로 동굴의 고독, 성찰의 고통을 이겨냈다. 곰 유형의 사람이 인간다운 인간으로 거듭나는 과정이기도 하다. 호랑이 유형의 사람은 고독의 동굴과 고통의 성찰을 감당하지 못했다.

곰은 지구 북반부 곳곳에서 신화에 등장한다. 가령 시베리아에선 많은 부족들이 곰을 하늘에서 내려온 존재로 전승하고 있다. 현생인류 이전에 이미 네안데르탈인이 곰을 숭배했다는 흔적도 확인되었다. 그런데 지구촌에 전해지는 곰 신화 어디에서도 단군신화가 담은 동굴과 성찰은 찾을 수 없다. 민속학자들은 곰의 겨울잠에서 부활과 재생의 상징성을 읽는다. 곰과 여신은 생명, 부활, 재생이라는 공통의 신화적 상징성을 지닌다는 것이다. 그 신화들에서도 곰이 동굴의 성찰을 거쳐 사람이 되었다는 이야기는 나오지 않는다. 단군신화의 의미 깊은 독창성이다.

2단계는 반수반천의 사회다. 짐승의 논리가 지배하는 '동물의 왕국'이 1단계라면 2단계는 짐승 사회를 벗어난 사회, '사람 세상'이다. 그런데 웅녀는 사람이 된 것에 머물지 않는다. 하느님에게 간절한 염원의 기도를 드린다. 환웅은 웅녀의 염원에 응답한다. 웅녀는 '하느님의 아들'과 결혼해 단군을 낳았다.

단군과 그의 후손들이 살아가는 사람 세상이 2단계라면 3단계는 그들이 소망하는 사회다. 곰이 약육강식의 과거라면 웅녀는 현재이고 환웅의 신시는 미래이자 이상이다. 단군은 2단계 사회에서 3단계로 나아가는 경계에 있다. 웅녀의 아들이기에 반수반천의 현실에서 벗어날 수 없지만, 단군과 그의 후손들은 환웅이 상징하는 이상 사회, 신시를 구현할 주체다.

단군의 심층에 있는 실천서사는 그를 반수반천의 사회에 머물지 않고 변화를 모색케 했다. 홍익인간을 이념으로 한국인의 첫 나라를 세웠다. 반인반천 사회의 구성원들은 천인을 이상적 인간상으로 여긴다. 이상 사회를 꾸려가는 사람들이 천인이다. 더 나은 사회를 실현하려는 2단계가 현실의 사람 세상, 현실 사회라면, 3단계는 바람직한 사회, 이상 사회다. 재세이화在世理化는 '세상에 있으면서 다스려 교화시킨다'는 풀이가 일반적이지만, 진리 또는 이상을 세상에 구현하는 뜻으로 새길 수 있다.

하지만 신시를 구현하는 과정은 순탄하지 않다. 홍익인간은 여러 집단이 서로를 죽이는 전투와 정복이 아니라 서로 주고받는 관계를 통해 비교적 평화롭게 결속함으로써 연맹을 확대해 나간 단군조선 문명의 철학적 기반이었다. 하지만 중원에선 단군조선의 지향과 다른 세력이 커가고 있었다. 바로 주나라의 뒤를 이은 진나라와 한나라다. 그들은 대륙의 여러 나라를 정복해 하나로 통합하는 '천하 통일'을 이루고는 이웃 나라까지 탐내며 '동진東進 정책'을 추구했다.

그런데 중원을 중심으로 '천하 통일'을 성취했노라고 자부한 그 진시황도 단군조선 공격에는 실패했다. 그의 사후에 진이 망하고 한이 들어선 뒤 한무제가 다시 공격에 나섰다. 육군 5만과 해군 8000여 명으로 침략한 한나라에 맞서 단군조선은 1년여에 걸친 공방전을 벌이며 막아냈지만 적들이 집요하게 부추긴 내분으로 끝내 무너지고 말았다(B.C. 108년).

하지만 민중들은 단군의 조선을 계승하는 새로운 나라들을 곧바로 창건했다. 부여, 고구려, 백제, 신라였다. 그 고난과 창건의 시기에 단군신화를 소통하며 힘 또는 위로를 받지 않았을까. 뒤이은 나라들에서 지배 세력이 들여온 불교든 유교든 도교든 모두 산신을 부정하기는커녕 중요성을 인정할 수밖에 없었던 까닭도 민중 사이에 두터운 믿음이 퍼져 있어서일 터다.

산신은 개인적 차원을 넘어 마을과 도시의 수호신이었고 나라의 수호자였다. 고대로부터 산신제를 사회적 차원에서 치름으로써 왕들은 자신의 권력을 정당화해왔다. 대표적으로『삼국유사』왕력王曆편을 보면 고구려를 창건한 동명왕(주몽)의 아버지가 '단군'으로 기록되어 있다.

조선을 계승하는 고구려 건국 시기를 김부식은 기원전 37년으로 기록했지만, 그가 기원전 57년에 건국된 신라를 정통으로『삼국사기』를 서술했기에 고구려를 의도적으로 낮췄다고 보는 견해가 학계에서 통용되고 있다. 평양의 역사학계에선 기원전 277년으로 서술한다.

고대 조선을 멸망시킨 한나라는 얼마 가지 못하고 멸망했다. 하지만 그를 이어 들어선 나라들도 패권주의적 행태를 이어가며 이웃 나라들을 끊임없이 압박했다. 중원을 중심으로 '천하'를 지배하는 질서를 세우고 그것을 다른 나라에 강요한 호랑이 유형의 문명이 지속되었다.

흥미롭게도 중국 문명에서 호랑이 숭배는 연원이 깊다. 중국 민간신앙을 연구한 정재서에 따르면 한족들은 신석기 시대부터 호랑이에 대한 도상을 남겼다. 영웅신화를 비롯한 여러 신화에 호랑이 숭배가 나타난다. 중국민속학회를 이끈 리우쿠이리劉魁立의 논문을 보면 "중국인의 호랑이에 대한 여러 관념은 민간의 구비서사 문학에 아주 뚜렷이 나타나 전투를 잘하는 군인을 호장虎將, 무인의 후손을 호자虎子, 씩씩하고 기세 당당하게 걷는 모습을 호보虎步"라고 한다. 자신의 아이가 튼튼하게 자라기를 바라는 마음에서 호건虎巾을 씌우거나 호혜虎鞋를 신긴다. 대청에 호랑이 그림을 걸기도 하고 단오절에 호랑이 부적을 몸에 지녀 사기邪氣를 물리친다. 『수호전』에 나오는 양산의 호걸 중 12명이 호랑이 별명을 지녔다.

중원을 중심으로 호랑이 유형의 나라가 왕조를 거듭하며 계속 이어졌지만 모두가 한족의 나라는 아니었다. 거란족의 요에 이어 여진족의 금, 몽고족의 원과 만주족(여진)의 청에 각각 수백 년 지배당했다. 다만 중원을 정복한 그들도 중화주의 논리에 함몰되어 한족과 중화 문명에 사실상 흡수되고 말았다. 단 하나의 예외가 조선 문명이다.

한국인(조선 민중)은 선사시대부터 호전적인 '호랑이 유형의 문명'과 줄곧 국경을 접해왔음에도 고유한 조선 문명을 꽃피운 이래 연면히 자주성을 지켜왔다. 고대 조선은 물론 그 이후 모든 왕조의 민중들은 단군신화를 전승하고 소통하며 환인, 환웅, 단군으로 이어지는 이상을 공유해왔다. 곰 유형의 사람과 그들이 힘을 모아 이루는 문명, 홍익인간과 재세이화의 구현이 그것이다.

곰 유형의 문명은 21세기인 오늘날에 인간 중심적 서양 문명의 폐해를 벗어나 새로운 생태 문명의 사유로도 읽을 수 있다. 단군은 하늘의 아들인 동시에 본디 곰이었던 웅녀의 아들이었다. 더구나 산신이 되었다. 산을 비롯한 자연을 경이롭게 바라보고 동물을 함부로 살상하지 않는 사유가 단군신화에 담겨 있다. 민중들은 산신이 된 단군이 호랑이를 내치지 않고 늘 옆에 두고 있었다고 이야기하며 그렇게 그림을 그렸다. 호랑이 유형과 곰 유형의 문명을 간결하게 정리하면 〈표4〉와 같다.

〈표4〉 두 문화 유형의 특성과 보기

문화 유형 특성과 보기	호랑이 유형의 문명	곰 유형의 문명
문화의 특성	과시/ 전쟁/ 지배 중심	성찰/ 평화/ 생태 중심
대표적 보기	중국 역대 왕조/ 서양과 일본의 제국주의	단군조선/ 민중 문화

곰 유형의 문명은 흔히 말하는 '세계사의 주류'가 아니다. 평화와 생태, 성찰을 중시하는 문명은 호랑이 유형의 문명으로부터 침략당하기 일쑤였다. 대표적 보기로 단군조선과 민중 문화를 꼽았는데 후자는 한국을 넘어 지구 곳곳의 민중 문화를 이른다.

그렇다면 곰 유형의 문명을 구현할 주체는 누구일까. 단군신화를 새겨보면 새로운 발견을 할 수 있다. 단군이 태어나 조선을 건국하고 산신이 되는 과정에서 짚어볼 존재가 환인과 환웅의 역할이다. 환인은 사람 세상에 개입하지 않는다. 사람 세상을 탐색한 환웅도 신시를 통해 홍익인간의 이상을 제시하며 사람들—웅녀가 상징하는 민중—이 스스로 주체가 되어 현실 변화에 나서기를 촉구한다. 위로부터 시혜적 차원의 홍익인간이 아니라 아래로부터 홍익인간의 길이 그것이다. 환웅이 곰에서 사람(곰 유형의 사람, 사람다운 사람)이 된 여자와 결혼하는 이야기도 그 맥락에서 이해할 수 있다.

환웅의 신시 또한 결코 막연하지 않다. 신시神市의 시市는 도시나 시장의 의미가 아니라 하늘에 제의를 올리며 노래하고 춤추는 신성한 곳이자 재화를 재분배하는 정치가 구현되는 공간이었다. 인간의 360여 가지 일 가운데 곡식과 생명과 질병을 맨 앞에 강조함으로써 신시는 '밥'과 운명, 건강을 개인이 각자 알아서 해결할 문제로 여기지 않았음을 일러준다. '주명'의 해석은 다소 엇갈리지만, 평양의 사회과학원 박사 손영종이 "인간의 운명을 좌우하는 일, 예컨대 인간의 출생, 혼인, 사망 등과 관련된 일을 처리하는 것"으로 분석한 연구가 가장 적실해 보인다. 공동체에서 출생과 혼인이 개인적 삶의 운명과 직결되는 양상은 고대만이 아니라 21세기를 맞은 한국이 출산율 꼴찌이고 젊은 세대 사이에서 연애와 결혼까지 포기하는 '3포 세대'라는 말이 퍼져 있는 모습에서도 확인할 수 있다.

주곡과 주명, 주병을 중시한 홍익인간은, 자유방임적 개인주의나 반복지적인 시장자유주의와는 결이 전혀 다르거니와 공동체주의나 복지국가, 더 나아가 '민주주의 성숙 단계'와 통한다. 요컨대 단군신화에는 사람이 사람답게 살아갈 기본 조건을 나라가 마련해야 한다는 사회철학이 담겨 있다. 단군신화는 현세의 삶이 무의미하다며 피안의 세계에서 안식을 좇는 종교적 관점과 다르다. 단군신화에서는 하늘의 신인 환웅도 사람 세상으로 내려와 살아가고자 하고(貪求人世), 지상의 곰과 호랑이도 사람이 되기를 간절히 바란다(願化爲人). 그 점에서 단군신화는 하늘과 인간, 인간과 동물을 절대적으로 구분하는 이원론적 사유를 넘어서 있다.

단군 이야기를 서로 나누며 소통해온 민중들은 이상 사회를 현실에 구현하라는 신시의 호출, 또는 산신의 부름을 직간섭적으로 받아왔다고 볼 수 있다. 단군신화에 담긴 신시의 부름은 동굴의 성찰과 더불어 '환웅·웅녀와 단군 이야기'를 지며리 소통해온 개개인의 서사를 성숙케 했고 앞으로도 그럴 것이다.

다만 호랑이 유형의 문명이 주도하는 약육강식의 야만적 논리는 중국의 끊임없는 패권주의적 침략 전쟁이나 근대 유럽과 일본의 제국주의에 그치지 않는다. 21세기 현재 미국이 주도하는 신자유주의적 세계화 시대 또한 각자도생의 논리가 지배하고 있으며, 실제로 "야수적 자본주의rapacious capitalism"라는 비판이 그 나라의 보수적 시사주간지 〈타임〉에도 실렸다. 1998년 9월 말 레이시아 총리 마하티르는 〈타임〉에 기고한 글에서 "아시아 경제 위기를 촉발시킨 것은 아시아적 가치가 아니라 바로 세계의 투기자본"이라고 역설했다. 자본 투기자들이 통화와 주식시장을 공략하지 않았다면 아시아는 경제 위기를 겪지 않았을 것이라며, 세계 금융자본의 "합법을 가장한 경제적 수탈 수단"이라고 비판했다.

지금까지 단군신화의 심층에 있는 사회서사를 짚고 이야기에 담긴 사회철학적 함의를 두 가지로 간추렸다. 단군신화의 실천서사에서 동굴의 성찰은 사람 내면의 탐색을, 산신의 부름은 더 나은 사회로의 끊임없는 염원을 의미한다.

수천 년에 걸쳐 한국인의 사랑을 받은 단군신화는 그 이야기를 소통해온 사람들의 몸에 체화되었을 가능성이 높다. 과학적 설명으로 뒷받침할 수도 있다. 분자생물학자 자크 모노Jacques

Monod는 오랜 세월에 걸쳐 "인간은 그가 속해 있는 집단이나 부족의 운명과 동일한 운명 속에서 살아왔으며 거기에서 벗어나면 살아남을 수가 없었"기에 "신화적 설명의 필요까지도 만들어내기"에 이르렀다고 보았다. 그 결과 "어떤 설명을 붙이지 않고는 못 견디는 기분과 가슴을 죄는 불안감"을 진정시키면서 '규율'을 확립할 목적으로 "신화적, 종교적 설명은 어느 것이나 '이야기'(역사라는 의미도 된다)"를 만들었다는 것이다.

우리는 단군신화에서 오랫동안 동아시아를 '대표'해온 중국 문명과 다른 조선의 고유 문명을 확인할 수 있다. 중화 문명과 달리 배타적이지 않고 성찰적이다. 하늘나라를 지상에 구현하려는 이상과 동시에 그 꿈을 이루려는 사람의 성찰을 중시하는 철학이 단군신화에, 조선의 고유한 문명에, 자자손손 신화를 전승해온 민중의 가슴에 숨 쉬고 있다.

단군의 부모인 환웅과 웅녀 모두 창조적 실천서사를 심층에 지녔다. 환웅은 사람들이 살아가는 모습을 보며 더 나은 세상이 가능하다고 판단했고 그것을 실현하고자 '존재 이전'을 감행할 만큼 실천서사를 강하게 지녔다. 그는 더 나은 '사람 세상'을 이룰 주체는 자신이 아니라 자기 안에 지닌 동물적 본성을 스스로 넘어선 사람들이라고 인식했다. 웅녀는 동굴에서 자신을 이겨냈을 뿐만 아니라 더 나은 세상을 이루려는 환웅의 뜻에 공감하고 결합하는 능동적 삶에 나타나듯 환웅 못지않게 심층에 강한 실천서사를 지녔다.

일찍이 1910년대까지 전해 내려온 자료들—일제의 총독부가 폐기한 문헌들—을 폭넓게 섭렵한 자산自山 안확安廓은 "한문 질곡을 타파하고 고유의 문학과 신성神聖의 정신을 발휘"하자고 호소했다. 자산은 "천天과 단군을 동일로 보니 이는 천의 형색이 공평무사하고 광명정대한 관념에서 출出한 것이다. 천을 앙仰할 시時는 단군을 연상하고 단군을 사思할 시時는 천을 연상하여 부지불식지간에 공평정대의 고상한 도덕을 양養하니라"라고 하며, 단군을 생각할 때 하늘을 연상하여 공평정대의 고상한 도덕을 기를 수 있다고 강조했다. 단군을 "공동의 조선祖先"으로 존숭함으로써 공평무사하고 광명정대해질 수 있다고 판단한 것이다.

단군신화는 공평무사하고 광명정대한 사회, 아름다운 사회를 만들어가는 사람들의 이야기로서 민중들에게 은근하면서도 끊임없이 신시를 호출해왔다. 사회서사로 분석하면 창조적 실천서사의 전형적 작품이다. 신동흔은 신화를 "저 밑바탕에서 존재와 운명적으로 대면하게 하는 가운데 그 속에 깃든 신성을 비춰주고 이끌어내는 빛과 같은 이야기"라고 보았다. 단군신화는 신화의 그 정의에 가장 적확한 눈부신 이야기라 평가해도 손색이 없을 것이다.

수천 년을 이어온 단군신화의 소통으로 한국인 다수의 심층에는 실천적 사회서사가 자리 잡고 있다고 판단할 수 있다. 그때 우리는 한국 문화의 특성을 역동성으로 파악한 '다이내믹 코리아Dynamic Korea'의 원형을 단군신화에서 찾을 수 있다. '다이내믹 코리아'는 2002년 월드컵축구 주최를 계기로 지구촌에 대한민국을 상징적으로 나타내기 위해 주한 외국인, 상주 외신, 재외 공관 및 정부 기관을 비롯해 KBS의 인터넷 여론조사 결과까지 반영해 선정한 영문 슬로건이다.

동굴의 성찰과 산신의 호출을 단군신화의 철학적 의미로 파악할 때, 우리는 한국 사회에서 보수와 진보의 틀도 역동적으로 새롭게 인식할 수 있다. 단군신화를 오랜 세월에 걸쳐 공유해온 한국인의 심층에 내장된 사회서사에 근거한다면 한국에서 전통을 지켜가는 보수는 '내면의 성찰'에, 진보는 '신시의 구현'에 무게중심을 둬야 한다. 두 가치가 융합할 때 보수는 현존 질서에 순종하거나 적응하는 서사를 고집함으로써 탐학의 병리에 이르는 잘못을 피할 수 있고, 진보는 독선의 병리를 벗어나 창조적 실천을 일궈낼 수 있다.

그리스·로마 신화와 견줄 수 없을 만큼 단군신화의 철학적 의미는 웅숭깊다. 우리 모두의 내면에 동물적 본성의 어둠이 있는 한, 신시의 홍익인간과 거리가 먼 사회가 지속되는 한, 단군신화 이야기에 오롯이 담긴 '성찰의 동굴'과 '산신'은 끊임없이 우리에게 손짓하지 않을까.

한국인의 상징,
호랑이일까 곰일까

한국인을 상징하는 동물은 호랑이일까, 곰일까. 학계 일각에선 호랑이라고 주장한다. 그들의 설명에 따르면, 새로 이주해 온 종족(환웅)이 패권을 잡기 위해 곰 토템 족과 연대했는데 그들의 생활 근거지는 한반도보다 더 북쪽이었다. 반면에 한반도는 오랜 옛날부터 호랑이를 신으로 모신 지역이라는 논리다. 따라서 한반도를 중심으로 한 한국인에게는 곰보다 호랑이가 더 신성한 존재였다고 풀이한다. 환웅과 곰족 처녀 사이에 난 자손들은 호랑이를 신앙으로 하는 토착 문화에 동화됐다고 본다. 그 결과 단군신화와 반대로 호랑이가 곰의 도전을 물리치고 한국을 상징하는 동물로 자리 잡았다는 주장이다.

하지만 그런 풀이는 신화가 천년 넘게 전승되어온 사실을 간과하고 있다. 그 주장이 맞다면 전승 과정에서 단군신화 내용이 조금이라도 수정됐을 터다. 더구나 중원 문명과 한족漢族들이 호랑이를 용 못지않게 숭배하는 문화와의 차별성도 논의하기 어렵다.

단군신화의 태백산을 두고 여러 설명이 있지만 백두산이 가장 유력하다. 태백산은 말 그대로 '큰 흰 산'으로 백두산의 가장 이른 이름이다. 고대에 태백산 다음으로 많이 불린 백두산 이름은 불함산不咸山(밝은 산)이다. 태백산이나 백두산에 흰 백白 자가 들어간 이유는 백두산을 눈으로 본 이들에게는 너무나 자명하다. 멀리서 백두산이 시야에 들어올 때 산 정상이 눈으로 덮여 하얗게 눈부시기 때문이다. '밝은 산'의 이름도 거기서 비롯했다.

단군신화의 태백산, 그러니까 백두산은 고구려의 시조인 주몽 신화로 이어진다. 동명성왕 신화에서 백두산 이름은 웅신산熊神山이다. 바로 곰의 산이라는 뜻이다. 하백河伯의 딸 유화柳花와 천제天帝의 아들 해모수가 사랑을 나눈 곳이다.

고구려는 곰을 신성한 동물로 여겼다. 현재 고구려가 세운 성이 세 곳이나 남아 있는 경기도 연천의 지명에도 곰이 들어 있다. 고구려 시대의 지명인 '공목달'은 곰을 뜻하는 지명이다. '공목工木'은 '고마'의 다른 표기로 '웅熊'의 뜻이다. '달達'은 고구려에서 '산'이나 '고高'를 이른다. '곰뫼성' 또는 '고모루성'으로 불리기도 했다. 연천의 주산主山인 군자산 또한 옛 지명이 웅섬산熊閃山(곰산)이다. 백제의 공주熊津도 곰나루, 고마나루로 불렸다. 백제 땅에서도 '고마(곰)'라는 이름이 많이 전해 온다. 중국 문헌에는 백제의 도읍을 '고마성'으로 불렀다는 기록이 있다. 실제로 단군조선의 영역인 요하 동쪽과 한반도에 이르는 드넓은 땅에서 곰은 번성했고, 오늘날도 남과 북에 걸쳐 야생 곰이 살아 있다.

국어학자 정호완은 '고맙다'가 '고마에 같다'는 말로 "당신의 은혜가 곰 어머니 곧 조상신과 하느님과 같다"는 뜻이라고 풀이한다. 따라서 '고맙다'는 "겨레의 화두이고 뿌리 의식을 드러낸 말"로 "어머니란 말도 고마에서 비롯된 것으로 볼 개연성이 높다"고 보았다.

곰나루, 곰실, 곰바우 등 우리 옛 땅 이름에는 '곰'이 많이 들어 있다. 하지만 그 지명이 한자어로 바뀌면서 많이 사라지거나 퇴색되었다. 그렇다면 '호랑이 문명'과 '곰 문명'으로 구분하는 논리가 한층 적확해 보인다.

기실 한반도 지형이 '호랑이 형상'이라는 이야기는 다분히 일본 제국주의를 의식한 주장이다. 일제 침략기에 도쿄제국대학의 고토 분지로小藤文次郎가 1903년 한반도의 지질 구조를 발표하면서 한반도 형상이 토끼 모양이라고 낮잡아 보았다. 그에 맞서 1908년 최남선이 잡지 『소년』을 창간하면서 '한반도 호랑이 지도'를 넣었다. 그 지도가 식민지 조선인들에게 폭넓은 호응을 받으며 여러 잡지의 표지에 곰비임비 등장했다.

물론 한반도를 토끼로 그린 일제의 어용학자 주장은 굳이 언급할 가치도 없다. 최남선의 주문으로 화가 안중식이 그린 것으로 전해지는 '호랑이 한반도'는 당대에 의미가 깊었다. 다만 일본제국주의가 쫓겨 나간 지금도 그럴까는 의문이다. 단군신화를 짚어본 우리에게 한반도는 제국주의자들이 말한 토끼 형상일 수 없다. 그렇다고 호랑이 형상이라는 자부가 반드시 온당한 것도 아니다. 단군신화에서 호랑이는 동굴의 성찰이 부족한 인간과 문명을 상징하기에 더 그렇다.

실제로 한국인이 내내 살아온 모습이 호랑이에 가깝지 않거니와 그 유형도 아니다. 한국인의 상징으로 호랑이와 곰을 모두 내세우는 것까지 굳이 반대할 뜻은 없다. 하지만 호랑이만을 내거는 '문화'는 넘어설 필요가 있다.

더구나 곰은 '곰 인형'이 그렇듯이 거의 모든 사람이 호감을 갖는 동물이다. 유럽의 민담이나 동화에서 가장 인기 있는 동물도 곰이다. 2020년대의 사례를 보아도 알 수 있다. 2021년 독일의 여성 총리 메르켈이 16년 재직하다가 스스로 물러난 뒤 그녀의 얼굴과 검소한 옷차림을 닮은 곰 인형이 만들어졌다. 독일 장인이 제작한 수제 인형으로 비쌌음에도 날개 돋친 듯 팔렸다. 이듬해인 2022년에 영국 여왕 엘리자베스 2세가 죽었을 때 영국인들이 애도의 뜻으로 왕궁 앞에 놓은 곰 인형이 1000개가 넘었다.

곰 인형이 지구촌 곳곳에서 사랑 받지만 호랑이 인형은 그렇지 않다. 곰을 둘러싼 신화와 설화도 그만큼 많다. 그런데 단군신화의 곰은 참으로 고유한 서사를 지니고 있다. 동굴의 성찰 또는 깊은 성찰로 실천서사에 나선 존재다. 그렇다면 곰의 후손인 한국인의 상징으로 호랑이보다 곰이 훨씬 어울리지 않을까. 단군신화가 품고 있는 철학을 파악한다면 더 그렇다.

대한민국 건국 이념이자
"한국혁명의 진수"

단군신화를 곰팡내 나는 이야기쯤으로 여기는 한국인들이 점점 늘어나고 있어 안타깝다. 일각에서 단군을 내걸고 사익을 추구하는 행태는 더 큰 문제다. 단군과 한국인 사이의 거리를 가깝게 하기는커녕 단절케 할 수 있기 때문이다. '홍익인간'조차 한낱 '브랜드'로 소비되는 경향마저 나타나고 있다.

하지만 그럴수록 진실에 더 다가서야 옳다. 어둠의 성찰, 신시의 부름으로 간추린 단군신화의 철학은 되새길수록 현재적 의미가 크기 때문이다. 국제적 시선으로 보아도 그렇다. 미국 하버드대학에서 문화학으로 박사학위를 받은 임마누엘 페스트라이쉬Emanuel Pastreich는 인간의 가치를 중시하는 홍익인간은 "물질만능 시대라 불리는 현대 사회의 한계를 극복할 대안이 될 만한 잠재력 넘치는 개념"이라고 주장했다. 그는 "홍익인간 전통을 되살리는 일은 없던 것을 새로 만들어내는 과정"이 아니라 "한국인의 얼 속에 이미 존재하고 있는 정신을 일깨우는 것"으로 지구촌에 "세계를 위한 새로운 교육법으로 제시"할 수 있다고 보았다.

기실 외국인의 시각 이전에 이미 단군신화는 현대 한국인의 삶에 깊숙이 들어와 있다. 대한민국 교육기본법은 제2조에서 "교육은 홍익인간의 이념 아래 모든 국민으로 하여금 인격을 도야陶冶하고 자주적 생활 능력과 민주시민으로서 필요한 자질을 갖추게 함으로써 인간다운 삶을 영위하게 하고 민주국가의 발전과 인류 공영의 이상을 실현하는 데에 이바지하게 함을 목적으로 한다"고 교육 이념을 밝히고 있다. 그뿐이 아니다. 대한민국의 출발점인 임시정부가 공식적으로 밝힌 건국 이념이 다름 아닌 단군 사상이다. 임시정부가 제정하고 공포한 '대한민국 건국강령'은 단군신화의 '홍익인간과 이화세계'를 "우리 민족이 지킬 바 최고 공리公理"라고 천명했다. 건국강령은 해방 뒤 1948년의 제헌헌법의 기초가 되었다.

강령은 총강에서 건국 정신을 삼균三均 제도에 두었다. 독립운동 사상가 조소앙이 홍익인간을 철학적 기반으로 정립한 '삼균주의'는 개인과 개인, 민족과 민족, 국가와 국가의 균등한 생활을 주창한다. 개인과 개인의 균등은 정치의 균등화, 경제의 균등화, 교육의 균등화다. 민족과 민족의 균등은 민족자결을 자기 민족과 또 다른 민족에게도 적용함으로써, 소수민족과 약소민족이 압박받고 통치받는 지위로 떨어지지 않게 하는 것이다. 국가와 국가의 균등은 식민정책과 자본주의를 무너뜨리고 전쟁 행위를 금지함으로써, 모든 국가가 서로 침략하지 않고 평등한 지위를 가지며 더 나아가 사해일가四海一家 실현이 궁극적 목적이다.

조소앙은 대내적으로 정치, 경제, 교육의 균등화와 그것을 통해 달성되는 민중의 자각에 중점을 두고, 대외적으로는 민족자결주의를 강조했다. 영미 자본주의 국가는 자본을 중심으로 자본가들이 전권하는 폐단이, 독일과 이탈리아는 히틀러와 무솔리니의 나치스 파쇼 독재가, 사회주의 소련에서는 노농 전정專政의 문제점이 있다고 비판하며 어느 특정 계급의 독재가 아닌 진정한 전민全民적 정치 균등을 역설했다. 민족 구성원 각계각층이 동등한 정치적 권리를 가지는 정치체제를 이른다.

더러는 조소앙의 삼균주의를 관념적이라고 폄훼하지만 선입견에 지나지 않는다. 소앙은 경제 균등론에서 큰 생산기관과 토지를 국유로 하여 국민의 생활권을 균등화하자고 역설했다. "무제한적 사유욕의 발동으로 현대의 발달된 과학력을 이용하여 각종 대생산기구와 토지의 대부분을 장악, 경영하며, 전체 인민의 절대다수를 점하는 노동자와 농민의 노동력을 착취하고, 재력을 이용하여 정치 · 군사를 농락하고 상품시장과 공업원료를 쟁탈하기 위하여 식민지 쟁탈전과 세계대전까지 빚어내는 악극을 연출"하는 자본주의와는 분명하게 선을 그었다. 소앙에게 경제 균등의 목적은 "국민 각계의 평등 생활을 확보하여 민중의 물적 생활을 제고하여 향수케 하며 국가의 경제적 토대를 합리화하고 공고화하는 데" 있었다. 소앙은 큰 생산기관과 토지 국유화의 뿌리를 공산주의가 아닌 조선 민족의 전통에서 찾았다.

교육 균등론에서 삼균주의의 독창성은 더 도드라진다. 소앙은 국가의 전반적 문화 수준이 높고 낮음은 오로지 국민의 교육 정도에 관계되므로, 국가 정책에서 교육이 가장 중요하다고 생각했다. 그럼에도 한국인들은 역사적으로 균등하게 교육받을 기회를 얻지 못해왔다고 개탄했다.

교육을 정치·경제와 같은 비중으로 중시한 소앙의 사유에서 우리는 동굴의 성찰을 읽을 수 있다. 소앙은 "프랑스와 미국은 군주의 독재적 압박에서 탈피하려는 동기에서 민주주의를 창립하였지만 백여 년간 시험한 결과는 지식파·유산파의 독재화"로 끝났으며, 러시아는 "군주독재와 지부^{智富} 계급의 발호에 자극되어 소비에트 제도를 창립하였지만 십여 년간 실험한 결과 무산독재로 귀착되고 말았다"고 비판했다. 그에게 새로운 민주공화국은 "정치 권리의 균등, 생활 권리의 균등 및 배울 권리의 균등"을 구현한 국가체제로, 그것이 "한국혁명의 진수"라고 강조했다. 소앙은 '신민주'의 개념을 "민중을 우롱하는 자본주의 데모크라시도 아니며 무산자 독재를 표방하는 사회주의 데모크라시도 아니"라고 설명하고 "민주정치의 진수 혹은 민치의 본질을 실행하자"고 역설했다.

해방 공간에서 조소앙은 홍익인간과 재세이화를 현대적으로 구성한 삼균주의 실현에 의욕적으로 나섰으나 뜻을 이루지 못하고 운명했다. 역사학계 원로 김용섭은 홍익인간의 근본적 원리를 정치로 적절하게 수렴한 나라가 없었다며 역사적 과제로 제기했다. 우리가 논의했듯이 '널리 사람과 사회를 물질적·정신적으로 이롭게 함'이 홍익인간이다. 동굴의 성찰을 바탕으로 평화와 생태를 중시하는 단군신화의 철학을 정치로 구현하는 숙제가 21세기를 살고 있는 한국인과 인류에게 주어져 있다.

2장

◆

처용의
춤에서

소월의 시를
읽는다면

◆

♦

천년이 넘은 한국인의
사랑 이야기

♦　　　　　　　　　단군신화 못지않게 천 년 넘도록 한국인의 사랑을 받아온 설화가 있다. 처용설화다. 신라 헌강왕 시대(875~886년)를 배경으로 탄생했다.

단군조선에 이어 한국인들은 고구려와 백제, 신라를 세워 삼국시대를 열었다. 그 가운데 고구려가 조선의 영토를 대부분 회복하며 광개토대왕과 장수왕 시대에 동아시아의 강대국으로 전성기를 맞았다. 하지만 고구려의 평화는 끊임없이 위협받았다. 이윽고 수나라와 그를 이어 당나라까지 두 왕조가 70여 년에 걸쳐 대대적인 침략전쟁을 벌였다. 물밀듯이 공격해 오는 대군에 맞서 고구려는 내내 힘 있게 물리쳤다. 하지만 당나라가 거듭 대군을 동원하고 그들과 손잡은 신라가 남쪽 국경을 넘어와 협공하면서 단군조선이 그랬듯이 지배 세력의 내부 분열이 일어나 끝내 패망했다(668년). 고구려 장군 대조영이 민중들과 함께 698년 발해를 세워 민족사는 양국 시대로 접어들었다.

신라는 고구려 일부와 백제를 영토로 편입하며 번성했지만 9세기 무렵에 지배 세력의 부패와 민중들의 봉기가 곳곳에서 일어나 위기를 맞았다. 바로 그 시기를 무대로 처용설화가 생겨났다. 처용설화는 『삼국유사』에 '처용랑 망해사處容郞 望海寺'로 기록되고, 고려와 조선왕조에 이르기까지 향가와 설화는 물론, 춤(처용무)과 탈(처용탈)로 다채롭게 전승되어 왔다. 처용설화가 국문학계에서 "끊임없이 되돌아볼 수밖에 없는 매우 중요한 작품"이 된 까닭도 처용의 슬픔에 민중의 사랑이 깊었기 때문이다.

처용설화에 대한 연구는 양적·질적으로 축적되어 중요한 성과를 간추린 7권의 두툼한 『처용연구전집』이 이미 간행되었다. 그래서 짧은 설화를 두고 더 이상 새롭게 해석할 여지가 있는지 언뜻 의문이 들 수도 있다. 하지만 처용설화에 대한 연구는 계속 이어지고 있다. 왜 그럴까. 국문학계에선 "수많은 논의가 있었음에도 '처용가'를 처용 자신은 무슨 심정으로 노래하였는지, 그리고 어떻게 이러한 노래를 부르는 것이 가능하였는지는 여전히 이해하기 어려운 실정"으로 풀이하거나 "역신의 상징적 의미 그리고 그와 관련하여 역신과 처용의 아내 및 처용 사이의 관계가 선명히 이해되지 않기 때문"이라고 설명해왔다.

그래서다. '처용가'에서 아직 해결되지 않은 문제를 사회서사 개념으로 해석하고 그 소통의 의미를 짚어볼 필요가 있다. 다양한 관점에서 논의할수록 그만큼 처용설화 자체가 풍부해지고 그것을 소통하는 사람들의 내면도 풍성해지게 마련이다. 사회서사 개념으로 처용설화를 분석할 때, 문학적 접근과 역사적 접근을 아우르며 기존의 해석과는 다른 소통의 지평이 열릴 수 있다.

대중매체가 등장하기 이전 시대에서 설화와 굿, 가면극 들은 민중들이 의사를 표시하는 수단이었으며, 일반적인 언어로는 전달할 수 없는 내용을 가장 효과적으로 표현하거나 상징적으로 압축해서 알리는 '커뮤니케이션 양식'이었다.

먼저 설화에 대한 기존 해석을 살펴보자. 처용설화에 대한 방대한 연구를 분류하는 것은 여러 방법이 있다. 가장 손쉽게는 국문학계와 국사학계 연구로 나눌 수 있지만, 대체로는 처용을 누구로 보느냐에 따라 세 범주로 분류한다. 처용을 역사적 실존 인물로 볼 때는 그를 지역 호족 세력이나 화랑 또는 이슬람 상인으로 논의하고, 신으로 볼 때는 용신龍神 사상과 불교 사상을 끌어온다. 신과 인간을 중재하는 무당으로 볼 때는 춤과 노래에 담긴 굿의 의미를 새겨왔다.

처용 개인을 중심에 둔 분류와 달리, 처용설화의 풀리지 않는 의문이 '역신의 정체 및 역신과 처용의 아내 그리고 처용 사이의 관계'에 있다고 본 국문학자 박일용은 그 관계를 중심으로 선행 연구를 네 가지 틀로 분류했다. ㉠ '처용가'의 시적 상황을 부속적 맥락에서 해석하여 역신을 전염병이나 전염병을 옮기는 악

신으로 보면서 처용의 아내와 역신의 관계가 전염병의 감염을 뜻하는 것이라 해석하는 주류적 연구, ⓛ 처용의 아내를 무ᄍ로 보고 아내와 역신의 관계를 무속 집단의 특수한 행태와 연관 지어 해석하는 연구, ⓒ 역신을 특정 계층의 인물로 보고 역신과 처용의 아내 사이의 관계를 역사적 관점에서 해석한 연구, ⓡ 처용 이야기를 설화적 맥락에서 해석한 연구들이 그것이다.

네 가지 해석 틀과 달리 서사 개념을 중심으로 살펴볼 때 주목할 선행 연구는 정운채와 박일용의 연구를 꼽을 수 있다. 정운채는 "처용이 '처용가'를 부르게 된 마음의 결을 파악하지 못하는 바람에 '처용가' 및 처용 전승에 대한 수많은 논의들이 핵심을 놓친 공허함에 빠졌"고 오늘날 우리가 처용설화를 접할 때 감동을 받거나 삶의 현안에 시사점을 얻지 못한다고 보았다. 그는 '처용가'와 '도량 넓은 남편'이 동일한 서사 구조를 가지고 있다고 보았다. 설화 '도량 넓은 남편'의 보편적으로 전해지는 줄거리는 다음과 같다.

옛날에 조정에서 함께 벼슬하던 정승끼리 태중 약혼을 했으나 양가 부친들이 사망한 뒤 남자 집이 가난해지자 여자 집에서는 다른 집과 혼인을 하였다. 이 소문을 들은 남자가 여장하고 방물장수로 분하여 찾아갔더니, 그 고운 모습에 호감을 보인 시어머니가 공부하러 간 남편을 기다리던 며느리와 말벗이나 하라며 같은 방에 묵게 하였다. 남자가 여자에게 자신의 신분을 밝히고 동침하였는데, 시일이 지나자 집안사람 중 하나가 남자임을 눈치채고 급히 남편을 불렀다. 남편은 남녀가 함께 있는 방에 불시에 들어가 칼로 방물장수의 옷을 벗겨 남자임을 확인하였지만 나와서는 여자라고 말하면서 가족들에게 오해하지 말라고 하였다. 세월이 흘러 출사한 남자가 조정에서 자신을 용서한 그 집 남편을 다시 만나 이전 일을 사례하니, 그 집 남편은 생각보다 그의 그릇이 작음에 실망했다고 말하였다. 남자보다 그 집 남편이 더 성공한 관리가 되었다.

정운채는 두 설화를 부부 서사로 해석했다. 문학치료학에서 부부 서사는 관계의 지속을 중시하기에 혼인 관계를 넘어 맺어지는 남녀 관계가 가장 위협적이다. 정운채에게 '처용가'나 '도량 넓은 남편'은 "혼인 관계를 넘어서 맺어진 남녀 관계를 처리하는 데서 최고의 경지를 보여주고 있는 서사"이다. "남편이 죽임을 당하지도 않고, 부부 관계가 파경에 이르지도 않고, 간부를 죽이지도 않는 높은 마음의 경지를 보여주기" 때문이다. 그때 '처용가'는 "처용이 자신의 아내와 역신 사이에 맺힌 인연의 고리를 풀어주는 노래이면서 동시에 처용 자신과 아내와의 관계를 실제적으로 작동시키는 노래"가 된다.

박일용의 연구는 처용설화의 역사적 맥락을 중시하며 인간관계를 분석한다. '처용랑 망해사'가 신격의 경고를 무시하고 자신이 신격인 행세를 하다가 나라를 망하게 한 헌강왕의 이야기라 보고, 역신의 정체를 헌강왕으로 추정했다. 그를 근거로 처용과 역신, 처용의 아내 모두 치유적 의미가 있음을 밝혀냈다. "아내의 간통을 어쩔 수 없는 빼앗김의 상황으로 인식하면서 그것을 체념적으로 수용하는 처용의 태도는 처용 자신의 깨달음의 과정을 표현"한 것으로 풀이했다. 인격적 주체인 아내를 "내 것이라 할 수는 없는 것"이기에, 처용은 소유에 대한 관념과 감정의 덧없음을 스스로에게 각인시켰다는 것이다. 처용은 노래를 통해 아내를 '내 것'으로 여기는 "그릇된 욕망의 굴레를 벗어남으로써 자신과 대상 즉 아내나 헌강왕과의 관계를 새로운 차원으로" 끌어올렸다고 분석했다.

역신, 곧 헌강왕도 자기 성찰의 계기가 된다. "역신이 처용가를 듣고 감복했다는 것은 악의 상징으로서의 역신과 같은 상태에 있던 헌강왕이 자기의 패륜 행위를 반성적으로 성찰함으로써 윤리적 인간 그리고 군주의 위치로 돌아왔다는 걸 상징"한다. 처용의 체념적 독백은 "빼앗김의 대상이 될 수 없는 아내를 빼앗김으로 표현함으로써 빼앗음의 주체뿐만 아니라 대상 역시 자신의 존재에 대해 성찰"케 해준다. '처용가'는 "처를 타자화된 대상으로만 표현함으로써 자기 처로 하여금 주체로서 자기의 행위의 의미에 대해 반성적 성찰"을 하도록 이끌었다는 분석이다.

두 연구는 각각 설화와 역사학 문헌에 근거해 처용설화의 인간관계를 논의하면서 설화 각 주체들의 치유를 제시했다는 의미가 있다. 더 나아가 처용설화가 오늘날에도 '소통(커뮤니케이션) 효과'를 지닐 수 있음을 일러준다. 박일용의 연구에서 볼 수 있듯이 '역신과 처용의 아내, 처용 사이의 관계'는 처용설화를 새롭게 해석할 때 관건이 된다. 처용과 역신, 처용의 아내 사이의 관계를 사회서사 개념으로 들여다보는 이유다.

◆

처용의 아내와
역신은 누구일까

◆   처용설화의 사회서사를 분석하기에 앞서『삼국유사』제2권 기이편의 '처용랑 망해사'부터 찬찬히 짚어보자. 신라 헌강왕 때의 일을 적은 '처용랑 망해사'는 다음과 같이 기승전결의 구조로 나눌 수 있다. 그리 길지 않으므로 전문을 소개한다.『삼국유사』기록이 본디 한문이기에 '한국인문고전연구소'의 번역을 따르면서 원문에 따라 일부 수정했다(기승전결 틀로 나눈 것은 신화를 분석하기 위한 단락 나눔이다).

[기] 제49대 헌강대왕의 시대에는 서울부터 바닷가까지 집이 즐비하고 담장이 서로 이어져 있었으며, 초가집이 단 한 채도 없었다. 풍악과 노랫소리가 길에서도 끊이질 않았고 비바람이 사계절에 순조로웠다. 이 당시 대왕이 개운포에 놀러 갔다가 돌아오려고 하던 참이었다. 낮에 물가에서 쉬고 있었는데, 갑자기 구름과 안개가 자욱하게 끼어 길을 잃어버렸다.

(第四十九 憲康大王之代 自京師至於海內 比屋連墻 無一草屋 笙歌不絶道路 風雨調於四時 於是 大王遊開雲浦 王將還駕 晝歇於汀邊 忽雲霧冥曀 迷失道路)

[승] 이상하게 여겨 주변 신하들에게 물었더니, 천문을 담당한 관리가 아뢰었다.

"이것은 동해 용의 조화입니다. 마땅히 좋은 일을 해서 풀어야 합니다."

그래서 신하에게 명해 용을 위하여 이 근처에 절을 지어주도록 하였다. 명을 내리자 구름이 걷히고 안개가 흩어졌다. 그래서 이름을 개운포라고 하였다. 동해의 용이 기뻐하며 곧 일곱 아들을 데리고 왕의 수레 앞에 나타나서 덕을 찬미하며 춤을 추고 음악을 연주하였다. 그리고 그 아들 중 하나가 왕을 따라 서울에 들어와서 왕의 정치를 보좌해주었으니, 그 이름을 처용이라고 하였다. 왕은 아름다운 여자를 아내로 삼아주고 그의 마음을 잡아두려고 하였다. 그래서 또 급간의 벼슬도 내렸다.

(怪問左右 日官奏云 此東海龍所變也 宜行勝事以解之 於是勅有司 爲

龍刱佛寺近境 施令已出 雲開霧散 因名開雲浦 東海龍喜 乃率七子 現

於駕前 讚德獻舞奏樂 其一子隨駕入京 輔佐王政 名曰處容 王以美女

妻之 欲留其意 又賜級干職)

[전] 처용의 아내는 너무나 아름다웠으므로 역신疫神이 그녀를 흠
모하였다. 그래서 사람이 없는 밤중에 처용의 집으로 가서 몰래 그
여자와 잤다. 처용이 밖에서 집으로 돌아와 잠자리에 두 사람이 있
는 것을 보았다. 그리고는 곧 노래를 부르며 춤을 추다가 물러갔
다. 그 노래는 이러하다.

서라벌 밝은 달밤

밤늦도록 노닐다가

들어와 잠자리를 보니

다리가 넷이구나

둘은 내 것인데

둘은 뉘 것인가

본디 내 것이지만

빼앗은 것을 어찌하리오

바로 그때 역신이 형체를 드러내고 처용 앞에 꿇어앉아 이렇게 말
하였다.

"제가 공의 아내를 사모하여 지금 범하였습니다. 그런데도 공이 화를 내지 않으시니 감동하여 아름답게 여깁니다. 맹세컨대 지금 이후로 공의 모습을 그린 그림만 보아도 그 문에는 들어가지 않겠습니다."

이 일로 인해 나라 사람들이 문에 처용의 모습을 그려 붙여 나쁜 귀신을 물리치고 경사스러운 일을 맞아들이게 되었다.

(其妻甚美 疫神欽慕之變 無人夜至其家 竊與之宿 處容自外至其家 見寢有二人 乃唱歌作舞而退 歌曰 東京明期月良 夜入伊遊行如可 入良沙寢矣見昆 脚烏伊四是良羅 二肹隱吾下於叱古 二肹隱誰支下焉古 本矣吾下是如馬於隱 奪叱良乙何如爲理古 時神現形 跪於前曰 吾羨公之妻 今犯之矣 公不見怒 感而美之 誓今已後 見畫公之形容 不入其門矣 因此 國人門帖處容之形 以僻邪進慶)

[결] 왕이 서울로 돌아온 뒤에 곧 영취산 동쪽 경치 좋은 곳에 터를 잡고 절을 지었으니 망해사라고 한다. 그리고 또 신방사라고도 하니, 곧 용을 위해 세운 절이다.

왕이 또 포석정에 행차하였는데, 남산의 신이 왕 앞에 나타나서 춤을 추었다. 주변의 신하들은 보지 못하였고 왕만이 볼 수 있었다. 어떤 사람(신)이 왕 앞에 나타나 춤을 추었는데, 왕도 몸소 그 춤을 추어서 그 춤의 모습을 신하들에게 보여주었다. 신의 이름이 혹은 상심이라고도 하였다. 그래서 지금도 나라 사람들이 이 춤을 전해 오는데, 어무상심 혹은 어무산신이라고도 한다. 어떤 사람은, 이미

신이 나와서 춤을 출 때 그 모습을 '자세히 본떠서' 장인에게 명해 똑같이 조각하여 후대에 보여주었기 때문에 '상심'이라 한다고도 하였다. 혹은 상염무라고도 하니, 이것은 곧 모습에 따라 부른 이름이다.

왕이 또 금강령에 행차했을 때 북악의 신이 나타나 춤을 추었는데, 옥도령이라고 한다. 또 동례전에서 연회를 베풀 때 지신이 나타나 춤을 추었는데, 이를 지백급간이라고 하였다. 『어법집』에서는 이렇게 말하였다.

"그 당시 산신이 춤을 추면서 노래를 불렀는데, '지리다도파도파' 등의 말을 한 것은, 대체로 '지혜로 나라를 다스리는 사람들이 미리 알고 많이 도망갔으므로, 도읍이 장차 파괴될 것이라'라고 말한 것이라 한다."

이것은 곧 지신과 산신이 나라가 망할 줄 미리 알았기 때문에 춤으로 경고를 한 것이다. 하지만 나라 사람들은 이 뜻을 깨닫지 못하고 상서로운 징조가 나타났다고 여기어서 더욱더 환락에 빠져들었다. 그래서 결국 나라가 망하고 말았다.

(王旣還 乃卜靈鷲山東麓勝地置寺 曰望德寺 亦名新房寺 乃爲龍而置也 又幸鮑石亭 南山神現舞於御前 左右不見 王獨見之 有人現舞於前 王自作舞 以像示之 神之名 或曰祥審 故至今國人傳此舞 曰御舞詳審 或曰御舞山神 或云 旣神出舞審象其貌 命工摹刻 以示後代 故云象審 或云霜髥舞 此乃以其形稱之 又幸於金剛嶺時 北岳神呈舞 名玉刀鈐

又同禮殿宴時 地神出舞 名地伯級干 語法集云 于時山神獻舞 唱歌云
智理多都波都波等者 蓋言以智理國者 知而多逃 都邑將破云謂也 乃
地神山神知國將亡 故作舞以警之 國人不悟 謂爲現瑞 耽樂滋甚 故國
終亡)

　설화는 [기]에서 헌강왕 시기를 노래가 끊이지 않는 태평성
대로 서술하고 있으나, 이는 오히려 헌강왕과 지배 세력들이 현
실 인식에 어두웠음을 암시하는 문학적(설화적) 장치라고 볼 수
있다. 『삼국사기』도 헌강왕대를 태평성대로 그리고 있다는 주
장이 있지만, 그 시기 왕에 대한 아첨이 극심했음을 일러준다고
보는 것이 더 적확하다. 짧은 기록의 마지막 [결]은 탐락이 심해
나라가 망했음故國終亡을 명토 박고 있기 때문이다.

　역사학계는 신라 하대 경문왕 이후 정치적 불안정과 잦은 천
재지변으로 나라가 몰락의 길에 들어선 것으로 파악하고 있다.
헌강왕의 아버지인 경문왕이 통치하던 14년 동안 세 차례나 '반
란'이 일어날 만큼 왕권이 끊임없이 흔들렸다. 다음 왕위에 오
를 헌강왕의 목숨까지 걱정할 정도였다. 경문왕 재위 후반기에
는 지진과 홍수, 가뭄이 자주 일어나고 역질이 심해 사회적으로
난국이었다. 헌강왕(재위 11년)을 이은 정강왕(재위 1년)을 거쳐 진
성여왕 시기에는 여러 주와 군에서 공물과 조세를 보내오지 않
아 나라의 창고가 텅 비었으므로 왕이 사자를 보내 독촉할 정도

였다. 결국 곳곳에서 도적들이 벌떼처럼 일어났다.

따라서 헌강왕 시기 11년이 태평성대였을 가능성은 없다. 실제로 헌강왕이 물러난 직후에 양길과 궁예가 활동을 시작했고 견훤은 후백제를 선포(892년)했다. 헌강왕대가 혼란 끝에 평화의 시기였다는 학자도 있지만 그 또한 어디까지나 상대적 평가라고 보아야 옳다. 역사적 전개 과정은 누적적일뿐더러 다름 아닌 '처용랑 망해사'에도 용으로 대변된 해신이 조화를 부렸다는 점과 함께 남산신·북악신 등 산신, 지신 들이 모두 왕에게 경고를 보냈다는 기록은 헌강왕 시기의 혼란을 입증해주는 것으로 해석할 수 있다.

남쪽 국사학계의 연구 성과들을 충실히 담아『한국사신론』을 쓴 이기백은 신라의 융성기 시절에도 중앙 귀족들의 사치와 향락이 늘어가 농민들은 조세와 역역力役의 부담 때문에 유랑하는 경향이 나타났다고 서술했다. 이어 9세기 들어 "이들은 유민이 되어 사방으로 흘러 다니거나 혹은 무리를 지어 도적이 되어서 질서를 교란"했다고 보았다.

북쪽 역사학계의 평가는 더욱 비판적이다. 조선사회과학원 역사연구소가 펴낸『조선통사』는 "신라 봉건 귀족들의 부패와 타락은 9세기 후반기에 극도에 이르렀다. 봉건사가들까지도 헌강왕(875~886년) 진성여왕(887~897년) 때에 술 놀이와 풍기 문란, 아부 아첨이 성행한 사실을 숨기지 못하였다. 사회적 혼란에 따라 통치배들의 부화와 사치욕은 더욱 커졌다. 이놈들은 민생고는 아랑곳하지 않고 인민들의 피땀을 짜내어 더욱 호화로운 생활만을 노리었다"고 서술한다.

남과 북의 역사학계 연구를 종합하면 헌강왕대 전후의 사회는 '부익부 빈익빈이 심화된 체제'였다고 간추릴 수 있다. 그 맥락에서 보면 [기]의 상황이 조금 더 구체적으로 나타난다. 왕이 개운포에 간 까닭은 '불온'한 지역에 대한 통제권을 강화하려는 목적이었을 가능성이 높다.

하지만 지역의 상황은 녹록치 않았다. 왕이 서울(경주)로 돌아가려 할 때 "갑자기 구름과 안개가 깜깜하게 끼어 길을 잃었다"는 말은 설화적 표현으로, 지역 여론 또는 민심이 헌강왕의 왕위를 위협 ─ 앞서 언급했듯이 아버지 경문왕 통치 14년 동안 모반이 세 차례나 일어났다 ─ 할 만큼 비판적이거나 흉흉했음을 뜻한다. 운무雲霧를 "돌발적 사태, 곧 갑작스러운 침략 행위 같은 실제 사건을 상징"한다고 분석한 연구도 있다. 『조선통사』는 당시 "날로 가혹해지는 봉건적 착취와 억압은 인민대중을 극도의 빈궁과 도탄 속에 몰아넣었다. 많은 사람들이 집단적으로 파산 몰락하여 새 봉건귀족들의 노비로 떨어지거나 유랑 걸식하였다. 거기에 자주 휩쓰는 흉년과 전염병은 대중적인 파산과 죽음을 가져다주었다. 그리하여 온 마을이 쑥밭으로 변하고 농경지가 황폐화되는 예가 많았다"고 적었다.

이기백이 서술했듯이 유민들은 "무리를 지어 도적이 되어서 질서를 교란"했을뿐더러 "호족의 보호 속에서 그들의 새로운 생활을 영위"했다. 이기백은 이를 "경주를 중심으로 한 신라의 옛 질서에 타격을 의미"한다고 평가했다. '처용랑 망해사'의 [기] 상황과 일치한다.

이어 [승]으로 이어진다. [기]의 상황에서 나타나듯이 왕은 무력으로 불온한 움직임을 제압할 수 없었다. 그런 상황에서 왕이 위기를 넘어서려면 회유책을 제시할 수밖에 없다. 무엇보다 그 시기 하늘(우주)의 움직임을 관찰하는 일을 담당한 관리가 "마땅히 좋은 일을 해서 풀어야" 한다고 왕에게 건의했다.

설화에 그려졌듯이 왕이 건넨 회유책을 '동해 용', 곧 동해안 지역의 호족은 선뜻 받아들였다. 지역 호족의 아들 가운데 하나를 중앙의 관리로 중용하겠다는 약속도 회유책의 하나다. 그것을 기인其人 제도의 시초로 분석한 연구도 나왔다. 기인 제도는 고려 시대부터 토호의 아들을 사실상 인질로 서울에 머무르게 한 제도이다.

당시 신라 왕들이 쓴 회유책을 북쪽 역사학계는 "농민들의 투쟁은 9세기 전반기부터 여러 지방에서 벌어졌다. 농민들의 폭동이 여러 주군들에서 자주 일어나게 되자 이에 당황한 신라 봉건국가는 폭력으로 그것을 가혹하게 진압하는 한편 그를 녹잦혀보려는 음흉한 목적에서 여러 가지 회유 기만책을 썼다"고 서술했다. 구체적으로 관리들을 지방에 파견하여 민중들을 기만하거나 얼마간의 낟알을 내려 빈민을 구제하거나 조세를 부분적으로 면제해주는 회유책들이 그것이다.

지역 호족을 왜 용왕 또는 그 아들이라 했는가도 충분히 추론할 수 있다. 민속학적 접근도 있지만, 그 이전에 역사학계 평가를 짚을 필요가 있다. 이기백은 "9세기에 골품제에 의하여 중앙의 정치 무대에 참여할 수 있는 길이 막혀 있는 지방 세력은 그 눈을 해외로 돌리었다. 이리하여 그들은 자기들의 중요한 활동무대를 해상무역에서 찾게 되었던 것"이라며 민간무역, 사무역을 행할 수 있는 세력들의 성장을 서술했다.

신라 말기 해양 세력은 당나라뿐만 아니라 일본과도 교역할 정도로 커 나갔다. 9세기에 해상무역 활동을 벌인 대표적 인물은 청해진(완도)의 장보고로 그의 권력은 왕을 교체할 정도로 컸다. 장보고와 함께 9세기 해상 세력의 '얼굴'로 꼽히는 호족이 송악(개성)의 작제건이다. 해상 세력인 작제건은 바로 왕건의 할아버지다. 설화에서 작제건은 용궁을 드나들며 용왕의 사위가된다. 왕건은 해상 세력이 낳은 출중한 인물이었다. 그의 출생연도가 헌강왕 3년이다.

따라서 처용은 개운포라는 이름 그대로 해상 세력이었을 지역 호족의 아들 가운데 능력이 뛰어난 인물이었다고 볼 수 있다. 헌강왕은 그를 데리고 서울(경주)로 돌아와 왕의 정사를 보좌케 했다. 지역 호족의 자제에게 급간 벼슬은 당시 "매우 파격적인 대우"였다. 골품제는 상층 신분으로의 진입 자체를 금지한 폐쇄적인 신분제도였기 때문이다.

헌강왕이 처용에게 "아름다운 여인"을 아내로 맞게 해주고 급간의 관직을 주었다면 이는 새로운 상황이 이미 그 시기에 전개되고 있거나 최소한 싹트고 있었다는 사실을 나타낸다. 그것은 골품제를 더는 유지하기 어려울 만큼 경직된 체제가 아래로부터 동요하고 있었고, 왕의 순시를 가로막을 만큼 처용이 대표한 세력을 무시할 수 없었거나 처용의 능력이 대단히 출중해 민중의 신망을 받고 있었다는 방증일 수 있다. 더구나 처용은 용왕의 아들 가운데 기꺼이 헌강왕을 따라 나섰다. 우리가 처용이라는 인물에서 사회서사 유형 가운데 현실 변화에 적극적으로 참여하는 '실천서사'를 읽을 수 있는 까닭이다.

남과 북의 대표적 역사학 연구가 공통되게 지적하듯이 9세기 후반 신라 사회는 부익부 빈익빈 체제였다. 중앙 귀족들은 사치와 향락에 젖어 있었다. 서울 밖으로는 유민들이 떠돌았는데 더러는 해안 지역을 기반으로 한 호족 세력의 보호를 받았다.

역사학계에선 불안정했던 헌강왕대 정국에서 왕과 '정권 실세' 위홍魏弘의 관계를 주목한다. 위홍은 경문왕의 친아우로 재상이 되어 왕을 보필했고, 조카인 헌강왕의 즉위년에 상대등上大等 지위에 올랐다. 어린 나이에 즉위한 헌강왕에게 위홍은 부담스러운 존재였을 법하다. 헌강왕은 "장기간 왕권의 정점에 있던 위홍에 대한 견제책으로서 중앙의 세력이 아닌, 변방의 세력을 근시로 삼아 친정親政 체제를 구축"하고자 했으며 그런 의도로 "나라 동쪽으로의 순행巡幸을 단행하고, 호국용의 아들에 비유된 새로운 세력들을 포섭"했다. 그런 상황이 헌강왕대 정국과 처용설화가 결합된 배경이 된다.

동서고금을 막론하고 부익부 빈익빈 사회는 그 체제를 유지하고 강화하려는 사람들에 맞서 그 체제를 변혁하려는 사람들을 낳기 마련이다. 처용은 전자의 상징인 헌강왕이 지방을 순시할 때 그 길을 막아설 수 있을 정도로 강력한 해안 지역의 호족을 상징하는 인물이라 할 수 있다. 그가 왕의 제안을 받아들여 나라를 개혁하고자 서울로 올라가 관직을 맡은 셈이다. 처용이 가세해 신라의 기득권 체제를 개혁했다면, 아마도 설화는 생성되지 않았을 터다. 역사적으로도 처용으로 대표되는 개혁 세력이 중앙정부의 향락 또는 탐학의 현실을 바꾸는 실천을 통해 신라 왕정이 거듭날 가능성도 있었다.

하지만 처용설화의 압권은 [전]에 있다. 역신이 매우 아름다운 처용의 아내를 유혹해 동침했고, 처용은 밤늦게 집에 돌아와 충격적 현실과 마주한다. 하지만 처용은 분노하지 않았다. 노래를 부르고 춤을 추며 물러났다.

'처용가'에서 "노니다가"로 풀이된 원문인 '유행遊行'의 '유遊'

라는 표현은 『삼국유사』에서 대체로 종교적 활동으로 파악된다. 민속학계에서도 고대 사회부터 놀이와 제의는 불가분의 관계였음을 밝혀왔다. 천하를 '주유周遊'한다고 할 때, '유遊'에는 정치적 의미까지 들어 있다. 무엇보다 '처용가' 표현과 달리 본문은 처용이 밖에서 집으로 돌아온(處容自外至其家) 정도로만 서술하고 있다. 시대적 여건상 서울로 올라온 처용은 외로울 수밖에 없었다. 중앙 귀족들의 젊은 자제들은 처용을 동료로 인정치 않았고 그를 따르는 민중도 많지 않았을 가능성이 높다.

그렇다면 처용이 밤 늦도록 할 일은 무엇이었을까. 나라의 병폐를 치유하려는 개혁 작업에 전념하며 함께할 '동지'들을 조금씩 모아갔다고 풀이할 수 있다. 그의 벼슬인 급간이 중앙정부의 귀족들에 견주어 높은 것은 아니었지만, 왕을 가까이 보좌한 자리였다면 얼마든지 개혁을 추진할 수 있었을 것이다. '용의 아들'로서 서울에 들어와 민중의 고통을 대변하고 해결하는 일은 설화에서 처용의 존재 이유였다. 처용으로 대변되는 세력을 왕의 근시 집단이면서도 기존의 세력과는 다른 새로운 인물들로 보는 연구도 나와 있다. 다만 헌강왕은 위홍과의 권력 관계에서 자신의 왕권을 강화하려는 목적이 강했고 처용은 온전히 개혁에만 뜻이 있었으리라 짐작된다.

설화는 처용을 기득권 세력과 다른 개혁적 인물, 일상생활의 어려움을 타개할 능력을 지닌 인물임을 표현하기 위해 용왕의 권위를 빌렸다고 할 수 있다. 하지만 나라의 병폐 또는 적폐 해결에 몰입하다가 밤늦게 귀가하기 일쑤이던 처용이 어느 날 집에 돌아왔을 때 역신과 아내의 '불륜' 현장을 목격한다.

그렇다면 역신은 누구일까? 이우성은 "병든 도시의 상징"으로, 박일용은 '헌강왕'으로 규명했다. 역신이 헌강왕인가 타락한 화랑, 또는 중앙의 세도 높은 귀족인가라는 물음에 현재로선 확증할 수 있는 사료가 없다. 역신은 말 그대로 '민간 풍속에서 전염병을 퍼뜨린다고 믿는 신'으로 처용설화에서도 전염병일 뿐이라는 해석은 여전히 이어지고 있다. 하지만 사회서사로 분석할 때 역신은 헌강왕일 수도 있고, 타락한 귀족 자제, 처용보다 직위가 높은 중앙 귀족일 수도 있다. 사회서사에서 중요한 것은 헌강왕이든, 타락한 귀족 자제든, 고위직 중앙 귀족이든 역신은 당시의 병든 사회체제를 유지하고 강화하려는 존재를 상징한다는 점이다.

역신의 심층에는 현실을 고정불변의 질서로 보고 그것을 적극 이용하는 서사가 깔려 있다고 볼 수 있다. 사회서사로 볼 때 적응서사의 병리태인 탐학이 구현된 존재가 바로 역신이다. 문자 그대로는 병든 체제의 신, 병리적 삶의 상징인 셈이다. 중앙 귀족들은 강력한 해상 세력으로 활동하고 있던 평민 출신인 장보고를 서슴없이 암살(846년)할 정도로 자신들의 이해관계에 민감했다. 아직은 장보고처럼 세력을 형성하지 못했지만 개혁 세력의 상징으로 왕을 보좌하고 있던 처용이 밤늦도록 일하며 뜻을 함께하는 사람들을 모아 나가자 중앙 귀족들로선 경계할 수밖에 없었을 가능성이 크다.

처용이 병폐 개혁 작업으로 열정을 쏟던 바로 그 순간에 '역신'은 처용의 아름다운 아내와 동침했다. 처용의 반응은 노래하고 춤추며 물러나는 것이었다. 이 대목에서 당대의 부익부 빈익빈 실상을 가장 사실적으로 서술한 평양의 연구자들이 내린 문학사적 평가를 주목할 필요가 있다. 그들은 '처용가'를 두고 "이 참요는 9세기 말 후기신라의 왕을 비롯한 봉건 지배자들의 학정을 폭로하고 있다"고 서술한다. 그 맥락에서 풀이한다면 처용의 아내를 유린함으로써 그를 조롱했다고 볼 수 있겠다. 하지만 역신을 전염병으로 보는 남쪽 학계의 주류적 해석은 물론 북쪽 학계처럼 '처용가'를 '통치배들에 대한 불만과 원한을 힘 있게 반영한 것'으로만 평가한다면, 처용설화와 처용가에 담긴 문학적 성취를 온전히 감상할 수 없다.

흥미로운 사실은 수많은 처용 연구들이 처용과 역신의 정체를 규명하느라 처용의 아내를 대부분 지나쳤다는 점이다. 처용의 아름다운 아내를 소홀히 다룬 것은 현대의 연구자들만이 아니다. 실제로 설화를 기록한 일연 또한 처용의 아내에 대해 전혀 언급이 없다.

처용이 춤을 추고 노래하며 물러나고 역신이 회개하는 모습까지 보여주었지만, 역신과 함께 이른바 '부적절한 관계'를 맺은 처용의 아내에 대해서는 일연조차 아무런 설명을 붙이지 않았다. 설화가 전승되어 일연이 기록하기까지 사람들 사이에 수백 년이 넘도록 소통되었음에도 처용의 아내에 대해선 한마디도 추가되지 않았다. 이를 어떻게 이해해야 할까. 처용설화가 소통되는 과정을 통해 해석할 필요가 있다.

◆

누가 왜 처용설화를
소통했을까

◆　　　　　　　　민중들이 일상의 언어와 달리 상징적이거나 압축적으로 설화와 굿, 탈춤을 소통하는 까닭은 충분히 헤아릴 수 있다. 엄중한 신분제 사회체제에서 지배 세력에 대한 그들의 솔직한 생각을 있는 그대로 표현했을 때 어떤 일을 당할지 예상하는 것은 어렵지 않기 때문이다. 많은 연구자들이 정리해왔듯이 민중예술은 사회 과정이나 정치 과정에서 집단적 민의를 압축적으로 농도 깊게 표현하고 민중 속의 잠재적 여론을 현재화해왔다. 설화를 비롯한 민중예술이 동시대 사람들 사이에 사회적 소통을 매개함으로써 사실상 대중매체로 구실했다는

뜻이다.

처용설화의 무대인 신라 하대 헌강왕 때와 『삼국유사』의 '처용랑 망해사' 기록 사이에는 400년의 세월이 있다. 오랜 세월에 걸쳐 처용설화가 구전으로 소통되어온 과정을 짚어볼 필요가 있다. 그 과정에서 사람들은 왜 처용설화를 소통했을까, 그 설화를 들려준 사람(송신자)과 듣는 사람(수신자) 사이에는 어떤 '메시지'가 전달됐으며 그 '효과'는 무엇인가를 헤아려야 한다.

문자로 기록되기 이전에 설화의 송신자와 수신자는 대부분 민중이다. 그들 사이에 어떤 메시지가 오갔는지, 또 그 효과는 무엇이었는지를 현대 커뮤니케이션 이론에 따라 과학적으로 규명할 방법은 없지만 논리적 추론은 가능하다. 적어도 처용설화와 그 소통을 지배 세력은 반기지 않았을 것이다. 역신이 처용에 감동하는 장면이야말로 그들에겐 굴욕이기 때문이다. 그렇다면 민중은 왜 서로 송신자와 수신자가 되어 소통했을까.

바로 그 지점에서 처용의 아내가 새롭게 드러난다. 순종하는 사람의 삶이 객관화된 모습으로 처용의 아내가 보일 수 있기 때문이다. 설화에서 처용의 아내는 지방에서 서울로 올라온 개혁 세력인 남편이 밤늦게까지 공적 업무에 몰입하고 있을 때, 지위가 더 강력한 역신(헌강왕 또는 고위직 골품제 귀족)의 유혹을 받는다. 여기서 원문의 '其妻甚美疫神欽慕之變無人夜至其家竊與之宿'를 놓고 이병도가 '無'를 '爲'의 오자로 규정해 해석한 뒤 국문학자 양주동과 철학자 김용옥에 이르기까지 여러 풀이가 나왔다. 역신이 사람으로 변신했다는 이야기가 나온 까닭이다. 하지만 '無' 자를 근거도 없이 임의로 바꿔 해석하는 것은 정당성은 물론 설득력을 갖기 어렵다. 상식선에서 볼 때 '其妻甚美 疫神欽 慕之 變無人夜至其家'로 끊지 않고 '其妻甚美 疫神欽慕之變 無 人夜至其家'로 끊을 때 의미가 명료해질 수 있다. 처용의 아내 가 아름다웠기에 역신이 그녀를 흠모하는 변(疫神欽慕之變)이 일 어났고 사람이 없는 밤에 그 집에 이르렀다고 보면 자연스럽다. 이때의 변變은 '바뀔 변', '갑자기 일어난 현상의 변'이다.

처용의 아내는 장래가 불투명하고 불안정한―장보고의 암 살처럼―개혁 세력보디 기득권 제세에 순종하는 민중의 모습 을 상징한다고 볼 수 있다. '처용랑 망해사' 기록을 보더라도 처 용의 아내는 귀족 가문의 딸로 보이진 않는다. 만일 그렇다면 헌 강왕이 그 사실을 과시했을 터이고 일연도 적시해서 기록했을 터다. 그냥 '매우 아름다운 아내'로 기록한 점에 비추어 서울(경 주)에 살고 있는 평민의 딸이거나 낮은 단계의 관직에 있는 딸이 었을 가능성이 높다. 민중의 한 사람이었다는 추론이 가능한 것 이다.

그렇다면 처용설화는 송신자가 이야기(작품)를 들려줄 때, 수 신자(민중 개개인)들의 자기서사를 변화시켜보려는 의도를 가졌 다고 해석할 수 있다. 다름 아닌 처용설화의 작품서사가 현실 변화의 실천서사이다. 태평성대 문장으로 시작해 나라가 망했다는 문장으로 끝나는 '처용랑 망해사'는 변화무쌍한 역동적 현실을 담고 있다.

처용이 역신을 용서하지만 처용설화는 역신을 결코 용서하지 않는다. '처용랑 망해사'의 [결]에서 나라가 망했다는 말로 매듭짓고 있다. 사실 따지고 보면 처용 자신이 역신을 용서했다는 이야기도 없다. 처용은 춤을 추고 노래하며 물러났을 따름이다. 역신은 처용의 너그러움에 감동해 "공의 부인을 부러워하여 지금 그를 범하였는데, 공이 노여움을 나타내지 않으니, 감동하고 그를 아름답게 여기며, 맹세코 지금 이후로는 공의 모습을 그린 것만 보아도 그 문에 들어가지 않겠다"고 약속했다.

처용이 다시 관직에 복귀했다는 이야기는 없다. 말 그대로 처용은 물러났고 서울을 떠났다고 볼 수 있다. 헌강왕이 "영취산 동쪽 기슭의 경치 좋은 곳을 점지하여 절을 세우고 망해사라고 하였는데, 또는 신방사라고도 이름하였으니, 곧 용을 위해 세운 것"이라는 기록은 '역신 사건'이 준 사회적 충격을 회유하려는 의도로 읽힌다. 용을 위해 세웠다는 말은 처용의 기반인 해상 세력을 무마했다는 뜻이다.

역사학자 이우성이 날카롭게 분석했듯이 "처용은 신라에서 고려로 나아가는 역사의 방향 속에 지방호족의 아들로서 현실적 역관계의 조정으로 신라 서울에 오게 되었고, 장차 지방호족에 의한 정치적 행동이 전국적으로 활발해지려는 전야, 도시 귀족의 타락된 이면을 목격하고 가무하며 물러난 처용은 신라 골품제 정치 원리를 부정한 지평 위에 서 있었던 것"이다.

♦

문 앞의 처용 얼굴과
소월의 진달래꽃

♦　　　　　　　　여기서 주목할 것은 당대의 민중들이 "처용의 형상을 문에 붙여서 사익한 것을 피하고 경사를 맞아늘이게 되었다"는 대목이다. 역사학계 연구들에선 민중이 설화를 소통하는 의미를 찾기 어렵기에 그 대목을 더 짚을 필요가 있다.

민중은 왜 처용 얼굴을 대문에 붙였을까. 우리 겨레는 고대부터 문에 두릅나무나 부적을 붙여 악귀가 들어오는 것을 막는 풍속이 있었다. 앞서 우리는 역신을 '당시의 병든 사회체제를 유지하고 강화하려는 존재'로서 사회서사의 부정태인 '탐학'으로 표면화한다고 이해했다.

역사적 실체로서 기득권 세력에서 나타나는 탐학은 "어둠을 틈타 몰래 남의 침실에 틈입하여 불륜을 저지르고 탐락에 빠지는 그래서 마침내 나를 병들게 하는 어둠과 악의 화신"으로 역신을 규명하는 연구와도 이어질 수 있다. 기득권 세력이 아닌 민중 대다수를 "탐락에 빠지"게 하거나 "삶을 병들게 하는" 것은 근대 사회과학의 '이데올로기' 개념과 비슷하다. 그 주체가 지배 세력인 것도 같다.

그렇다면 설화가 사람들 사이에 소통되어가는 과정에서 처용상을 대문에 붙이는 민중—처용설화의 송·수신자이기도 하다—을 새롭게 이해할 수 있다. 추정컨대 처용설화를 송신하는 민중은 변화를 열망했을 가능성이 높다. 송신자가 이야기를 할 때 대상이었을 수신자는 부익부 빈익빈의 사회체제에서 고통받으면서도 그 질서를 따르거나 지켜보며 살아가는 민중이 절대다수였을 터다. 사회서사 개념으로 볼 때 처용설화의 송신자는 심층에 실천서사를, 수신자는 순종서사나 관조서사를 지녔다고 볼 수 있다.

처용의 춤과 노래에는 기원 또는 염원이 담겨 있다. 고대 사회 이래로 모든 제의에는 춤과 노래가 있었고 그 놀이에 주술적 기원을 담았다. 처용의 노래와 춤에 담긴 염원에 처용의 아내로 상징되는 민중, 설화의 송·수신자들은 처용상을 문에 붙이는 것으로 화답했다고 볼 수 있다. 민중들이 문신門神으로서 '처용'을 모시는 행위는 부익부 빈익빈 체제를 바꾸려는 개혁 세력이 나섰을 때 적극 호응하지 않고 방관하거나 오히려 눈앞의 이익을 좇아 기존 체제에 적응했던 자신들 또는 그런 세태에 대한 통렬한 성찰과 후회의 표현이 아니었을까. 동시에 그것은 기득권 세력의 탐학이라는 '악귀'로부터 자신을 지키겠다는 의지의 표현이기도 하다. 아직은 때가 아니라고 기꺼이 물러난 처용, 민중의 주체적 각성 없이 병든 체제가 변화할 수 없음을 춤추며 노래한 처용이 다시 오기를 갈망한다는 소망으로 읽을 수 있다.

민중들이 처용의 형상을 문에 그려 붙임으로써 벽사辟邪와 진경進慶을 했다는 내용은 이 설화의 절정이다. 처용 형상을 붙이는 행위와 그것의 대중화는 이미 처용설화를 소통함으로써 민중들이 자기서사의 변화를 경험하며 치유되고 있음을 나타낸다. 다만 그 서사 변화와 치유는 큰 슬픔의 이겨냄 없이는 불가능하다.

처용 얼굴을 문에 붙인 민중의 마음을 사회서사 이론으로 풀이할 때 우리는 한국인이 가장 사랑하는 시 한 편을 새롭게 읽을 수 있다. 민중의 가슴속 서사를 깨끗한 시어에 담은 소월의 시가 그것이다. 자신의 잘못으로 처용을 떠나게 했지만 다시 돌아오기를 정결히 바라는 민중의 정한情恨은 긴긴 세월이 흘러 소월의 시혼을 통해 「진달래꽃」으로 피어난다.

나 보기가 역겨워

가실 때에는

말없이 고이 보내드리오리다

영변에 약산

진달래꽃

아름 따다 가실 길에 뿌리오리다

가시는 걸음걸음

놓인 그 꽃을

사뿐히 즈려 밟고 가시옵소서

나 보기가 역겨워

가실 때에는

죽어도 아니 눈물 흘리오리다

시를 읽다 보면 선홍빛 진달래꽃이 처용의 얼굴로 번져간다. 권력의 부패와 무능으로 무너지는 나라를 보며 민중들은 뒤늦게나마 처용 얼굴을 문 앞에 내걸고 그를 그리워하며 돌아오길 소망했다. 처용의 아내를 화자로 읽을 때 「진달래꽃」의 절절함을 실감할 수 있다. 그 간절함은 처용을 화자로 읽을 때도 이어진다. 처용의 아내를 민중으로 볼 때 더 그렇다.

문 앞에 처용의 얼굴을 붙이는 무언의 항거 때문에 왕은 서둘러 회유책을 쓸 수밖에 없었다. 새로운 호족으로 등장하고 있는 세력에게 그들의 신앙인 절을 지어주었다. '처용랑 망해사' 서술의 순서를 보아도 짐작할 수 있다. 민중들이 처용의 형상을 문에 붙였다는 서술 바로 뒤에 헌강왕의 무마책이 나온다.

하지만 신라 지배 세력의 회유책과 무마책은 이미 바닥을 드러냈다. 역신은 물러갔을 뿐, 기득권을 포기했다는 이야기는 은유적으로도 보이지 않는다. 무릇 기득권 세력이 자신의 역사적 정당성에 회의가 들었다고 하더라도 그것이 곧 정치·경제적 이익의 포기 또는 양보로 이어지는 것은 아니다. 처용설화처럼 인격의 문제라면 더 그렇다. 처용의 인격에 부끄러움을 느끼고 처용의 형상만 보아도 출입하지 않겠다며 민심 또는 여론을 의식했더라도 그것이 지신의 기득권을 내려놓겠다는 뜻은 아니다. 여론 무마용이라고 볼 수도 있다. 다만 민중은 설령 여론 무마용이라 하더라도 처용 형상을 붙임으로써 자신들은 개혁(세력)을 지지한다는 의사를 상징적으로 표현하며 다른 사람들과 소통했다고 볼 수 있다.

설화는 [결]에 나타나듯이 지신과 산신도 왕조가 망할 것을 경고한다. 조롱당했지만 너그럽고 의연하게 대처했던 처용을 그리워하는 여론이 그만큼 컸던 것이다. 평양의 문학계는 '처용랑 망해사'의 [결]에 기록된 산신과 지신의 나라가 망하리라는 노래와 춤도 실은 "당대 인민이 춤추고 노래하며 나라가 망하리라 예언한 것"이라고 해석한다. 실제로 9세기 후반기에 이르러 농민들의 투쟁은 전국적인 규모로 확대되었고 이미 신라왕조의 존망을 위협하는 데까지 이르렀다.

처용설화를 역사학적 접근으로만 본다면 처용과 역신 사이의 갈등, 처용과 아내 사이의 갈등이 적절하게 해명되지 않는다. 따라서 서울로 올라간 처용이 중앙 귀족들의 간계와 '처용의 처'로 은유된 민중의 외면으로 좌절했고, 민중의 주체적 각성을 소망한 처용의 춤이 퍼져감으로써 지역 호족들의 시대를 준비했다고 보는 해석이 적실해 보인다. 실제로 헌강왕 대 직후에 지역 호족들의 시대는 골품제의 엄격한 신분제를 넘어섰고 이윽고 왕건의 고려 건국으로 이어진다. '처용랑 망해사'에서 벽사 진경의 상징으로 처용의 형상을 문 앞에 붙여놓았다는 [전]의 대목은 [결]의 나라 망한 결말을 여론 또는 민심에 따른 '순리'로 만들고 있다고 풀이할 수 있다.

지금까지 처용과 역신, 처용의 아내 사이의 관계를 사회서사 개념으로 분석하고 처용설화가 소통되는 과정과 효과를 논의하며 처용의 아내를 주목했다. 처용설화에서 아내가 단순한 '불륜 여성'이고 처용이 '너그러운 남편'이었다면 처용 형상을 문 앞에 붙여놓을 정도로 민중의 사랑을 받으며 전승되어오지 않았을 터다. 처용이 이슬람 상인이라면 더 말할 나위 없다.

처용가의 주체는 처용이지만 처용가와 처용설화를 소통한 주체는 모든 설화가 그렇듯이 민중이다. 중앙 지배 세력의 탐학과 서울을 둘러싼 지역들의 광범위한 유민들로 상징되는 신라 말기의 부익부 빈익빈 체제에서 변화는 시대적 요구였다. 사회 서사로 볼 때 역신은 탐학 서사, 처용의 아내는 평안-굴종을 오가는 서사, 처용은 창조 서사를 심층에 지녔다.

처용설화의 송신자 또는 작품서사는 순종서사와 관조서사를 지니고 살아가는 수신자들에게 기득권 체제(병폐 또는 적폐 세력)의 탐학스런 병리적 삶(역신)과 사뭇 대조적인 개혁 세력의 도덕적 우월성과 사심 없는 품격(처용)을 보여줌으로써, 기존 체제에 적극적·소극적으로 편입된 사람들(처용의 아내로 상징되는 민중이자 처용설화의 송·수신자들)의 심층에 있는 서사를 전환하는 효과를 기대했으리라 추정할 수 있다. 주어진 질서에 순종하는 것이 결코 평안(성찰적 순종서사의 건강한 삶)을 보장할 수 없고 굴종(비성찰적 순종서사의 병리적 삶)으로 이어질 수 있다는 자각을 의도했다는 것이다. 바로 그것이 처용이 깊은 슬픔으로 노래하며 춤춘 철학 아닐까.

헌강왕 이후 신라 말기에 많은 민중들이 처용설화를 소통했다면, 그 효과는 대단히 컸다고 판단할 수 있다. 중앙 귀족들에 대한 비판 의식과 지역 호족, 특히 해상 세력에 대한 열망으로 동시대인들의 사회서사가 실천서사로 바뀌었다고 볼 수 있기 때문이다.

민중들이 저마다 문 앞에 처용의 형상을 내걸은 행위는 대중매체가 없던 전근대 시대에 모범적인 민중 커뮤니케이션이다. 그때 처용의 형상은 민중 언론의 효과적인 미디어다. 현대적 의미로는 하나의 '퍼포먼스'다. 민중들 스스로 새로운 세상을 소망한다는 뜻을 공개적으로 표명하는 동시에 그런 세상을 열기 위해 연대와 단결을 꾀하는 모습은 다름 아닌 처용 철학의 실천이다.

헌강왕 재위(875~886년) 이후 6년 만에 후백제가 세워지고 후고구려(901년), 고려(918년)에 이은 신라 멸망(935년)과 왕건의 삼국통일(936년)까지 옹근 50년의 격동 시대가 열린다. 처용설화는 그 전환 시대를 거치며 수많은 민중들의 참여로 다듬어졌을 터다.

처용탈은
'수많은 최치원'의 얼굴

　신라인들이 문에 걸었던 처용의 얼굴이 민중의 사랑을 받자 '처용탈'이 등장했다. 처용설화를 사회서사로 들여다볼 때 떠오를 법한 실존 인물은 최치원이다. 헌강왕은 처용에게 관직을 주었듯이 당나라에서 필명을 떨치고 바다를 건너 돌아온 최치원을 발탁했다. 885년 헌강왕은 최치원을 시독 겸 한림학사 수병부시랑 지서서감사侍讀兼翰林學士 守兵部侍郎 知瑞書監事에 임명했다. 이듬해 최치원은 당에 있을 때의 저작인 『계원필경桂苑筆耕』 20권과 『중산복궤집中山覆簣集』 5권, 『잡시부雜詩賦』 1권 등을 헌강왕에게 바치며 뜻을 펼치려 했다. 그런데 헌강왕이 이듬해 갑자기 병사했다. 헌강왕의 아우로 왕위를 계승한 정강왕도 1년 만에 병사하고 두 형제의 누이인 진성여왕이 887년 즉위했다. 최치원은 894년에 부패하고 문란한 정치 상황을 개혁하기 위해 진성여왕에게 작심하고 시무책時務策 10조를 올렸다. 그 공으로 6두품의 신분으로서는 최고의 관등인 아찬阿飡까지 올랐으나 그의 개혁안에 진골 귀족들은 크게 반발했다.

설화에서 처용은 헌강왕 시대의 인물로만 그려진다는 점에서 최치원의 연대와 차이가 있다. 하지만 그래봐야 5년 안팎이다. 설화가 퍼져갈 때는 이미 헌강왕이 죽고 진성여왕 시대였으리라 추론된다. 설화를 소통하는 민중들로서는 당대의 권력을 직접 거론하는 위험을 피하고 싶었을 가능성이 높다. 최치원이 개혁을 위해 시무책을 내놓은 것은 처용이 밤늦도록 개혁 작업에 매진했다는 풀이와 이어진다. 기득권 세력인 중앙 귀족들의 반발로 시무책이 휴지가 된 것도 처용과 비슷한 상황이다.

진성여왕은 최치원의 시무책을 나름대로 받아들여 시행하려고 나섰지만 결정적 약점이 있었다. 숙부인 위홍과 근친상간 관계였고 그가 죽자 미소년들과 문란한 생활을 이어갔다. 결국 진성여왕이 재위 11년 만에 물러나자 중앙 귀족을 중심으로 기득권 세력이 발호하며 정치를 독점했다.

최치원은 기득권 세력들 사이의 권력 다툼에 크게 실망해 마흔 살 되는 해인 896년에 가족을 데리고 가야산 해인사에 숨어 살며 여생을 마쳤다. 그가 언제 죽었는지도 기록에 남지 않을 정도로 철저히 은둔했다. 가야산 숲속에 신발을 벗어놓은 채 영영 자취를 감춘 최치원을 두고 민중들 사이에 그가 산신이 되었다는 소문이 퍼져갔다.

설화에선 처용이 어디로 갔는지 나오지 않지만 여러모로 최치원의 행보와 비슷하다. 해인사 들머리에 가면 붉은 단풍이 물에 비쳐 계곡물이 붉게 흐른다는 홍류동이 있다. 계곡이 크게 꺾어지는 안쪽에 농산정籠山亭이 자리하는데 '고운최선생둔세지孤雲崔先生遯世地'라고 새겨진 돌비석이 서 있다. 최치원은 세상을 등지며 "세상 시비 소리 귀에 들릴세라, 흘러가는 물로 산을 둘러싸게 했다(常恐是非聲到耳 故敎流水盡籠山)"는 시를 남겼다. 농산정은 시의 말미에 있는 농산籠山에서 따온 것이다. 물소리로 세속의 시비 소리를 상쇄하고 자연인으로 살겠다는 다짐이다. 실제로 농산정에 서 있으면 계곡을 휘돌아가는 물소리만 들린다.

왕에게 시무책을 내놓을 정도로 개혁 의지가 강했던 최치원은 내내 둔세하며 삶을 마친 걸까. 그렇게 보기엔 해인사에 머물던 말년에 쓴 글이 치열하다. 해인사에 "당나라 땅唐土에서 벌어진 병兵, 흉凶 두 가지 재앙이 서쪽 당에서는 멈추었고, 동쪽 신라로 옮겨와 그 험악한 중에도 더욱 험악하여 굶어서 죽고 전쟁으로 죽은 시체가 들판에 별처럼 흩어져 있다"라며 당시의 처참한 시대 상황을 슬퍼했다.

그렇다면 귀족들이 정치를 독점하고 있던 암울한 시대에 최치원이 할 수 있었던 일은 무엇일까. 애오라지 민중을 믿을 수밖에 없었다면 그들을 깨우치는 길이 무엇일까 모색하지 않았을까. 문서로 남은 근거도 없고 문학적 상상력이지만, 처용이라는 가상 인물을 주인공으로 한 이야기를 창작하고 그것을 민중 사이에 퍼트리자는 생각을 했을 법하다. 처용설화와 최치원의 삶이 상당 부분 조응하고 있어서다. 최치원이 단순한 관리가 아니라 문인(문학인)이자 철학자였기에 더 그렇다. "나라에 현묘한 도가 있으니 '풍류'라고 한다. 그 가르침을 만든 근원은 '선사'에 자세히 실려 있으니 실은 세 종교(유교, 불교, 도교)를 포함하여 여러 생명을 접하여 교화하는 것(國有玄妙之道 曰 風流 設敎之源 備詳仙史 實乃包含三敎 接化群生)"이라는 최치원의 글은 조선 고유의 사상이 있었으며 그가 그 사상으로 민중과 소통했음(접화군생)을 일러준다. 안타깝게도 자세히 담겨 있다는 '선사仙史'는 전해지지 않는다. 중화 사대주의 지배 세력에 의해 소각되었을 가능성이 높다.

물론 처용의 정체가 최치원이 아니어도 처용설화의 가치는 전혀 떨어지지 않는다. 그가 창작했다 하더라도 소통 과정에서 민중의 관점이 보태질 수밖에 없기에 더욱 그렇다.

처용의 얼굴이 민중들의 문 앞에 걸리고 처용탈까지 유통되자 호족 세력 가운데는 그 민심의 흐름을 끌어들이려는 움직임이 있었으리라 추정할 수 있다. 송악(개성)을 중심으로 강력한 해상 세력의 하나였던 왕건으로선 신라왕조의 병폐를 뿌리 뽑겠다고 나설 때 처용탈이 퍼져가는 현상을 활용했을 수도 있다. 고려왕조가 왕건 이후 줄곧 처용무를 중시한 사실은 그런 판단에 적합성을 높여주는 근거가 된다. 처용무는 조선 시대에도 궁정 무용으로 이어졌다.

그런데 처용무가 고려 시대에 궁정으로 들어가면서 본디 지니고 있던 변혁성은 시나브로 사라졌다. 어쩌면 그것이 왕건을 비롯한 지배 세력의 노림수 아니었을까. 처용무가 고려와 조선의 지배계급을 위해 공연되고 있을 때 수많은 '최치원'이 뜻을 펴지 못하고 세상을 떠난 것은 아닐까. 오늘날도 예외는 아닐 성싶다. 그렇게 볼 때, 처용탈은 '수많은 최치원의 얼굴'이 된다. 그래서다, 2020년대 들어 처용탈을 벗은 한국인들이 할로윈 가면을 쓰는 풍경이 더없이 살천스럽다.

젊은 세대에게 처용 축제는 호소력이 없다고 쉽게 단정할 일은 아니다. 처용탈을 쓰고 입시와 경쟁의 지옥에서 벗어나게 해줄 누군가를 기다리거나 서로가 서로를 다독이며 응원하는 축제로 얼마든지 만들 수 있지 않은가. 문제는 언론과 학교, 정치인과 관료들 사이에 퍼져 있는 사대성이다. 젊은이들 사이에도 〈아리랑〉은 애틋함을 불러 일으킨다. '나를 버리고 가시는 님이 돌아오기를 바라는 마음'은 곧바로 처용설화와 이어진다. 처용 가면이 품은 의미는 비단 입시철이나 '할로윈 데이' 때에 국한되지 않는다. 개혁이 절실한 모든 삶의 현장에서 신명나게 춤출 수 있다.

　홀로 나서기는 어렵고 두렵지만 누군가 시작하면 뜻을 함께하는 사람들이 나타나 실천적인 행동으로 나타난 대표적 사례가 처용 형상을 대문에 붙인 사건이다. 언제쯤일까, 젊은이들이 할로윈 가면보다 처용 가면을 더 사랑할 때는, 그 가면이 한류로 퍼져갈 때는.

3장

◆

한국인에게

해와 달은
무엇인가

◆

◆

해와 달의 위엄과
오누이 설화

◆   해와 달은 고대부터 우주의 장엄한 현현이었다. 과학적 우주론이 정착되지 않은 시대에 해와 달의 위엄은 현대인들이 상상하는 수준을 넘어설 만큼 강력할 수밖에 없었다. 그만큼 해와 달이 나오는 설화도 많이 소통되었다. 정치철학을 연구한 차남희에 따르면 고대 사회에서 해와 달은 "천신 혹은 천제의 신성성을 상징"하였고 "눈과 귀는 해와 달에 비견됨으로써 천이天耳와 천목天目을 의미"했다.

그렇다면 근대 이전의 한국인들은 해와 달, 우주를 어떻게 보았을까? 그 우주관이 다른 민족과는 어떻게 다를까. 오랜 세월에 걸쳐 한국인의 사랑을 받아온 설화 '해와 달의 오누이'에서 우리는 해와 달의 기원을 발견할 수 있다. 먼저 『한국구비문학대계』에 수록된 설화의 전문을 새삼스럽더라도 찬찬히 감상해 보자. 숱한 세월에 걸쳐 민중 사이에서 소통되며 다듬어진 내용임을 염두에 두면 새롭게 읽을 수 있다(단락에 붙은 번호는 분석을 위해 덧붙였다).

① 옛날에 한 어머니가 어린 남매를 키우며 살고 있었다. 남편은 일찍 죽어서 집안 형편이 어렵기 때문에 품팔이를 하며 살았다. 하루는 건넛마을에 일하러 갔다가 돌아오면서 팥죽을 머리에 이고 오는 중이었다. 한 고개를 넘어가려 하니 호랑이 한 마리가 나타나서 팥죽을 달라고 했다.

"어멈, 머리에 이고 있는 팥죽을 주면 안 잡아먹지."

어멈은 팥죽을 호랑이한테 주었다. 그리고 다시 또 한 고개를 넘어가는데 그 호랑이가 또 나타나서,

"팔 한 짝 떼 주면 안 잡아먹지."

이렇게 말하는 것이었다.

그다음 고개에서 호랑이는 또 다른 팔을 달라고 하더니 결국 어멈을 다 잡아먹었다.

② 그리고 어멈의 치마저고리를 입고 머리 수건을 동여맨 후 아이들을 찾아왔다.

"애들아, 엄마가 왔으니 문 열어라."

"우리 엄마 목소리가 아닌데요."

아무리 생각해도 이상해서 아이들이 이렇게 말하자 호랑이는 찬바람 맞으며 논을 매느라고 목이 쉬어 그렇다며 다시 문을 열어달

라고 했다.

"그러면 이 문구멍으로 손을 내밀어봐요."

문틈으로 들어온 손이 엄마의 손 같지가 않다고 하자, 호랑이는 들에서 벼를 매다 보니 벼풀이 묻어서 거칠거칠하다고 대답했다. 그래도 문을 열어주지 않자 호랑이가 문을 박차고 들어왔다.

③ 아이들은 겁에 질렸지만 꾀를 내서 똥이 마렵다고 말했다.

"방에다 누어라."

"아이고, 방에다 누면 냄새나요."

"그러면 마당에다 누어라."

"그것도 더러워요."

"그러면 밖에 나가서 누어라."

그러자 아이들은 얼른 방문을 빠져나와 집 옆의 커다란 정자나무 위로 올라갔다. 집에 있던 호랑이는 아무리 기다려도 아이들이 들어오지 않자 찾으러 나왔다. 정자나무 아래에는 커다란 샘이 있었는데 나무 위로 올라간 남매의 모습이 샘물에 어른거리고 있었다. 호랑이는 그것을 보고 아이들이 빠진 줄 알고,

"조리로 건질까, 바가지로 건질까?"

라고 말했다. 그 소리를 들은 아이들이 까르르 웃고 말았다.

"너희들 나무에 어떻게 올라갔니?"

"기름 바르고 올라왔지."

영리한 오빠가 일부러 거짓말을 했다. 이 말을 들은 호랑이는 부엌

에서 기름을 가져다 나무에 발랐지만 미끄러워서 올라갈 수가 없었다.

"애들아, 정말 어떻게 올라갔니?"

"도끼로 나무를 찍은 다음에 올라왔지."

아무것도 모르는 어린 여동생이 이렇게 말하자 호랑이가 도끼를 가져와 나무를 찍어대기 시작했다. 이제 곧 호랑이에게 잡힐 참이었다.

④ 남매는 하느님한테 살려달라고 빌었다.

"하느님, 불쌍한 우리를 살려주시려면 새 동아줄을 내려주시고, 죽이려면 헌 동아줄을 내려주세요."

그러자 하늘에서 새 동아줄이 내려와 아이들은 그것을 타고 하늘로 올라갔다. 이것을 본 호랑이도 아이들의 흉내를 내며 하느님께 빌었다.

"하느님, 나를 살리려면 새 동아줄을 내려주시고, 죽이려면 헌 동아줄을 내려주세요."

그러자 하늘에서 헌 동아줄이 내려왔다. 호랑이는 아이들을 쫓아갈 욕심에 헌 동아줄에 매달려 하늘로 올라갔으나 동아줄이 끊어지고 말았다. 호랑이가 떨어진 곳은 수수밭이었다. 호랑이의 엉덩이가 수숫대에 찔려 그 후 수숫대는 호랑이 피가 묻어 빨갛게 되었다고 한다. 또한 새 동아줄을 타고 하늘로 올라간 남매는 오빠는 달이 되고 동생은 해가 되었다고 전해진다.

한국인들이 세대를 거듭하며 여러 변이형으로 전해온 설화 '해와 달이 된 오누이'의 가장 표준적인 이야기이다. 기실 한국만이 아니다. 해와 달의 기원을 설명하는 설화는 전 세계에 널리 퍼져 있다. 일월日月 기원 설화, 줄여서 일월설화로 불리기도 한다. 해와 달이 각각 오빠와 누이, 또는 누이와 오빠로 설정된다.

◆

설화의 진실은
오누이의 근친상간?

◆ 설화가 널리 퍼져 있는 만큼 해석도 다채롭다. 그런데 공신력 있는 『한국민속문학사전』은 이 설화를 '근친상간'의 맥락에서 분석해 고개가 갸우뚱해진다. 호랑이와 어머니, 이어 호랑이와 오누이 사이처럼 "쫓기는 관계가 이 이야기의 동력인데, 쫓는 존재가 반드시 동물인 건 아니고 사람인 경우도 흔하다"며 다음과 같이 풀이했다.

"동물이 아니라 사람이 주인공인 경우에는 가족 내에서의 갈등이 쫓고 쫓기는 관계로 나타난다. 따라서 오누이의 경우도 가족 관계 내의 문제로 이해하는 것이 적절하다. 오누이 관계에서 가장 예민한 문제는 근친상간 터부이다. 홍수신화에도 남매혼

모티프가 나타나는데, 근친상간 금지가 문제로 제시된다. '해와 달이 된 오누이'도 이 맥락에 있다."

설화에서 '쫓고 쫓기는 관계'는 분명 오누이가 아님에도 굳이 그렇게 해석하는 이유는 무엇일까. 『한국민속문학사전』에서 그 항목의 필자인 조현설의 다른 글을 찾아보면 좀 더 자세히 설명해놓았다. 「해와 달로 쫓고 쫓기는 오누이⋯'근친혼 스캔들'이 숨어 있다」는 제목으로 신문에 기고한 글(경향신문, 2018. 4. 5.)에서 조현설은 영문학자 정인섭이 1952년 영국 런던에서 출판한 *Folk Tales from Korea*(한국의 민담)에 담은 이야기를 소개한다. 어머니를 잡아먹은 호랑이가 결국 하느님의 엄벌을 받는다는 기본 틀은 그대로이지만 떡 하나 주면 안 잡아먹겠다는 교활한 호랑이의 행태를 생략했다. 단순히 '아동용' 옛날이야기라고 평가한다. 그런데 설화 뒷부분에 "여동생은 낮에 사람들이 쳐다보는 것이 부끄러워 강력한 빛을 뿜어낸다"는 말이 추가되었다. 그 대목이 근친상간 터부를 담은 설화라는 해석의 근거가 된다. 좀 더 명확한 근거를 제시할 요량으로 조현설은 민속학자 손진태가 1930년에 일본어로 출판한 자료를 추가한다.

옛날 하느님은 오빠를 태양으로, 누이는 달로 만들었다. 어느 날 달은 사람들에게 쳐다보이는 게 부끄럽다면서 태양이 되고 싶다고 했지만 오빠는 양보하지 않았다. 심하게 다투다 오빠가 담뱃대로 누이의 눈을 찌른다. 오빠는 눈이 찔린 누이가 불쌍해서 자리를 양보한다. 결국 누이가 해가 되고 오빠가 달이 된다. 그때 찔린 눈의 상처가 태양의 흑점이라고도 한다.

정인섭의 영어 설화에서는 오누이의 역할 바꾸기가 사이좋게 이뤄졌지만 손진태의 일어 설화에서는 상황이 자못 다르다. 오빠가 담뱃대로 누이의 눈을 찌르는 폭행이 담겨 있다. 손진태가 『한국민족설화의 연구』(1947)에서 인용한 또 다른 자료에선 호랑이가 어머니에게 "이번에는 '옷 벗어 주면 안 잡아먹지' 하므로 치마를 주었다. 이어서 저고리, 바지, 속적삼, 속옷까지 다 주고 나신裸身이 되었으므로 가랑잎사귀를 따서 음부를 가리고 갔다. 범은 계속繼續하여 나왔다. 팔과 다리를 요구要求하고 최후最後에는 몸뚱이까지를 요구"한다.

설화 소개가 다소 선정적으로 흐른다. 조현설은 정인섭이 영어로 소개한 설화에 대해서도 성적인 문제를 제기한다. 그는 "왜 누이는 신의 명령을 거부하면서까지 부끄럽다고 했을까? 왜 무서움과 부끄러움은 여성의 것이어야 할까?"를 물으며 그것이 설화의 그늘이라고 주장한다. 조현설은 '해와 달이 된 오누이' 설화에서 "내내 지울 수 없었던 이런 그늘을 풀 실마리"를 베링해협에 거주하는 이누이트족의 일월 기원 신화에서 찾을 수 있었다며 소개한다.

옛날에 한 남자와 그의 아내가 바닷가 외딴 마을에 살고 있었다. 그들에게는 아이가 둘 있었는데 하나는 여자고 다른 하나는 남자였다. 아이들이 성장했을 때 소년은 여동생을 사랑하게 되었다. 그가 줄기차게 동생을 쫓아다녔으므로 동생은 하늘로 피신해 달이 되었다. 그 뒤로 소년은 해의 형상으로 소녀를 끊임없이 따라다녔다. 때때로 소년은 여동생과 합류해 그녀를 껴안는 데 성공했고 그렇게 월식을 일으켰다. 아이들이 떠난 후 아버지는 사람들을 향한 암울하고 미운 마음을 가졌다. 아버지는 사람들이 많은 세상으로 나와 질병과 죽음을 일으켰다. 그리고 질병으로 죽은 희생자들을 자신의 먹이로 삼았다. 그러나 그의 탐식은 만족할 수 없을 만큼 커졌다. 그러자 그는 건강한 사람들마저 잡아먹기 시작했다.

조현설은 이어 캐나다 퀘벡에 거주하는 이누이트로부터 들은 신화를 추가하며 그 이야기에는 문제가 더 선명하게 형상화되어 있다고 주장한다.

한밤중에 정체를 알 수 없는 남자의 방문을 받은 여자가 정체를 밝히기 위해 젖꼭지에 그을음을 칠한다. 견훤 출생담에 등장하는 야래자夜來者와 비슷하다. 광주 북촌 부잣집 딸을 찾아온 사내의 정체는 큰 지렁이였지만 이 경우는 전혀 다르다. 다음 날 여자는 오빠의 입술이 까만 것을 보았기 때문이다. 누이는 놀라 미친 듯이 소리를 지른다. 이유를 모르는 부모는 화가 나서 오누이를 꾸짖는다. 그날 밤 누이는 집을 떠났고 오빠는 동생을 쫓기 시작했다는 이야기다. 도망치는 누이가 해고, 뒤쫓는 오빠가 달이었음은 물론이다.

만주족의 일월기원신화와 루마니아 구전 서사시까지 인용하지만 생략하자. 주목할 것은 그의 결론이다. 이누이트 신화에서 루마니아 서사시까지 '해와 달이 된 오누이' 형상화에 근친상간이 나타난다며 "눈을 찔러 태양의 흑점을 낳는 이야기에는 오빠의 성적 폭력"을, 부끄러워 빛을 쏘는 이야기에선 "근친상간 금지 위반에 대한 죄의식"을 읽는다. 그는 일식이나 월식 현상을 "원시적 사유"가 성적 폭력이나 터부의 위반 사태와 동일시했다고 풀이했다. 너무 치우친 해석이라는 생각이 들었을까. "그렇다고 아이들한테 그늘을 강요할 필요는 없겠다. 아이들은 '해와 달이 된 오누이'의 밝은 빛을 보고 행복해하면 된다. 그러나 어른이 되고 나면 고통스러워도 그늘을 봐야 한다. 진실은 그늘에 있으니까"라고 주장했다.

조현설은 서울대 국문과에서 후학들을 가르치는 교수이자 『한국민속문학사전』을 집필할 만큼 영향력이 큰 학자다. 더욱이 신문에 장문의 글을 기고해 '어른'들이 '해와 달이 된 오누이' 설화를 이해할 때는 '진실'을 보아야 한다고 강조했다.

그런데 의문이 든다. 이누이트족의 두 설화와 만주족·루마니아 신화까지 인용했지만, 한국 설화와 사뭇 다른 설화를 무리하게 근친상간 이야기로 동일화한 것은 아닐까. 물론 모두 오누이가 해와 달이 된 이야기임엔 틀림없다. 하지만 정확히 거기까지다. 해와 달이 되는 과정이 전혀 다르지 않은가. 이누이트족 설화에는 한국 설화에 없는 아버지가 출현하더니 돌연 질병과 죽음의 신이 되고, 심지어 식인귀가 된다.

『한국구비문학대계』에 수록된 설화와 너무 다르지 않은가. 근친상간 터부를 다룬 설화에서 욕망의 문제를 짚는 것은 의미 있는 연구의 하나이다. 이누이트인들이 해와 달의 관계에서 일식과 월식의 원인을 근친상간의 결과로 상상한 것도, 인류학자 레비–스트로스$^{Claude\ Lévi-Strauss}$가 '일월식과 근친상간이 등가 관계라는 원칙을 제시하는 신화'라고 해석한 것도 충분히 납득할 수 있다. 하지만 한국인의 설화가 과연 그러한가. 해와 달의 기원을 공통으로 다뤘다고 해서 우리 설화에는 보이지 않는 근친상간 모티브를 찾는 것은 무리 아닌가. 오히려 해와 달의 기원을 담은 여러 민족의 설화와 차이점을 부각해서 그 고유한 의미를 분석하는 것이 더 적실하지 않을가. 그때 우리는 다른 나라 설화에 나타나지 않는 호랑이에 주목할 수 있다.

◆

해와 달 설화의 또 다른 주인공,
호랑이

◆　　　　　　한국인은 전근대 시기에 우주의 중심으로 생각했을 해와 달을 바라보며 남녀의 욕망이나 근친상간의 터부를 떠올리지 않았다. '해와 달이 된 오누이' 설화를 찬찬히 새겨보자.

　설화의 들머리 ①에서 가난한 가족의 모습이 먼저 그려진다. 품팔이 노동을 하는 어머니에게 팥죽은 노동의 대가일 터다. 그때 나타난 호랑이는 누구일까. 폰 프란츠는 『민담의 심리학적 해석』에서 "원형적 이야기의 가장 오래된 가장 기본적인 형식은 인간 비슷한 동물 존재"의 등장이라며 구체적으로 "예를 들어 호랑이가 탐욕을 나타낸다고 할 때 실제적인 호랑이의 탐욕을 모사한 것이 아니라 우리 자신의 호랑이 같은 탐욕을 모사한 것"이라고 보았다. 꼭 그의 풀이가 아니더라도 우리는 '해와 달이 된 오누이' 설화에서 갑자기 등장하는 호랑이가 무엇을 상징하는 걸까 궁금할 수 있다.

　물론 이 설화에 등장하는 호랑이를 실제 호랑이로 이해할 수도 있다. 예로부터 조선(한국)에는 호랑이가 많았고 그만큼 사람을 해치거나 가축을 물어 가는 사고가 가끔 일어났다. 조선왕조 시대의 법전인 『경국대전』에 호랑이를 잡는 정규 군사로 '착호 갑사捉虎甲士'에 대한 규정이 들어 있을 정도다. 호랑이를 잡은 사람에 대한 상여 규정도 명문화했다. 집에 호랑이가 들어오지 못하도록 호망虎網을 늘어놓기도 했다. 호망은 굵은 밧줄로 망을 엮어 만들었는데 서까래에서 마당으로 늘어뜨려 호랑이가 들어오지 못하게 했다. 나무판자를 문 안쪽에 빗장으로 끼우기도 했다.

따라서 '해와 달이 된 오누이' 설화를 통해 호랑이의 위험성을 알리려 했다는 풀이도 가능하다. 하지만 그렇게 보기엔 설화 전반적 내용이 어울리지 않는다. 잔인하고 사나운 호랑이를 마주쳤는데 하느님에게 밧줄을 내려달라고 기도한다는 이야기를 자녀들에게 들려줄 부모는 많지 않을 것이다. 그런 대응은 호랑이에게 목숨을 빼앗길 가능성을 높여주기 때문이다.

그렇다면 설화의 호랑이는 누구를 상징할까. 조선왕조의 국교가 유교인지라 그 시대에 제법 많이 소통되었을 법한 공자孔子의 일화를 상기해보자. 『예기禮記』의 '단궁檀弓', 『공자가어孔子家語』의 '정론해正論解'에 모두 수록된 이야기다.

공자가 태산 옆을 지나갈 때 어떤 여인이 무덤에서 슬피 통곡하고 있었다. 공자는 수레에서 듣고 있다가 제자인 자로子路에게 왜 그런지 물어보라 했다.

"부인께서 통곡하시는 것이 심히 깊은 우환이 있는 것 같습니다."

부인이 대답했다.

"그렇습니다. 얼마 전에 우리 시아버지가 호랑이에게 죽었고, 남편이 또 호랑이에게 죽었습니다. 그런데 오늘 우리 아들이 또 호랑이에게 죽었습니다."

"그런데도 왜 떠나지 않았습니까?"

"여기엔 가혹한 정치가 없기 때문입니다."

공자는 제자들에게 "가혹한 정치는 호랑이보다 더 무섭다"는 것을 명심하라고 일렀다.

(孔子過泰山側, 有婦人哭於墓者而哀. 夫子式而聽之, 使子路問之, 曰, 子之哭也, 壹似重有憂者. 而曰, 然. 昔者, 吾舅死於虎, 吾夫又死焉, 今吾子又死焉. 夫子問, 何爲不去也. 曰, 無苛政. 夫子曰, 小子識之, 苛政猛於虎也.)

이 일화에서 '가정맹어호苛政猛於虎'라는 말이 퍼졌다. 당나라 문인으로 당송팔대가의 하나로 꼽히는 유종원이 '포사자설捕蛇者說'이라는 제목의 글에서 "공자께서 말씀하시기를 '가혹한 정치는 호랑이보다 사납다'고 하셨는데, 나는 일찍이 이에 의문을 가졌었다"면서 자신이 막상 민정을 시찰하며 고통을 듣고 보니 "믿을 수 있게 되었다"며 "세금을 부과하고 가혹하게 거두어들이는 것의 폐해(賦斂之毒)"를 경고했다.

권력의 가혹한 정치를 '호랑이'에 비유하는 말은 오랜 세월에 걸쳐 많이 퍼졌을 가능성이 높다. 더구나 채록된 설화가 많이 소통되던 조선 후기에 권력은 민중에게 가혹한 세금을 거둬 갔다. 그만큼 권력을 호랑이에 비유하는 이야기가 더 나돌았으리라 추정할 수 있다. 우리는 그 '증거'를 다름 아닌 다산 정약용의 시에서 발견할 수 있다. 1803년 가을에 전라도 강진에 유배되어 있던 다산이 갈밭에 사는 민중에게 일어난 사건을 듣고 쓴 시 「애절양哀絶陽」이 그것이다. 시 앞부분을 보자.

갈밭마을 젊은 아낙 통곡소리 그칠 줄 모르고 (蘆田少婦哭聲長)

관청문을 향해 울부짖다 하늘 보고 호소하네 (哭向縣門號穹蒼)

정벌 나간 남편은 못 돌아오는 수는 있어도 (夫征不復尙可有)

예부터 남자가 생식기를 잘랐단 말 들어보지 못했네 (自古未聞男絶陽)

시아버지 상에 이미 상복 입었고 애는 아직 배냇물도 안 말랐는데 (舅喪已縞兒未澡)

조자손 삼대가 다 군적에 실리다니 (三代名簽在軍保)

급하게 가서 호소해도 문지기는 호랑이요 (薄言往愬虎守閽)

향관은 으르렁대며 마구간 소 몰아가네 (里正咆哮牛去皁)

어김없이 '호랑이'가 등장한다. 공자가 제자들에게 경고한

"가혹한 정치는 호랑이보다 더 무섭다"는 말을 유학을 국교로 신봉한 사대부들이 전혀 새기지 않아 빚어진 참극이다. 시아버지는 이미 돌아갔고 자식은 아직 아기인데도 군적에 올려 입대하지 않으니 세금을 내라는 정치권력의 수탈에 남편은 자신의 생식기를 잘라 항의했다. 또 아기를 낳을 때 세금이 더 늘어날 게 분명하기 때문이다. 그 착취와 수탈이 있는 곳에 '호랑이'가 있고 항의하면 으르렁 포효咆哮하며 되레 소까지 빼앗아 간다. 다산은 그 상황을 아내의 시각에서 생생하게 담았다.

> 남편 칼을 갈아 방에 들자 자리에는 피가 가득 (磨刀入房血滿席)
>
> 자식 낳아 군액 당했다고 한스러워 그랬다네 (自恨生兒遭窘厄)
>
> 무슨 죄가 있어서 잠실 음형 당했던가? (蠶室淫刑豈有辜)
>
> 민땅 자식들 거세한 것 진실로 역시 슬픈 일이네 (閩囝去勢良亦憾)
>
> 자식 낳고 사는 건 하늘이 내린 이치기에 (生生之理天所予)
>
> 하늘의 도는 아들 되고 땅의 도는 딸이 되지 (乾道成男坤道女)
>
> 불깐 말 불깐 돼지도 서럽다 할 것인데 (騸馬豶豕猶云悲)
>
> 하물며 뒤를 잇는 사람에 있어서랴 (況乃生民思繼序)

다산은 이어 '부자들은 일 년 내내 풍악이나 즐긴다(豪家終歲奏管弦)'고 날카롭게 비판했다. 『목민심서牧民心書』에서 「애절양」과 관련해 다음과 같이 밝혔다.

"요즘 피폐한 마을의 가난한 집에서는 아기를 낳기가 무섭게 홍첩紅帖이 이미 와 있다. 음양의 이치는 하늘이 품부한 것이니 정교情交하지 않을 수 없고, 정교하면 낳게 되어 있는데 낳기만 하면 반드시 병적에 올려서 이 땅의 부모 된 자로 하여금 천지의 생생生生하는 이치를 원망하게 하여 집집마다 탄식하고 울부짖게 하니, 나라의 무법함이 어찌 여기까지 이를 수 있겠는가? 심한 경우에는 배가 불룩한 것만 보고도 이름을 지으며 여자를 남자로 바꾸기도 하고, 그보다 더 심한 경우에는 강아지 이름을 혹 군안軍案에 올리기도 하는데, 이는 사람의 이름이 아니니 가리키는 것은 진짜 개이며, 절굿공이의 이름이 관첩官帖에 나오기도 하는데, 이도 사람의 이름이 아니니 가리키는 것은 진짜 절굿공이이다."

다산은 "작금의 상황을 개혁하지 않으면 민중들은 모두 죽고야 말 것(此法不改 而民盡劉矣)"이라고 경고했다. 그럼에도 조선왕조의 권력을 쥔 '호랑이'들은 무시했고 그 결과는 우리 모두가 알고 있다. 다만 민중들은 그냥 죽지 않았다. 순종서사에 매몰되지도 않았다. 19세기 내내 봉기했고 동학혁명을 일으켰다. 외세의 개입이 없었다면 우리 근현대사는 동학혁명의 성공으로 완전히 다른 길을 걸어갔을 가능성이 높다.

설화 ①에서 호랑이가 힘든 노동을 하며 가난하게 살아가는 어머니에 다가가 어린 자녀들에게 먹일 팥죽을 뺏어 먹고 이윽고 몸까지 하나 둘 삼켜대는 모습은 교활하게 수탈하는 권력의 행태를 빼닮았다. 설화를 주고 받을 때 가혹한 수탈에 고통받는 민중에게 탐학한 호랑이의 언행은 누구를 떠올리게 했을까. 답은 저절로 나오지 않을까.

◆

하느님과 동아줄을 보는
남과 북의 눈

◆　　　　　　　설화에서 팥죽은 어머니가 노동한 대가이다. 본디 한국인에게 팥죽은 전통적으로 악귀를 쫓는 음식이었다. 가령 동짓날에 붉은 팥죽을 쑤어 조상께 제사를 지내고 대문이나 벽에 뿌린 것은 나쁜 귀신을 쫓아 새해의 안녕을 빌던 풍습이었다. 지역마다 다소 다른데 동짓날 영남에서는 마을을 지켜주는 큰 나무에 금줄을 치고 팥죽을 뿌렸다. 호남에서는 새해 풍년을 기원하며 팥죽을 쑤었다. 동짓날만이 아니었다. 이사하거나 새집을 지으면 한여름도 팥죽을 쑤어 잡귀를 쫓아내고 전염병이 창궐할 때도 팥죽을 끓여 길에 뿌리며 병마를 쫓았다.

그런데 '해와 달이 된 오누이' 설화에서 팥죽은 아무런 효험이 없다. 가혹한 정치가 그만큼 강력했다는 의미, 팥죽으로 해결될 고통이 아니라는 뜻을 담지 않았을까. 사회서사 이론으로 설화를 분석하면 의미가 한결 명료해진다.

호랑이는 지배 질서에 올라탄 적응서사를 지닌 사람이다. 적응서사에는 건강태인 선행이 있지만 '호랑이'의 서사는 전반대로 악행이다. 가난한 민중의 목숨까지 뺏을 만큼 병리적이다. 탐학적 적응서사를 지닌 전형이다. 탐학의 사전 뜻 그대로 삶과 세상을 보는 탐욕스럽고 포학한 서사다. 가족들이 잇따라 호랑이에 물려 죽어도 산속으로 들어간 공자 시대의 민중들에게 정치는, 아기에게도 세금을 물려 도무지 살 수가 없어 생식기를 잘랐는데도 으르렁 포효하며 소까지 몰아가는 호랑이는 어떻게 보아야 할까. 탐욕과 포학의 종결자 아닐까.

설화에서 눈여겨볼 대목은 호랑이의 교활함이다. 단순히 탐욕스럽거나 포학하지 않다. '호랑이'는 '어머니'를 한껏 기만하며 야금야금 착취한다. 팥죽을 주면 안 잡아먹겠다는 말에 어머니는 자신이 노동한 대가로 받은 팥죽을 선뜻 내주었다. 하지만 호랑이는 어머니가 '고개'를 넘어갈 때마다 나타난다. 어머니는 살기 위해 한쪽 팔도 떼 준다. 상식으로 판단하면 호랑이가 팔을 떼 달라고 하지 않는다. 호랑이가 실제 호랑이가 아니라 상징적 존재임을 설화에서 강조한 셈이다. 팔이 잘리면 얼마 걸어가지 않아 죽는다는 사실을 모두 알고 있는 설화의 수신자들에게 어머니가 두 팔을 차례차례 빼앗기는 대목은 수탈 또는 착취를 뜻함을 일러주려는 은유이다.

결국 어머니는 죽음을 맞는다. 호랑이의 기만적인 말에 언제나 순종한 결과다. 어머니에겐 순종서사가 뿌리 깊게 자리 잡고 있음을 알 수 있다. 어머니는 호랑이의 교활한 제안에 순종하지 않고 '팥을 때 주면 팥죽을 더는 못 만드니 집에 가서 팥죽 더 만들어줄 테니까 그걸 다 먹고 나를 잡아먹어도 된다'며 시간을 벌 수도 있었다.

설화 ②에서 호랑이의 탐학과 교활은 극에 이른다. 어머니에 그치지 않고 아이들까지 잡아먹으려고 나선다. 더구나 어머니의 치마저고리를 입고 머릿수건까지 동여맸다. 하지만 오누이는 '엄마가 왔으니 문 열라'는 말에 순순히 따르지 않는다. 호랑이의 온갖 기만극에 속아 넘어가지 않고 끝까지 문 열기를 거부한다. 어머니와 달리 순종서사를 지니고 있지 않았다. 나이가 어린 만큼 어머니와 달리 지배 질서의 영향력이 깊숙이 스며들지 않았기 때문일 수 있다.

기만극이 통하지 않는다고 판단한 호랑이는 결국 문을 부수고 들어온다. 힘들이지 않고 잡아먹으려고 최대한 기만하되 그 전술이 통하지 않으면 감춰둔 폭력을 행사하는 셈이다.

설화 ③에서 호랑이와 정면으로 맞닥뜨렸지만 아이들은 포기하지 않았다. '똥이 마렵다'는 말은 흥미롭다. 실제로는 호랑이가 사람을 잡아먹을 때 전혀 고려하지 않는 변수다. 하지만 그

'호랑이'가 권력을 휘두르는 '높은 자리'에 있는 인간을 상징한다면 상황은 다르다. 더럽고 냄새나는 것을 피하는 '깔끔쟁이'일 수 있기 때문이다.

호랑이는 집이 더러워지든 말든 자신의 먹이가 깨끗하기를 바라며 결국 똥 누는 것을 허락한다. 밖으로 나온 아이들은 똥 누는 척하다가 도망간다. 마땅히 피할 곳이 없기에 집 옆에 있는 정자나무로 올라갔다. 정자나무는 마을 사람들이 그늘 아래 모여 이야기를 나누거나 신성시하는 큰 나무로, 대체로 느티나무다.

호랑이는 사뭇 교활한 듯하지만 알고 보면 지혜롭지 못하다. 정자나무에 올라간 오누이가 샘물에 어른거리는 모습을 보고 아이들이 그 물에 빠져 있다고 판단할 정도이다. 오누이가 까르르 웃으며 자신들이 나무 위에 있다고 일러주는 것은 그만큼 순수하고 순진하기 때문이다. 하지만 대처 능력은 뛰어나다. 어떻게 올라갔느냐는 호랑이의 추궁에 기름 바르고 올라왔다고 말할 만큼 슬기롭다. 그런데 어린 여동생이 도끼로 나무를 찍은 다음에 올라왔다고 말하면서 다시 위기를 맞는다.

어린 누이가 무심코 사실대로 말하자 호랑이는 잽싸게 도끼를 가져와 나무를 찍으며 오르기 시작했다. 이제 곧 호랑이에게 잡힐 참이었다. 오누이는 절체절명의 위기를 맞았지만 포기하지 않았다. 설화 ④에서 오누이는 하느님에게 동아줄을 내려달라고 기도했다. 설화는 오누이가 동아줄을 타고 올라가서 해와 달이 된 반면에 호랑이는 동아줄이 끊어져 수수밭에 떨어진 이야기로 끝난다.

그런데 평양에 자리한 조선4·26아동영화촬영소가 2000년에 제작한 영화 〈오누이와 나무꾼〉은 오랜 세월 이어온 '해와 달이 된 오누이'를 개작한다. '하느님이 동아줄을 내려주어 살아났다'는 결말이 불편하게 다가왔을 법하다. 어떻게 개작했는지 영화 줄거리를 읽어보자. 남북의 문화를 지며리 연구해온 전영선이 요약한 글이다.

산골 마을에 신혜와 호동이라는 오누이가 살고 있었다. 아랫마을에 사는 총각, 장쇠는 이웃에 살고 있는 오누이를 돌보고, 나무를 판 돈으로 오누이의 어머니에게 약까지 구해주는 마음 착한 청년이었다. 장쇠는 어머니를 위해서 약초를 캐어 오겠다면서 길을 나서려고 했다. 오누이의 엄마는 "오래된 호랑이가 있는데, 얼마나 오래 살았는지 사람 말을 하면서 사람을 해친대"라며 걱정했다. 장쇠는 "걱정할 것이 있나요. 마주치면 물리쳐버리면 되지요" 하면서 오누이와 함께 씩씩하게 길을 나섰다.

숲이 깊어지자 장쇠는 위험하다며 오누이를 집으로 돌려보냈다. 오누이는 집으로 돌아오는 길에 비를 피하기 위해 동굴에 들어갔다가 그만 오래된 호랑이를 만났다. 오누이는 꼼짝없이 호랑이에게 잡아먹히게 생겼다. 다행히 번개가 치며 나무가 쓰러졌고, 호랑이는 그 나무에 깔리면서 허리를 다쳤다. 그 사이 오누이는 무사히 돌아올 수 있었다. 집으로 돌아온 오누이는 "정말 하늘이 우리를 도와 주었을까요?"라고 엄마에게 물어보았다. 엄마는 말했다. "물론이지. 저 하늘은 우리처럼 가난한 사람들을 도와주기도 하고, 범처럼 나쁜 놈에게는 벌을 내리기도 한단다."

장쇠가 캐 온 약초 덕에 병이 나은 엄마는 아이들에게 줄 버섯을 캐기 위해 산으로 향했다. 엄마는 떠나기 전, 방문을 단단히 잠그라고 일렀다. 산으로 가던 길에서 이번에는 엄마가 호랑이를 마주쳤다. 호랑이에게 쫓기던 엄마는 그만 벼랑 아래로 떨어졌다. 호랑이는 엄마의 바구니를 챙겨 오누이의 집으로 가 빨랫줄에 걸려 있던 옷을 입고는 엄마 흉내를 냈다. 목소리가 다른 것을 의심한 오누이에게 호랑이는 "소리를 질러서 목이 쉬었구나"라며 문을 열라고 했다. 누이는 엄마가 아닌 것을 알았지만, 동생은 엄마라고 믿어 문을 열고 말았다.

호랑이가 오누이를 잡아먹기 위해 덤볐다. 그 순간, 호랑이는 화롯불에 발을 데였고, 오누이는 창문을 열고 달아날 수 있었다. 오누이는 호랑이를 피해 나무 위로 올라갔다. 오누이를 쫓아간 호랑이는 나무 위로 올라가려 했지만 허리를 다쳐서 올라갈 수 없었다. 누이는 꾀를 냈다. "참기름을 바르고 올라왔지"라는 누이의 말에 호랑이는 참기름을 바르고 올랐지만 미끄러워 올라갈 수 없었다. 그 모습을 본 동생은 자기도 모르게 "도끼로 찍으면서 올라왔다"고 말을 했다. 동생의 말을 들은 호랑이는 도끼로 찍으며 나무를 올랐다. 오누이는 하늘을 향해 기도했다. "밧줄을 내려서 살려주세요." 그러자 정말 신기하게도 하늘에서 밧줄이 내려왔다. 오누이가 하늘로 올라가는 것을 본 호랑이도 기도했다. 곧 하늘에서 또 다른 밧줄이 내려왔다. 오누이는 밧줄을 타고 올라오는 호랑이를 보며 "호랑이를 물리쳐 주세요"라고 기도했다. 그러자 호랑이의 밧줄이 끊어지고, 호랑이는 하늘에서 떨어졌다. 오누이는 자신들의 기도를 들어준 하늘이 신기했다.

그때 장쇠가 웃으면서 밧줄을 타고 내려왔다. 사실 그 밧줄은 장쇠가 내려준 것이었다. 오누이의 엄마를 찾으러 나갔던 장쇠가 절벽에서 떨어진 오누이의 엄마를 만나 자초지종을 듣고 꾸민 일이었다. 장쇠는 오누이에게 "너희는 도끼를 들고도 범을 물리칠 생각을 하지 못했지. 급한 때일수록 겁먹지 말고 스스로 뚫고 나가야 한다"고 가르쳐주었다.

민중 사이에 전승되어온 설화와 비슷하게 전개되지만 결말에서 차이가 크게 벌어진다. 동아줄이 내려오기는 한다. 그리고 오누이는 살고 호랑이는 떨어져 죽는 것도 같다. 하지만 동아줄(밧줄)은 하늘에서 내려준 게 아니다. 오누이의 아랫마을에 사는 나무꾼 총각 장쇠가 줄을 내려 구해준 것이다.

장쇠는 오누이에게 '급할수록 하늘만 쳐다보지 말고 스스로 뚫고 나가야 한다'고 가르쳐준다. 전영선이 풀이하듯이 설화의 개작은 "남에게 의존하지 말고 자신의 일은 자기의 힘으로 해야 한다는 자주성을 강조한 것"이다. 개작을 이끈 것은 주체사상의 영향이라 할 수 있다.

하지만 어떨까. 당장은 합리적으로 보이지만 좀 더 살필 필요가 있다. 영화 〈오누이와 나무꾼〉에서 해와 달은 사라진다. 제목도 바꿨다. 그렇다면 〈오누이와 나무꾼〉의 오누이는 과연 '해와 달이 된 오누이'의 오누이보다 자주적일까. 그 답은 장쇠가 결정적 역할을 한 장면에서 찾을 수 있다. 동아줄을 내려준 주체가 '하느님'이 아니라 '이웃 마을 총각'이 되면, 자주성이 높아지는 걸까. 〈오누이와 나무꾼〉을 본 아이들은 오히려 어떤 상황마다 '장쇠'를 기다리지는 않을까. 〈오누이와 나무꾼〉과 '해와 달이 된 오누이' 가운데 어떤 작품이 우리에게 삶의 현실을 바꿔 나갈 힘을 줄 수 있을까.

설화 ④의 '하느님'과 '동아줄'에 대해 다른 접근과 풀이가 얼마든지 가능하다. 단군신화를 살피며 밝혔듯이 한국인은 오랜 세월 하느님을 숭앙해왔다. 기독교인들의 '하느님 또는 하나님'이 아니다. 기실 이슬람 신을 '알라'라고 부른다면 기독교 신은 '갓'이라고 불러야 옳다. 둘 다 아랍어와 영어에서 신을 이르는 말이다. 따라서 오누이가 하느님에게 기도한 것을 서양의 '갓'

에게 빌듯이 온전히 타력에 기댄 것으로 풀이하는 것은 적절하지 않다. 하느님에게 빌면서 정신을 가다듬고 슬기롭게 대처했다고 볼 수 있다.

누구나 짐작할 수 있듯이 호랑이가 도끼를 찍으며 나무로 올라오면 오누이들은 더 높은 곳으로 올라갔을 터다. 굶주리며 살았던 오누이의 몸무게는 더없이 가벼웠고 각각 다른 나뭇가지로 올라가며 살려달라고 기도하지 않았을까. '동아줄'은 우듬지로 뻗은 나뭇가지 또는 생명선의 상징이랄 수 있다.

느티나무를 비롯한 정자나무들은 우람하게 자라 여러 갈래로 가지를 높이 뻗는다. 나무 속이 꽉 찬 상태라 가지가 튼튼했지만 올라갈수록 호랑이에겐 무리다. 탐욕스러운 식성으로 본디 무게가 많이 나간 데다가 '어머니'까지 먹어치운 호랑이는 오누이의 전술에 말려든 꼴이다. 더구나 도끼로 찍으며 올라갈 때, 점점 굵기가 가늘어진 가지는 어느 순간 부러지게 마련이다. 평소에 나무에 올라가는 놀이도 즐겼을 법한 오누이가 자신보다 몸무게보다 몇 배나 많을 호랑이를 유인했다고 볼 수도 있다.

결국 오누이를 잡아먹겠다는 탐학으로 한껏 높은 가지까지 올라간 호랑이는 추락해서 밭을 붉게 물들이며 최후를 맞았다. 높은 나뭇가지까지 올라간 오빠와 누이는 마침내 호랑이에 이겨 밝게 웃었을 터다. 그 눈부신 얼굴은 해와 달처럼 빛나지 않았을까. 압도적인 힘을 지닌 권력의 질서에 순종하지 않고 슬기롭게 맞선 오누이의 심층에는 실천서사, 그것도 창조적 실천서사가 작동했다고 판단할 수 있다. 그 슬기로운 오누이가 해와 달이 되었다는 설화에서 우리는 한국인의 오랜 우주관을 읽을 수 있다.

일상에서 해와 달을 볼 때마다 설화를 소통한 한국인들의 가슴에는 권력의 수탈과 억압에서 벗어난 오누이의 슬기와 용기가 조용히 펴져갔을 성싶다. 아울러 '호랑이'에게 썩은 동아줄을 내려준 '하느님의 정의로움'에 대한 믿음과 더불어 새로운 세상을 꿈꾸는 소망이 알게 모르게 자라났을 가능성이 높다. 설화의 작품서사가 세세손손 숱한 한국인들의 자기서사와 사회서사에 깊숙이 파고들지 않았을까.

♦

탐학한 호랑이 잡은
호호백발 할멈

♦   설화에서 팥죽을 든 어머니는 순종서사가 깊은지라 호랑이에 속절없이 당했다. 지배 질서가 아직 내면화하지 않은 자녀들은 호랑이를 유인해 죽였지만, 순순히 따랐던 어머니의 죽음에 누구나 연민을 느꼈을 성싶다. 그래서일까.

민중들은 해와 달의 이야기에 머물지 않았다. 그 설화의 '자매편'이라 보아도 좋을 이야기를 소통해왔다. '팥죽할멈이 호랑이 잡은 이야기'가 그것이다.『한국구비문학대계』에 기록된 구전 설화는 다음과 같다.

옛날 옛적에 호호백발 할머니가 팥 밭에서 농사를 짓고 있었다. 이때 난데없이 뒷산 호랑이 한 마리가 내려와서 할머니를 잡아먹겠다고 했다. 그러자 할머니는,

"나는 자식도 없고, 영감도 잃어 혼자 사는 몸이니 죽어도 괜찮지만 금년에 지은 팥농사는 끝내고 팥죽도 쑤어 먹고 싶으니 그때까지만 참아다오."

이렇게 말하자 호랑이는 그러면 아무 날 저녁에 다시 올 테니 그런 줄 알라고 하며 그날은 그냥 산으로 올라갔다.

호랑이가 오기로 한 날 할머니는 가마솥에 팥죽을 가득 쑤어놓고 엉엉 울었다. 그때 달걀이 데굴데굴 굴러와서 할머니를 달랬다.

"할머니, 할머니, 왜 울지?"

"오늘 밤에 죽게 됐으니까 울지."

"팥죽 한 그릇 주면 내가 도와주지."

할머니가 팥죽 한 그릇 주자 달걀은 부엌 아궁이로 들어갔다. 또 엉엉 우니까 이번에는 자라와 송곳이 와서 왜 우냐고 물었다. 사정을 얘기하니 도와주겠다고 했다.

그다음에는 맷돌 짝이 굴러와 사정 얘기를 듣고,

"부엌 천장에 매달아줘요."

했다. 또 할머니가 울자 이번에는 멍석이 어정어정 걸어왔다.

"할머니, 할머니, 왜 울지?"

"오늘 밤에 죽게 됐으니까 울지."

"팥죽 한 그릇 주면 내가 도와주지."

할머니는 멍석에게 팥죽을 주고 부엌 천장에 매달아놓았다. 그다음엔 지게하고 가래가 도와주겠다고 해서 팥죽 한 그릇을 주고 대문간에 세워놓았다.

잠시 후 호랑이가 들어오자 할머니는 불을 훅 꺼버렸다.

"할머니, 내가 들어오는데 왜 불을 껐소?"

"내가 껐냐? 범 들어오는 바람에 꺼져버렸지."

호랑이가 불을 켜려고 불쏘시개를 갖고 아궁이 불에 댕기니 달걀이 튀면서 호랑이 눈에 불덩이처럼 박혔다. 함지박 물에 씻으려고 손을 넣으니까 이번에는 팥죽을 먹고 들어가 앉은 자라가 물고 늘어졌다. 이어서 맷돌 짝은 천정에서 머리 위로 떨어지고 송곳은 밑구멍을 찔렀다. 이번에는 놀래서 쓰러진 호랑이를 멍석이 들어오더니 뚜르르 말자 지게란 놈이 들어오더니 걸머지고는 갔다.

마지막으로 가래가 구덩이를 파고서 장사를 지냈다.

설화에 여러 변이가 있다. 할머니의 부엌 아궁이에서 호랑이의 눈을 '공격'하는 주체는 알밤, 달걀, 심지어 총알로 조금씩 다르다. 눈을 씻으려 물통에 다가갔을 때 호랑이 발을 깨무는 주체도 게, 자라로 나뉜다. 날파리가 할머니 방의 등잔불을 끄기도 하고, 송곳이 호랑이 등 또는 엉덩이를 찌른다. 호랑이를 넘어트리는 주체는 개똥이나 쇠똥이다. 호랑이 머리를 때리는 결정타는 맷돌 또는 절구통 몫이다. 마무리를 맡는 멍석과 지게는 모든 변이형에 등장한다.

'해와 달이 된 오누이' 설화에서 호랑이의 감언이설을 순순히 따르는 어머니는 없다. 그 설화를 분석할 때, 우리는 어머니가 팔을 떼 주면 팥죽을 더는 못 만든다며 팥죽 더 만들어줄 테니 그걸 다 먹고 나를 잡아먹어도 된다고 시간을 벌 수도 있지 않았을까 아쉬움을 나눈 바 있다. 그런데 '팥죽할멈이 호랑이 잡은 이야기'에서 할멈이 그런 지혜를 순발력 있게 발휘했다.

"나는 자식도 없고, 영감도 잃어 혼자 사는 몸이니 죽어도 괜찮지만 금년에 지은 팥농사는 끝내고 팥죽도 쑤어 먹고 싶으니 그때까지만 참아다오."

순종하는 척하면서 나름대로 충분한 시간을 벌었고 마침내 '보잘것없는 존재'들과 힘을 모아 통쾌한 승리를 거뒀다. '해와 달이 된 오누이' 설화와 이어서 상상한다면, '호랑이'에게 며느리를 잃고 손자와 손녀는 해와 달이 된 상황에서 또 다른 '호랑이'(탐학한 관리나 지주들)에게 더는 당하지 않고 통렬히 응징한 셈이다.

  '팥죽할멈이 호랑이 잡은 이야기'와 비슷한 설화가 지구촌에 퍼져 있는 현상도 흥미롭다. 아시아의 한국, 중국, 일본은 물론 서쪽으로 서남아시아, 발칸반도, 러시아·독일·이탈리아·스페인까지, 동쪽으로 몽골을 거쳐 베링해협을 건너 아메리카까지, 남쪽으로 수마트라·자바까지 퍼져 있다. 대표적으로 독일인들이 사랑하는 『그림 형제 민담집』에 실린 '코르베스 씨'를 읽어 보자.

  옛날에 어린 암탉과 수탉이 함께 여행을 떠났다. 수탉은 네 개의 빨간 바퀴를 가진 수레를 멋있게 만들고 그 앞에 작은 쥐 네 마리를 맸다. 수탉과 나란히 올라앉은 암탉이 수레를 몰고 나아갔다. 얼마가지 않아 고양이가 나타나 어디 가느냐고 물었다. 수탉이 "저 너머 코르베스 씨를 만나러 그 집에 간다"고 대답했다. 고양이가 자기도 데려가 달라는 말에 수탉이 말했다. "기꺼이! 뒤에 올라앉아. 앞으로 떨어지지 않도록 조심하고. 바퀴들아, 굴러라. 쥐들아 휘파람을 불어라. 저 너머 코르베스 집으로!"
  가는 길에 작은 맷돌, 달걀, 오리, 핀, 바늘이 차례대로 다가와 모두 수레에 올라타고 함께 나아갔다. 집에 도착했을 때 코르베스는 없었다. 쥐들은 수레를 헛간으로 밀어 넣고, 암탉은 수탉과 함께 횃대 위로 날아올랐다. 고양이는 벽난로 안에, 오리는 샘 막대에,

달걀은 손수건 속에, 핀은 의자 쿠션에, 바늘은 침대로 올라가 베개 가운데에, 맷돌은 문짝 위에 자리 잡았다. 이윽고 코르베스가 집으로 들어왔다. 벽난로에 불을 붙이려 할 때 고양이가 그의 얼굴에 재를 뿌렸다. 코르베스가 얼굴을 씻으려고 급히 부엌으로 들어가자 오리가 먼저 물을 뿌렸다. 코르베스가 손수건으로 닦으려 할 때 달걀이 깨지면서 눈에 달라붙었다. 황당한 코르베스가 의자에 앉는 순간에 핀이 찔렀다. 화가 잔뜩 난 코르베스가 침대에 몸을 던져 머리가 베개에 닿을 때 바늘이 찔렀다. 코르베스는 비명과 함께 집 밖으로 뛰어나가려 했다. 문을 여는 순간에 맷돌이 툭 떨어지며 그를 죽였다. 코르베스 씨는 정말로 나쁜 사람이었나 보다.

민담 전문이다. 잔혹하게 죽임을 당한 코르베스가 누구인지 전혀 나오지 않는다. 그렇기에 '해와 달이 된 오누이' 설화보다 문학성이 뛰어나다고 주장하는 한국인 연구자도 있다.

지나친 편견이다. 최소한 두 설화 모두 문학성이 돋보인다고 평가해야 옳다. 한국인은 설화에서 죽임을 당하는 대상을 인간 (코르베스 씨) 아닌 '호랑이'로 은유했다. 더구나 해와 달 이야기는 독일 민담에 나타나지도 않는다. '팥죽할멈이 호랑이 잡은 이야기'가 '해와 달이 된 오누이' 설화와 함께 소통될 때, 그 이야기를 듣는 이는 물론 들려주는 이들에게 '호랑이'가 무엇을 상징하는가는 자연스럽게 파악되지 않았을까.

『그림 형제 민담집』에는 아이들을 잡아먹기 위해 변장하는 이야기도 담겨 흥미롭다. 독일인들은 '그림 형제의 집'이라는 박물관을 세워놓을 만큼 두 형제가 기록한 이야기들을 사랑한다. 그 박물관 맨 앞자리에 자리한 이야기가 '늑대와 일곱 마리 아기 염소'다. 민담집에는 앞에서 다섯 번째 순서로 수록되어 있다. 현대 한국인들에게도 제법 잘 알려진 ─ 어쩌면 어린 시절에 '해와 달이 된 오누이'보다 더 많이 읽었을 ─ 이야기다. 한국 설화와 견주기 위해 내용을 간추려보자.

옛날에 엄마 염소와 7마리의 아기 염소가 살고 있었다. 어느 날 엄마가 숲으로 먹을 것을 구하러 가며 아기들에게 단단히 일렀다.

"돌아올 때까지 집 잘 보고 아무에게나 문 열어주지 마라. 특히 늑대를 조심해야 한단다. 늑대는 변장을 잘하거든. 하지만 목소리가 거칠고 쉬어 터졌어. 발도 시커멓기 때문에 너희가 금방 알아챌 수 있어. 늑대가 들어오면 너희들을 다 잡아먹을 테니 꼭 명심해."

엄마가 나간 뒤 과연 늑대가 찾아왔다. 늑대는 아기 염소들을 잡아먹으려고 엄마인 척했다.

"엄마 왔다. 어서 문 열어"

하지만 아기 염소들은 거칠고 쉰 목소리를 듣고 곧바로 엄마가 아님을 알아챘다.

"누가 속을 줄 알아? 우리 엄마 아니야! 우리 엄마 목소리는 얼마나 예쁜데? 목소리가 거칠고 쉬어 터진 걸 보니 늑대인 거야!"

아기 염소들이 속지 않자 늑대는 물러나 목소리를 곱게 고친 뒤 다시 문을 두드렸다. 하지만 시커먼 발을 들켰다. 아기들은 엄마 발은 하얗다고 말했다.

그러자 늑대는 물러나서 밀가루를 발라 발을 희게 만들고 다시 문을 두드렸다. 아기들은 엄마가 왔다고 속아 넘어가 문을 열었다. 늑대가 집 안에 들이닥치자 아기 염소들은 재빨리 숨었다. 하지만 늑대는 하나하나 찾아내 통째로 집어삼켰다. 벽시계 속으로 숨은 막내만 찾지 못했다. 늑대는 배가 불러 집에서 나와 풀밭에 있는 나무 아래서 낮잠을 잤다. 엄마 염소는 집에 돌아와 깜짝 놀랐다. 막내에게 무슨 일이 벌어졌는지를 들은 엄마는 늑대가 너무 배불러 멀리 가지 못했으리라는 생각에 집 주변을 찾았다. 드디어 나무 그늘 아래에서 곯아떨어진 늑대를 발견했다. 불룩한 배가 꿈틀거리는 것을 보고 엄마는 서둘렀다. 막내에게 집에 가서 가위와 실, 바늘을 가져오라고 말했다. 늑대의 배를 가위로 열어 아기 염소들을 모두 구하고 저마다 돌을 가져오라고 했다. 뱃속 가득 집어넣고는 재빨리 꿰맸다. 잠에서 깨어난 늑대는 뱃속이 무거웠지만 소화가 잘 안 되었나 싶었다. 물을 마시려 비틀대며 우물로 갔다. 물을 먹으려 몸을 기울이자 무거운 돌이 앞으로 쏠리며 늑대는 우물로 떨어져 익사했다. 멀리서 지켜보던 아기 염소들은 엄마와 함께 우물을 돌면서 즐겁게 춤추었다.

한국 설화에서 어린 오누이들이 문을 부수고 들어온 호랑이를 맞닥뜨렸을 때와 늑대 앞의 아기 염소 상황이 어금버금하다. 아기 염소들이 늑대에게 자신들이 문을 열어주지 않는 '비밀'을 알려주는 순진함도 그렇다. 오누이가 호랑이에게 자신들이 물속이 아니라 나무 위에 있다고 일러주듯이 아기 염소들은 고운 목소리, 하얀 발을 보면 문을 열어줄 수 있다는 '정보'를 건넨다.

독일인들이 '늑대와 일곱 마리 아기 염소'를 사랑하는 까닭도 짐작할 수 있다. 아기 염소들이 대부분 죽음을 맞았음에도―일곱 명의 자녀들 가운데 여섯 명이 늑대에게 먹혔음에도―결코 절망하며 주저앉지 않는 강인한 모성이 담겨 있다. 사나운 늑대를 찾아가는 엄마 염소의 모습은 용기가 넘친다. 아기들을 살려낼 수 있다는 희망을 잃지 않았기 때문이다.

엄마는 아기들을 살리려면 시간이 관건이라고 판단했을 법하다. 실제로 늑대를 서둘러 찾아 아기 염소들이 뱃속에서 아직 꿈틀대고 있음을 발견한다. 더욱이 엄마 염소는 늑대와의 싸움에 아기들을 동참시킨다. 막내에겐 가위와 바늘을 가져오라 하고, 뱃속에서 구출된 아기 염소들에겐 곧바로 돌들을 주워 오라고 재촉한다. 늑대를 없애는 과정에 동참한 아기 염소들은 자신감을 얻었을 터다. 엄마가 심층에 지니고 있던 실천적 사회서사를 아기들에게 심어주는 효과를 기대할 수 있다.

'해와 달이 된 오누이'와 달리 '늑대와 일곱 마리 아기 염소'

에서 '엄마'의 모습은 차이가 크다. 순종서사를 내면에 지녔던 오누이의 엄마는 죽음을 맞았다. 더구나 독일 민담에는 해와 달이 등장하지 않는다. 그 차이는 어디서 왔을까. 독일과 한국의 문화적 차이, 그것을 낳은 정치적 차이가 크지 않을까. 그림 형제가 민담을 모아 책으로 낸 19세기 독일의 국력은 같은 시기 조선과 차이가 컸다. 주변 나라들과의 관계도 달랐다. 비록 나폴레옹 전쟁을 겪었지만 유럽의 왕국들 사이엔 어느 정도 힘의 균형이 있었으며, 프로이센을 중심으로 강력한 독일제국이 형성되는 과정이었다. 하지만 조선은 달랐다. 단군 조선이 '호랑이 유형'의 이웃 나라에 침략당했듯이 끊임없는 외침에 시달려야 했다. 지배 세력은 강력한 외세의 눈치를 살피며 사대주의로 흘러갔지만 민중들은 달랐다. 한국 철학사의 겉물결과 밑물결이 다른 이치와 같다. 특히 임진왜란과 병자호란을 겪으며 민중들은 왕과 양반계급이 자신들을 보호해줄 수 없음을 뼈저리게 깨달았다.

그 차이는 21세기인 지금도 크게 달라지시 않았다. 독일은 사회적 시장경제로 복지국가를 이루고 있는 반면에 한국의 복지 상황은 자살률 선두와 출산율 꼴찌의 통계가 참담히 증언하듯 열악하다. '어머니'의 도움보다 '오누이' 스스로 슬기와 용기로 상황을 헤쳐 나가야 한다. 그 진실을 일깨워주기 위해 한국의 민중들은 오래전부터 해와 달에 그 교훈을 아로새겼다. '늑대와 일곱 마리 아기 염소'보다 '해와 달이 된 오누이'가 한국인에게 여전히 더 소통되어야 할 까닭은 21세기를 살고 있는 '오누이'를 위해서다.

'해와 달이 된 오누이' 설화와 '팥죽할멈이 호랑이 잡은 이야기'를 연관 지을 수 있다면—가령 후자를 전자의 속편으로 이해한다면—우리는 민중의 서사 변화를 발견할 수 있다. 전편의 비극을 설화로 소통한 한국인들은 해와 달을 일상적으로 바라보며 굴종적 순종서사에서 벗어나 창조적 실천서사를 지닐 수 있게 되었고, 그 서사 변화를 작품으로 만들어 소통에 나섰다고 볼 수 있다.

뼈 빠지게 농사지은 팥과 할머니의 목숨을 빼앗으려는 호랑이는 탐욕스러운 권력자를 상징하고, 이에 맞서 할머니를 구해내는 동물과 물건들은 약자와 민중을 상징한다. 이 설화는 아무리 보잘것없고 약한 존재라도 지혜를 모으고 힘을 합치면 어떤 어려움도 해결할 수 있다는 교훈을 준다.

한국 설화에서 맷돌을 비롯한 팥죽할머니의 '무기'들은 모두 할머니의 일상생활에서 사랑을 듬뿍 받았던 존재들이다. 해와 달과 함께 낮과 밤을 보내며 한국인들은 권력의 횡포에 순종하는 서사에서 벗어나 자기 주변의 '무지렁이'들을 모아냄으로써 '호랑이'에 당당히 맞서는 이야기를 창작하고 소통해왔다. 그 심층의 서사가 19세기를 '민란의 시대'로 규정하게끔 만들었고,

20세기 독립과 민주화 투쟁을 거쳐 21세기인 지금도 '촛불'로 타오른다고 볼 수 있다.

유럽인·중국인·일본인의
해와 달 신화

그리스·로마 신화에서 해와 달은 근친상간과 '불륜'으로 얼룩져 있다. 하늘의 신 우라노스와 땅의 여신 가이아 사이에서 태어난 딸 테이아는 오누이 사이인 히페리온과 결혼한다. 근친상간으로 태어난 헬리오스가 해의 남신, 셀레네가 달의 여신이다. 그리스·로마 신화에서도 해와 달은 오누이 사이라 흥미롭다.

신화가 전승되면서 헬리오스와 셀레네는 각각 아폴론과 아르테미스로 대체된다. 그런데 둘은 바람둥이 제우스의 첫 외도 상대인 레토 사이에 태어난 쌍둥이다. 유럽에서 해와 달은 금기를 넘어선 남녀의 성애를 표현한다고 볼 수 있겠다. 서양 문명의 특성을 신화에서 엿볼 수 있다면 지나친 비약일까.

중국 신화에는 천지를 창조하는 거인 반고가 등장한다. 반고는 하늘과 땅, 양기와 음기 들이 뒤엉켜 있던 커다란 알 속에서 생겨나는데 깊은 잠에 빠져 1만 8000년이 지나서야 깨어난다. 반고는 주변이

캄캄한 어둠임을 알아채고 손바닥으로 암흑을 내리친다. 그러자 알껍질이 깨지고 천만년이나 지속되었던 혼돈과 암흑이 마구 휘돈다. 가볍고 푸른 물질이 서서히 올라가 널리 퍼지며 푸른 하늘이 되었다. 반면에 무겁고 혼탁한 물질은 아래로 가라앉으며 딱딱한 땅이 되었다. 반고는 하늘과 땅이 다시 하나가 될 수 없도록 손바닥으로 하늘을 밀어내고 두 발로 땅을 디디며 날마다 키가 자라게 했다. 하늘은 반고가 살아 있는 동안 점점 높아갔다.

반고가 죽은 뒤 그의 몸이 하늘과 땅 사이의 만물이 된다. 반고의 왼쪽 눈은 해, 오른쪽 눈은 달이 되었고 머리털과 수염은 별이 되었다. 목소리는 벼락, 몸은 산, 피는 강과 하천, 근육은 길, 살은 논밭, 피부는 나무와 풀이 되었다.

일본 신화에는 천상계에서 혼돈의 바다를 내려다보던 세 신령이 등장한다. 그들은 세상을 창조하고자 남신과 여신을 만들었다. 남신 이자나기가 신령에게 받은 창으로 혼돈의 바다를 휘젓다가 꺼냈다. 창끝에 묻은 소금물 몇 방울이 떨어져 섬이 되었다. 그 섬에서 이자나기가 여신인 이자나미와 결혼해 큰 섬들을 낳으며 일본 국토를 만들었다.

그런데 이자나기와 이자나미는 오누이다. 불의 신을 낳다가 이자나미가 죽자 이자나기는 저승까지 찾아간다. 어둠 속에서 만난 이자나미는 돌아가기 어렵지만 그래도 신들과 의논해보겠다며 그때까지는 절대로 자기 모습을 보아서는 안 된다고 당부했다. 하지만 기다림에 지친 이자나기는 불을 밝혀 아내이자 여동생을 보았다. 온몸이 썩고 구더기들이 득실거렸다. 놀란 이자나기는 도망친다. 화가 치민 이자나미가 약속을 어긴 남편(남편이자 오빠)을 추격한다. 저승의 문턱에서 이자나기는 천 명이 들 수 있는 바위로 저승의 입구를 가까스로 막을 수 있었다. 그러자 이자나미는 바위 안쪽에서 "하루에 천 명을 죽이겠노라"라고 외친다. 이자나기는 "나는 하루에 천오백 명을 태어나게 하겠노라"고 응수했다. 결국 이자나기와 이자나미는 이혼한다. 이자나기는 저승에서 더러운 것을 접했다며 몸을 씻는다. 왼쪽 눈을 씻을 때 아마테라스 오미카미天照大神라는 해의 여신이, 오른쪽 눈을 씻을 때 츠쿠요미 노미코토月讀命라는 달의 신이 생겨났다.

일본 민담에는 아이들이 별이 되었다는 이야기가 드물게 전승되고 있는데 거기에도 호랑이는 등장하지 않고 탐학스런 모습도 나타나지 않는다. 다만 '산할머니山姥'(깊은 산속에 살고 있다는 마귀 할멈)가 어머니에 이어 아이들을 잡아먹는다는 설정이 있을 뿐이다.

유럽인, 중국인, 일본인의 해와 달 신화와 한국인의 그것이 사뭇 다르다는 사실을 새삼 확인할 수 있다. 한국의 해와 달에는 다른 나라와 달리 사회 현실에 비판 의식과 새로운 세상의 열망이 담겨 있다. 단군신화와 같은 맥락이다.

그런데 현대에 들어와 한국인이 정작 설화를 훼손한 사실도 있어 씁쓸하다. 1922년 일본어로 활자화된 주요섭의 「해와 달」에서는 호랑이의 잔인성이 삭제되었다. 교육적 측면이 고려되었다고 평가하는 학자도 있지만, 호랑이가 탐학스런 권력을 상징한다고 볼 때 설화의 고갱이를 놓친 셈이다. 일제강점기에 발표했기에 더 그렇다.

한국의 '해와 달' 이야기는 오랜 세월에 걸쳐 설화를 듣는 어린이는 물론 들려주는 어른들의 사회서사를 적잖이 바꿨으리라 판단할 수 있다. 한국인의 설화에서 '호랑이'를 슬기롭게 물리친 오누이는 각각 낮과 밤을 밝히는 우주적 존재가 되었다. 동아시아 세 나라 가운데 유독 현대 한국인이 중국인이나 일본인보다 더 권력에 비판적인 모습이 나타나는 현상도 그 서사적 차이에서 찾을 수 있지 않을까.

4장

◆

홀로 싸운

'효자 호랑이'의
비극

◆

◆

한국인 만날 때마다
호랑이 물어본 루쉰

◆   세계 어느 나라보다 한국 설화에 등장
하는 호랑이 모습은 다채롭다. 중국의 대표적 작가 루쉰魯迅
(1881~1936)이 한국인을 만날 때마다 호랑이 이야기를 듣고 싶어
했을 정도다. 아시아 대륙의 거의 모든 나라에서 호랑이는 흉악
한 포식자 이미지를 갖고 있을 뿐이지만, 한국의 민중 사이에 소
통된 여러 설화에서 호랑이는 '강하고 횡포하여 사람들의 오금
을 저리게 하는 동물'이면서도 종종 '산신의 사자使者'가 된다.

호랑이를 두려움과 존경의 대상으로 신성시하는 감정을 넘
어 민중 정서가 듬뿍 담긴 이야기도 있다. 가령 '까치 호랑이'나
'호랑이와 곶감'에서 호랑이는 어리석고 힘도 없다. 기실 한국
에서 호랑이는 단군신화에서부터 이미 단순한 포식자가 아니
다. 사람이 되겠다는 소망을 지녔던 존재, 하지만 곰과 달리 끝
내 그 꿈을 이루지 못한 존재가 호랑이다. 그래서 속정 깊은 민

중들 사이에 호랑이 이야기가 무장 소통되었을 수 있다.

민중의 사랑을 받은 호랑이 설화 가운데 '효자 호랑이'가 등장하는 이야기 두 편이 널리 소통되어왔다. '호랑이로 변한 남편'과 '효자가 된 호랑이 형님'이 그것이다. 두 설화를 아울러 '효자 호랑이 설화'라 한다. 먼저 '호랑이로 변한 남편' 설화는 다음과 같다(단락에 붙은 번호는 분석을 위해 덧붙였다).

① 옛날 한 효자가 살았다. 그는 어머니가 병이 들자 밤낮으로 치성을 드린다.

② 어느 날 개의 간을 먹어야 어머니의 병이 낫는다는 말을 듣고서 호랑이로 둔갑할 수 있는 주문이 적힌 책을 얻는다.

③ 이후 그는 날마다 책을 읽고 호랑이로 변신하여 개를 잡아 그 간을 어머니께 드린다.

④ 무서운 호랑이로 변신하는 남편을 본 부인은 그 모습이 보기 싫어 책을 아궁이에 넣어 불살라버린다. 주문 책을 더는 볼 수 없게 된 아들은 사람으로 변신하지 못하게 된다. 호랑이가 된 효자는 마을의 산과 들로 다니는데, 그를 아는 사람이 "황 선생, 어디 가는가?"라고 하면 고개만 끄덕끄덕한다.

⑤ 그렇게 마을 사람을 만나면 눈만 끔벅하다가 산으로 올라가곤 한다. 세월이 많이 흐르고 그도 죽었는지 더는 나타나지 않았다.

현재 가장 많이 펴져 있는 이야기를 통해 분석하고자『한국구비문학대계』에 실리고『한국민속대백과사전』에 간결하게 소개되어 소통되고 있는 설화를 대상으로 삼았다. 설화의 내용 분석에 앞서 국문학자들이 지금까지 어떻게 연구했는가를 간략히 짚어보자. 김영희를 비롯해 대부분의 연구자들은 '맹목적인 효도'와 '소외된 아내'에 집중했다. 인간으로서 존엄성을 상실한 효자, 남편과 아내의 '성 갈등'으로 풀이하는 연구들이 그것이다. 아내의 행동이 '혼란을 정돈하고 질서를 새로이 정비하는 것'이라는 점에서 탈주의 가능성을 내포한 서사'로 보아 두남두는 연구도 있다.

사회적 맥락에서 분석한 선행 연구도 있다. 김종대는 효자 호랑이 설화를 충남과 전북 지역에선 모두 '황팔도 설화'라 부른다며 황팔도黃八道를 갑오농민전쟁의 상징적 인물로 풀이했다. 조선왕조의 통치 계급과 일본군의 잔인한 탄압으로 농민전쟁의 실상을 이야기하기 어려웠던 상황에서 '황팔도 설화'가 소통되었다는 분석이다. 설화를 "고도의 상징성을 부여한 시대 환경의 반영물"로 본 의미 있는 해석이지만 설화와 갑오농민전쟁의 관계를 뚜렷한 근거 없이 직접적으로 연관 지었다.

설화에 대한 선행 연구들의 다양함에 보태어 효자 호랑이 설화에 담긴 사회서사를 탐색하면 새로운 의미를 발견할 수 있다. 곧 자세히 논의하겠지만 '효자가 된 호랑이 형님'을 '호랑이로 변한 남편'의 후일담으로 볼 수 있기에 더 그렇다. 두 설화 가운데 '호랑이로 변한 남편' 중심으로 사회서사를 살피는 까닭이다.

인간은 끊임없이 사람들과 관계를 맺으며 살아가고 그 과정에서 '새로운 이야기와 실천을 해가는 존재'이기에 자신의 사회서사에 성찰이 필요하다. 민중들이 소통하며 갈무리해온 설화의 심층에는 삶과 세상의 쟁점이 압축적으로 서사화되어 있다. 그럼 효자 호랑이 설화가 오늘을 살아가는 우리에게 어떤 성찰을 줄 수 있는지 그 심층을 짚어보자.

♦

밤마다 호랑이로 변하는
남편의 정체

♦　　　　　　　　　　설화 '호랑이로 변한 남편'에는 여러 변이가 있다. '호랑이 황팔도'를 비롯해 전국에서 구전되어온 설화이지만 주된 전승지는 충청도 지역이다.

설화는 ①에서 명토 박듯이 어머니가 병이 든 사건으로 시작한다. 아들은 밤낮으로 치성을 드릴 만큼 효자다. 그런데 어머니는 그냥 병이 든 것이 아니다. 설화의 많은 변이형에서 어머니와 아들은 몹시 가난한 상황으로 나타난다. 대표적으로 충남

예산에서 채록된 '황팔도 호랑이'에선 어머니의 병을 이렇게 구술하고 있다.

> 이것은 저 보령 얘기가 되겠습니다. 인저 보령에, 보령 저 청라에, 이조 중엽쯤에서 황팔도라는 사람이 살았대요. 황팔도. 근디, 그 사람이 가난해서 참 어렵게 사는데, 어머니가 병이 드셨거든. 그래서 워치게 뭐 헐 도리는 없구, 돈은 없구 그러니까는, 몸속으루 지성드리는 수배끼 없잖어요. 그러니까 저 청나 가면은 오수산(오서산)이라는 디가 있구, 그 월정사 위서 쪼금 더 올러가면 구례라는 디가 있어요. 거기를 올러 대니면서 백일기도를 드렸더나 봐요.

여러 변이에서 교차 확인할 수 있듯이 호랑이로 변한 남편 이야기는 "가난해서 참 어렵게 사는" 집에 어머니가 병이 든 상황으로 출발한다. 가난하기에 한의원에 가볼 수도 약을 마련할 수도 없어 애오라지 할 수 있는 것은 "몸속으루 지성드리는 수배끼 없"었던 것이다.

설화 ②에서 아들은 치성을 드리던 어느 날 '개의 간을 먹어야 어머니의 병이 낫는다'는 말을 듣는다. 여기서 우리는 어머니의 병이 가난으로 인한 영양 부족에서 비롯된 것임을 파악할 수 있다. 기실 영양 부족은 면역력 저하와 발병으로 이어지게 마련이다. 하지만 가난한 아들은 개의 간을 구할 방법이 없다. 고심하던 그에게 호랑이로 둔갑할 수 있는 주문이 적힌 책이 나타난다. 이 대목을 '황팔도 호랑이'를 구술한 민중에게 귀 기울여 보자.

> 그런데 하룻저녁은 꿈을 꾸니까, 느이 어머니는 개 간을, 백 마리의 개 간을 먹으야 낫는다, 그러면서 너는 돈은 없을 티니 내가 한 가지 비법을 일러주는데, 넘이 알었다는 큰일이다, 그러니까 아무두 몰르게 행해봐라, 그런 꿈을 꾸구서, 아 워치게 눈을 떠서 워치게 일어나 보니께, 책 한 권이 있시유.

구술 내용은 물론 다른 변이형 설화에서도 '가난한 아들'과 함께 '백 마리의 개 간' 이야기가 나온다. 그만큼 어머니의 영양 부족이 컸음을 의미한다. 효자인 아들로서는 어떻게 해서든 죽어가는 어머니를 살려야겠다는 생각을 자연스럽게 할 수 있다.

설화는 ③에서 아들은 날마다 책을 읽고 호랑이로 변신하여 개를 잡아 그 간을 어머니께 드린다. 그 책과 주문의 내용이 무엇인지는 어떤 변이형 설화에서도 찾아볼 수 없다. 그래서 동학의 주문을 떠올릴 수도 있겠지만, 딱히 그렇다고 할 근거는 보이지 않는다. 그 가능성을 열어두되 더 폭을 넓혀 민중을 각성케 하거나 지적인 자극을 준 책이라고 풀이하는 것이 더 설득력 있을 성싶다.

설화가 소통되던 조선 후기에는 양반계급을 풍자하거나 개혁안을 제시한 실학자들의 책이 나돌았다. 실학자들이 쓴 책들은 한문이라 민중이 읽기 어려웠다면 이미 17세기에 나온 『홍길동전』을 비롯해 양반계급을 통렬히 비판한 판소리 소설들이 방각본으로 출간된 사실을 떠올릴 수 있다. 19세기 후반에는 개벽 사상을 제시한 동학의 경전이 등장했다.

'호랑이로 변한 남편'의 다른 변이형 설화에서는 책 또는 부적을 준 사람이 "효자의 정성에 감동한 지나가던 중"으로 설정했다. 억불숭유 정책을 편 조선왕조 시대에 승려는 천대받는 존재였다는 사실, 억압받던 민중들과 공감할 수 있는 '지식인'이었다는 사실을 상기할 수 있다.

④에서 비극이 일어난다. 무서운 호랑이로 변신하는 남편을 본 아내가 책을 불살라버려 다시 사람으로 돌아올 수 없게 되었기 때문이다. 한국학중앙연구원의 『한국민족문화대백과』에 '호랑이로 변한 남편' 제목으로 실려 있는 설화는 '100번째 개'를 언급함으로써 더 극적이다.

개 100마리를 잡아먹으면 병이 낫는다고 하면서, 개를 많이 잡을 수 있도록 호랑이로 변신하였다가 다시 사람으로 되돌아오게 하는 방법이 적힌 부적을 주고 갔다. 효자가 100번째 개를 잡으러 나가기 위하여 호랑이로 변신하는 것을 본 아내는 너무나 무서워서 그 부적을 없애버렸다.

호랑이가 된 남편은 결국 ⑤에서 산으로 올라간다. 세월이 흘러 더는 나타나지 않았다. 이와 관련해 '황팔도 호랑이' 구연자는 다음과 같이 구술했다.

그러구서 청남면 장연리라는 부락(마을)엘 가며는 4개 구루 노나져 있었거든요. 그런디, 일부는 장전리구. 청라면 장현리 내에, 울띠가 있구, 장전리 있구, 우스고개가 있고, 삼거리가 있고 그래요. 그런데 황팔도라는 사람이 울띠에서 살았거든. 낭중이서야 인저 그 뒷사람이 그걸 알구서 눈물을 흘렸다구 그래서 울띠. 그 부모 살릴라구 그 노력허다가 자기가 죽은 것을, 그렇기 생각헐 적이 그것을 울띠라 그러고. 한 사람은 그 소리를 듣구서 츰이는(처음에는) 슬펐는디, 가민서 생각을 허니께, 어머니 살리는 디는 효도는 딜지 모르나 도덕면이루 그거 넘의 집 재산을 훔쳐다 부모를 살린다는 게 과연 그게 효도는 될지 모르나 도의에는 맞는 얘기냐. 그렇게 생각을 허구서 거기서 껄껄 웃었다는 기유. 그래서 우스고개여. 하하하하. 그리서 울띠허구 우스고개허구는 붙었대요.

'우스고개'와 '울띠'가 붙어 있다는 구술에서 21세기 청년들 사이에서 '웃프다'는 말이 폭넓게 소통되고 있는 현실이 겹친다면 지나친 연상일까. 찬찬히 짚을 문제는 구술 내용 가운데 "넘의 집 재산을 훔쳐다 부모를 살린다는 게 과연 그게 효도는 될지 모르나 도의에는 맞는 얘기냐"라는 대목이다. 설화의 도덕성을 묻는 질문은 '호랑이로 변한 남편'을 연구한 논문들에서도 일부 나타난다.

하지만 '호랑이로 변한 남편' 설화를 도덕적 기준으로 풀이하는 분석은 한계가 뚜렷하다. 무엇보다 설화가 소통되던 시대에 실존했던 활빈당을 떠올릴 필요가 있다. 활빈당은 허균의 『홍길동전』에 나오는 의적단 이름이다. 『홍길동전』을 쓴 허균이 상상한 활빈당은 실제로 300여 년이 지나 현실로 나타났다. 이를테면 1885년 3월 6일의 『고종실록』 기사를 보면 호남 지방에서 활빈당이 큰 규모로 조직적 활동을 벌이고 있었다.

활빈당의 투쟁 강령에는 지주제 철폐, 가혹한 세금의 폐지가 들어 있다. 정부는 오가작통법五家作統法을 강화할 정도로 이들의 활동에 예민하게 반응했다. '가난한 사람을 살려내는 무리'라는 뜻을 지닌 의적이었으나 벼슬아치와 같은 양반 지배층이나 지주들이 보기에는 도적 떼에 지나지 않았다. 조선의 농민들은 19세기 중반부터 늘어난 화적당과 결합하여 전국 규모의 활빈당으로 성장했다.

눈여겨볼 지점은 활빈당 조직이 대체로 상하 조직원들끼리만 연결되고 횡적으로는 알 수 없는 일종의 비밀 조직이었다는 사실이다. 마을에 살더라도 자신이 활빈당 소속임을 숨겼다는 뜻이다. 동학은 물론 그 영향을 받은 신흥 종교들도 최소한 초기에는 비밀리에 활동할 수밖에 없었다.

채록된 '황팔도 호랑이'의 구연자가 "8·15 해방 될 때 어른들로부터 들었다"는 회고에서 알 수 있듯이 설화가 일제강점기에도 활발하게 소통된 사실을 새겨볼 필요가 있다. 일제가 조선 민족의 문화적 상징물을 제거하고 산간에 은신하고 있는 조선인들을 파악할 셈으로 '호랑이 사냥꾼'들을 조직해 전국 곳곳에 파견했기 때문이다.

설화가 민중 사이에 폭넓게 소통된 사회적 맥락을 살필 때 이야기의 의미는 한층 깊어질 수 있다. 도적이지만 의적인 이야기를 통해 당대 사회의 모순을 폭로하고 공유하는 민중의 슬기를 읽을 수 있기에 더 그렇다.

♦

호랑이 남편과
아내의 서사 충돌

♦　　　　　　　　사회서사 이론으로 '호랑이로 변한 남편'의 설화를 분석할 때 우리는 비극의 실체를 새로운 차원에서

파악할 수 있다. 먼저 남편의 사회서사부터 살펴보자. 남편은 병든 어머니가 가난과 영양실조로 죽어가는 모습을 그대로 받아들이지 않는다. "개의 간을 먹어야 어머니의 병이 낫는다는 말을 듣고서 호랑이로 둔갑할 수 있는 주문이 적힌 책을 얻는다"는 대목을 새겨보자.

많은 이들이 비슷한 곤경에서 자포자기하며 살아갔을 터인데 주인공은 다르다. 그 차이—사회서사의 차이—가 바로 설화의 출발점이다. 어머니를 살릴 방안을 찾던 중에 개고기를 어머니에게 먹이면 낫는다는 말을 듣고 과감하게 행동에 나서는 모습에서 그의 심층에 자리한 실천서사를 발견할 수 있다.

주문이 적힌 책이라 해서 낮춰 여긴다면 섣부른 판단이다. 조선 후기에 '주문'이란 말은 폭넓게 쓰였다. 가령 한국 철학을 연구한 한자경이 분석했듯이 동학혁명의 민중들은 "기도 염력과 주문이 자연의 물리적 질서를 넘어서서 그 영적 작용력을 가질 수 있다는 것을 믿었으며, 그런 조화의 힘이 개인적 삶을 넘어 사회 전반에도 미칠 수 있다고 생각"했다. 동학혁명 시기에 퍼진 주문은 동학인들이 자신을 수련하는 기도문이었다.

여기서 병든 어머니를 양반계급의 신분제 질서 아래에서 고통받는 민중으로 볼 때 설화의 의미는 한결 새롭게 다가올 수 있다. 민중의 고통은 이미 조선 후기에 정약용의 글로 학계 안팎에 잘 알려져 있다. 자식을 낳으면 세금을 더 내야 하기에 '양물'을 자른 남편 앞에서 통곡하는 젊은 아낙을 그린 시 「애절양哀絶陽」이 그것이다. 아무도 민생의 고통을 해결해주지 않는다는 기록도 황현黃玹(1855~1910)의 『매천야록梅泉野錄』에서 확인할 수 있다.

"각 읍마다 징수된 양은 동일하지 않았다. 그것은 오직 관리들이 조종한 것에만 의존하고 있었기 때문이다. 이에 결세結稅 및 호세戶稅는 해가 거듭될수록 그 수량이 가중되어 백성들은 울부짖으며 죽기를 기원하였다. 그러나 누구 하나 그 일을 해결해주는 사람이 없었다."

민중에게 희망이 도통 없던 시대에 이야기 들머리의 '병든 어머니'는 설화의 송신자나 수신자들 모두에게 자신의 상황과 어금버금해 감정이입으로 이어졌을 개연성이 높다. '모국母國'이라는 말도 있듯이 국내외의 많은 문학작품에서 어머니는 '민중'을 은유해왔다. 사회 구성원 대다수인 민중들에게 어머니는 수난의 상징이었다. 대표적으로 막심 고리키의 소설 『어머니』를 꼽을 수 있다. 소설에서 주인공으로 등장하는 어머니는 이렇게 말한다.

> 그렇다면 왜 살았던가? 매질…노동…남편 말고는 아무것도 보이지 않고, 두려움 외에는 그 어느 것도 아는 게 없었어. 그러다 보니 빠샤(아들 이름)가 어떻게 커가는지도 보지 못했거니와 남편이

살아 있을 때 내가 아들을 사랑했는지 어쨌는지도 알 수 없었다네! 나의 모든 관심, 나의 모든 생각은 오로지 한 가지에 대한 것뿐이었지. 짐승만도 못한 이 몸뚱어리의 배를 채우는 일과 남편의 기분이 상하지 않도록, 매질로 윽박지르지 않도록, 그리고 단 한 번만이라도 날 가련하게 생각해주도록 남편의 비위를 맞춰주는 일뿐이었어.

비슷한 시대에 러시아와 조선에서 각각 널리 소통되었을 고리키의 어머니와 설화의 이미니는 다르지 않을 터다. 조선 후기와 일제강점기에 걸쳐 가난한 민중들의 삶은, 특히 살림을 도맡은 여성들에게 인생은, 참으로 힘겨울 수밖에 없었다. 그런 가족 속에서 어머니의 눈물을 지켜보며 자란 아들에게 어머니의 병든 모습은 참아내기 어려웠을 성싶다. 효심은 누구 못지않게 강하지만 아무런 실질적 도움도 줄 수 없을 때 고통은 증폭되기 마련이다. 그래서 아들은 온 정성을 다해 '백일기도'를 올리지만 기도로 '어머니의 병'을, '민중의 고통'을 해결할 수는 없다.

설화의 주인공은 굶주리고 병든 민중, 영양실조로 죽어가는 민중에게 고기를 건네려고 행동에 나선 사람을 상징한다. 여기서 왜 하필 개고기인가라는 의문이 들 수 있다. 그 사회적 맥락을 두 가지로 풀이할 수 있다.

첫째, 조선 시대에 개고기는 건강을 지키는 것은 물론 생명을 연장하는 음식으로 널리 알려져 있었다. 다름 아닌 정약용의 글에서 확인할 수 있다. 다산은 형 약전若銓과 떨어진 유배지에서 귀양 생활을 할 때 형의 건강을 염려하기도 했다. 육식을 못하는 형이 걱정되었던 정약용은 1811년(순조 11년) 겨울, 흑산도에 유배된 약전에게 개고기를 먹을 것을 권유하는 편지를 보냈다. 개를 잡는 방법까지 구체적으로 적은 뒤 개고기를 곧장 '생명의 연장' 수단으로 표현하고 있다. 다산은 유배지에서 살아남기 위해 개고기를 적극적으로 먹었고 형에게도 "제가 거기에 있다면 5일에 한 마리씩 삶는 것을 결코 빠뜨리지 않겠다"며 적극 권했다.

둘째, 유배된 지식인과 민중에게 생명을 연장할 방편이던 개고기는 권세 있고 부유한 양반계급 사이에선 '뇌물'의 방편이었다. 사대부 양반들 사이에 '개고기 사랑'이 각별했기 때문이다. 심지어 개고기를 즐긴 강원 감사 유석은 가장(여름에 즐기는 개고기 요리 풍습 혹은 개고기 요리)을 즐기다가 제 입에 맞지 않는다고 요리사를 때려죽일 정도였다. 심상규는 연경에까지 가서 개장국을 지독하게 즐겨 사람들 입방아에 올랐다. 무엇보다 중종 때 권세를 누리던 김안로가 개고기를 좋아하는 사실을 알고 매일같이 개고기구이를 뇌물로 준 진복창, 이팽수가 높은 관직을 얻었다는 기록이 있다. 개고기 요리를 접대하며 벼슬을 청탁하면 누구에게든 벼슬자리를 줬던 김안로의 사례는 조선의 지배계급이 유학의 명분 뒤에서 얼마나 제 잇속 챙기기에 골몰했는가를 드러내준다.

설화가 사람들 사이에 소통되던 시대의 사회상을 살필 때 우리는 설화의 주인공을 부유한 양반계급이 즐겨 먹는 개고기를 빼앗아 민중에게 나눠 주는 사람으로 추정할 수 있다. 개인적 차원에서 보더라도 가난한 아들이 순종서사를 지닌 사람들처럼 자포자기 상태였다면, 귀결은 분명하다. 어머니의 건강이 영양실조로 더 나빠져 이른 죽음을 맞는 것은 필연이다. 그렇다면 '호랑이로 변한 남편(또는 아들)'을 긍정적으로 볼 수 있다. 실학자 박지원이 「호질虎叱」에서 성리학자를 '더러운 선비'로 꾸짖는 호랑이를 통해 유학자의 위선과 이중인격을 통렬히 비판한 서사를 떠올릴 수도 있다.

설화에서 주목할 대목은 호랑이로 변할 때 '책'이 매개가 되었다는 점이다. 책을 읽고 호랑이로 변했다는 뜻은 심층의 실천서사가 발현되어 변혁운동에 나섰다는 뜻으로 풀이할 수 있다. 단순한 도둑이 책을 읽고 훔치는 행동에 나서지는 않기 때문이다.

조선은 1800년대에 들어서면서 홍경래 봉기에 이어 삼남 지방에서 민중 봉기가 끊임없이 일어났다. 마침내 1890년대에 동학혁명을 맞았고 의병 운동이 벌어졌다. 국사학계가 보수와 진보를 떠나 19세기를 '민란의 세기'로 규정하는 데 이견이 없는 까닭이다.

설화의 '병든 어머니를 둔 가난한 아들'에서 100여 년에 걸쳐 골골샅샅 일어난 봉기에 가담한 민중을 그려볼 수 있다. 낮에는 관의 감시를 피해 은신하고 밤에 은밀히 활동에 나서지 않았을까. 그들을 체포하려는 관군에게 걸려들 때 자칫 멸족까지 당할 수 있기에 비밀스럽게 움직였을 가능성이 높다. 설화에서 밤에만 호랑이로 나타난 까닭이다.

하지만 다름 아닌 주인공의 아내가 활빈당이나 민중 봉기에 남몰래 참여해온 남편의 정체를 파악하면서 문제가 불거졌다. 설화에서 아내를 어리석은 사람으로 규정하고 책임을 묻는 것은 적실한 해석이 아니다. 아내는 나름대로 상황을 면밀히 파악하고 있었고, 남편이 호랑이로 변하는 사실이 몰고 올 사회적 제재를 명확히 인식하고 있었다. 그녀는 남편이 자신은 물론 가족 모두의 삶을 위험한 상태에 빠트릴 수 있다고 판단했기에 과감하게 주문을 불사르는 결단력을 실행에 옮겼다.

조선왕조 시대에 여성들이 자신의 가족을 보호하려는 결단력은『조선왕조실록』에 기록된 기사에서도 확인할 수 있다. 일부 역사학자들이 그 시대를 이상화하는 영조 시대에 일어난 일이다. 실록에 따르면 검토관檢討官 권적權禰이 영조에게 이렇게 보고한다.

"신이 지난번에 남중南中에 가 보니 농사가 큰 흉년이 들어 백성이 모두 이리저리 흩어져서 옛날에 백 가구家口였던 것이 지금은 열 가구만 있었습니다. 또 듣건대 김제金堤에 고씨高氏 성姓을 가진 사인士人은 굶주림을 견디지 못하여 남편과 아내가 장차 나누어져 흩어지기로 하였는데, 그의 아내가 말하기를, '이런 참혹한 흉년을 만나 이제 앞으로 다니면서 빌어먹어야 하니, 인생이 이 지경에 이르면 무엇을 돌볼 것이 있겠습니까? 집에 키우던 개가 있으니, 청컨대 당신과 같이 잡아서 먹을까 합니다' 하니, 남편이 말하기를, '나는 차마 손으로 잡을 수가 없다'고 하였는데, 아내가 말하기를, '제가 부엌 안에서 개의 목을 매어놓을 테니까 당신은 밖에서 그것을 당기세요'라고 하였습니다. 남편이 아내가 말한 대로 하고 들어가 보니, 개가 아니고 바로 그의 아내였다 합니다. 무릇 죽는 것은 인정人情의 어렵게 여기는 바인데 아주 감내하기 어려운 일이 없었다면 어찌 남편을 속여가면서 자결自決하는 일이 있겠습니까?" (檢討官權禰曰: "臣向往南中, 年事大歉, 民皆流散, 昔之百家, 今有十室. 且聞金堤 高姓士人, 不勝飢餒, 夫妻將分散, 其妻曰: '遭此慘凶, 今將行乞, 人生到此, 有何所顧? 家有畜狗, 請與君屠而啖之.' 夫曰: '吾不忍手屠也.' 妻曰: '吾於廚內, 繫其頸, 君自外引之.' 夫如其言. 入見之, 非狗, 乃其妻也. 夫死者, 人情之所難. 若無至難堪之事, 豈在於誑夫而自決乎?")

영조는 "한참 동안 측연하게 여기다가 관찰사에게 별유別諭를 내려서 그들을 구휼하여 편안히 살도록 하는 데 힘쓰라고 하였다(上惻然久之, 下別諭于道臣, 勉其賙賑安集)." 아내의 비극을 전하는 이 기록이 『조선왕조실록』에 적혀 있지 않다면 누구나 그 현실성을 부정하지 않았을까. 부유한 양반계급의 호사스러운 생활상과 달리 민중의 상황이 우리가 상상하는 이상으로 극심했음을 알 수 있다.

민중 봉기와 활빈당 활동이 이어지면서 직접 행동에 나서는 사람들이 갈수록 늘어났다. 다만 봉기나 항쟁 또는 민란에 참여한 민중과 그렇지 않은 민중 사이에 의식 차이는 컸다. 양반계급이 그들의 지배를 정당화하고 민중들이 들고 일어나지 못하도록 순종을 내면화해왔기 때문이다.

그러므로 설화에서 문제는 아내의 무지가 아니다. '남편을 이해하지 못한 반사회적 활동'으로 아내의 행동을 규정하기보다 심층에 자리한 서사를 들여다보아야 한다. 그때 우리는 설화의 핵심이 아내가 지니고 있는 순종서사에 있음을 발견할 수 있다. 그 말은 남편이 행동 또는 실천에 적극적이었고 아내는 소극적이었다는 뜻이 아니다. 소통이 원활하지 못한 중세의 마을에서 부부가 함께 살았음에도 남편은 적극 상황을 타개하는 행동에 나섰고 아내는 남편의 그 실천을 '일탈'로 보아 적극 상황을 수습하는 행동에 나섰다. 둘 다 행동에 적극적이고 결단력이 있었지만 그 결과가 정반대로 나타난 것은 남편과 아내의 심층에 서로 다른 사회서사가 자리하고 있기 때문이다.

문제는 자기서사의 변화인데 바로 그 지점에서 설화 '호랑이로 변한 남편'의 작품서사를 발견할 수 있다. 작품에서 순종서사와 실천서사가 충돌하는 상황을 보여줌으로써 설화를 송신하거나 수신하는 사람들의 사회서사를 건강하게 변화시킬 수 있다. 여기서 설화의 작품서사 분석을 통해 남편의 실천서사는 옳고 아내의 순종서사는 잘못으로 결론 짓는다면 일면적이다. 우리가 사회서사의 네 범주를 각각 성찰 심화형과 성찰 결여형으로 구분한 것은 병리적 서사를 심층에서 탐색해 건강한 서사로 치료하기 위함이다.

설화에서 남편의 실천서사는 병리적 삶으로 나타나고 있다. 왜 아내에게 자신이 호랑이로 변할 수밖에 없는 이유나 주문이 적힌 책의 진실을 알리지 않았는지 의문이 들 수밖에 없다. 설령 활빈당 조직처럼 수평적으로는 서로 모르게 활동했다고 하더라도 가장 가까운 아내와 소통하지 않은 것은 명백히 그의 책임이다. 만일 아내와 진실을 나누고 소통했다면, 비록 적극적 동의는 얻지 못하더라도 최소한 책을 불사르거나 남편이 마을에서 정체가 드러나지는 않았을 것이다. 그 점에서 남편의 사회서사는 독선적 실천서사라 할 수 있다.

아내의 사회서사도 마찬가지다. 왜 아내는 남편에게 자신이 비밀을 알고 있다며 그 행동을 멈춰달라고 소통하지 않았을까. 불사르는 행동을 하기 전에 남편과 조금이라도 소통했다면, 적어도 남편을 잃는 비극은 막을 수 있었을 것이다. 남편의 행동을 사회질서나 규범에 어긋난다고 확신하고 단숨에 불살라버린 것은 두려움에 사로잡힌 아내의 순종서사가 병리적이었기 때문이다. 결국 아내의 행동은 순종서사에서 누릴 수 있는 평안과는 정반대로 귀결되었다. 아내의 심층에 굴종적 순종서사가 자리하고 있었기 때문이다.

간추리면 '호랑이로 변한 남편'은 순종서사와 실천서사를 지닌 가족의 비극, 더 정밀하게 말하면 굴종적 순종서사와 독선적 실천서사를 지닌 부부의 비극이다. 민중들은 설화를 소통하면서 자신의 사회서사를 되돌아봄으로써 자기서사의 변화에 이르지 않았을까.

◆

산에 사는 '호랑이 형님'은
누구일까

◆   설화 '효자가 된 호랑이 형님'도 '호랑이로 변한 남편' 못지않게 소통되어왔기에 여러 변이가 있다. 『한

국구비문학대계』에 실렸고『한국민속대백과사전』에 소개되어 소통되고 있는 설화는 다음과 같다(단락에 붙은 번호는 분석을 위해 덧붙였다).

① 어떤 나무꾼이 가난한 나머지 호랑이한테 잡아먹히겠다며 산을 넘어가는데, 도중에 진짜 호랑이를 만났다. 막상 호랑이를 만나 겁이 난 나무꾼은 위기를 모면하기 위해 호랑이에게 "아이고, 형님! 어머니께서 말씀하시길 저에게 형이 하나 있는데 죽어서 호랑이가 되었다고 하더니 바로 그 형님이시군요!" 하였다. 그러면서 어머님이 형님을 그리워하니 당장 뵈러 가자고 하였다.

② 이에 호랑이가 그 말을 믿고서 "지금 당장 어머니를 뵙고 싶지만 호랑이의 탈을 쓰고 그럴 수 없다"라며 거절했다.

③ 그 뒤로 꼬박꼬박 호랑이가 돼지를 가져다 놓으니, 그것으로 나무꾼과 어머니는 부자로 살게 되었고, 나무꾼은 호랑이가 얻어준 색시에게 장가도 들었다.

④ 몇 년 뒤 어머니가 돌아가시자 호랑이가 돼지를 가져다 놓는 일도 사라졌는데, 궁금해진 나무꾼이 예전 호랑이가 살던 굴에 가 보니 새끼 호랑이들이 꼬리에 흰 베帛를 드리고 있었다. 이유를 물으니 "우리 할머니는 인간인데 할머니가 돌아가시자 아버지도 식음을 전폐하다가 놀아가셨어요. 그래서 꼬리에 흰 댕기를 드리고 있는 거예요"라고 하였다.

⑤ 나무꾼은 호랑이의 효성에 감동해서 어머니 산소 옆에 나란히 묘를 써주었다고 한다.

'효자가 된 호랑이 형님'의 선행 연구는 인간적인 가치를 추구하는 호랑이에 주목했다. 신동흔은 호랑이가 폭력성을 상징하는 자기 몸의 한계를 극복하고 '나무꾼의 진짜 형님, 어머니의 진짜 효자 아들로 거듭나고 있다'고 풀이했다. 민속학자 임재해는 호랑이의 "초월적 능력이 사적 욕망을 충족하는 쪽으로 발휘되면 끔찍한 재앙이자 폭력이 되지만, 공동선을 위해 발휘되면 신이한 축복이자 신성한 권력이 된다"면서 호랑이가 "산신령으로 호명되면서 사람을 도와주는 주체로 이야기되는 경우, 그 대상은 으레 효자와 효부"인 까닭은 "효가 공동선으로서 사회적 가치이자 당시의 최고 윤리"이기 때문이라고 분석했다.

두 편의 설화를 함께 연구한 논문들도 나와 있다. 하은하는 두 설화에 등장하는 호랑이가 분노에 가득 찬 상태를 상징한다며 '호랑이로 변한 남편'에서는 분노가 주위 사람들을 향하고 있지만, '효자가 된 호랑이 형님'에서는 분노를 풀고 자신의 정체성을 회복하며 인간관계를 회복하는 서사가 전개되었다고 분석했다. 김정희는 '호랑이로 변한 남편'에 효행의 실현을 위해 호랑이로 변신하는 인간이 등장하지만 그 지향에서 실패가 이미 배태되어 있다고 보았다. 이어 '효자가 된 호랑이 형님'에선 인간과 가족 되기를 지향하는 호랑이가 자신의 본질적 속성에서 놓여나 진정한 효자로 거듭날 수 있었던 이유를 탐색했다.

여기서 '효자가 된 호랑이 형님' 설화를 '호랑이로 변한 남편' 설화의 후일담으로 이해할 수 있지 않을까. 혼인으로 분가해서 살고 있던 아우가 '형이 호랑이로 변했다'는 말을 들었을 상황을 그려볼 수 있다.

물론 '호랑이로 변한 남편' 설화의 끝자락에서 남편이 죽음을 맞는 변이형도 많지만, 구전설화의 특성으로 미루어 후일담 설화, 또는 전편과 후편으로 이해하는 독법이 전혀 그르다고 볼 수는 없다. 마을 사람들이 호랑이로 변한 남편을 못 본 체하거나 가엾게 여기는 변이형도 있는 만큼 다양한 관점을 더할 때 설화는 더 풍부하게 소통할 수 있을 성싶다.

여러 변이형이 있지만 '호랑이로 변한 남편'은 마을에서 더는 살 수 없어 산으로 들어갔다고 충분히 추정할 수 있다. 그런데 그 산으로 아우가 찾아온 셈이다. 아우 또한 "가난한 나머지 호랑이한테 잡아먹히겠다"고 나섰기 때문이다.

여기서 '호랑이에게 잡아먹힌다'를 산에 은거하고 있는 민란(민중 봉기) 세력에 가담하려는 뜻, 또는 호랑이가 되어 산으로 들어간 형을 만나고 싶은 소망으로 읽을 수 있다. 설화에서 "가난한 나머지"라고 밝혔듯이 더는 삶을 이어갈 수 없는 절망의 상태에서 마을을 떠나 산으로 들어간 것은 분명하다. 마침내 만난

"진짜 호랑이"를 의적의 은유, 또는 마을에서 정체가 드러나 입산한 형으로 해석할 수 있다. 이어 전개되는 내용도 그 연장선에서 풀이할 수 있다면, 이 설화의 주인공도 실천서사를 지니고 있음을 발견하게 된다. 대다수 마을 사람들이 가난을 숙명으로 여기며 살았지만 그가 '산'과 '호랑이'를 선택한 것은 심층의 서사가 달랐기 때문이다.

마을에서 쫓겨난 호랑이 형은 다시 돌아가지 못하고 의적 생활을 하며 산에 살았고 아우와 만나 어머니의 소식을 듣는다. 아내의 행동으로 정체가 드러나 마을에서 쫓겨난 '트라우마'가 깊었을 형은 산으로 온 아우를 만나면서 다시 소통에 나서고, 아우로 하여금 마을에 돌아가 일상에서 어머니(민중)를 모시게 한 뒤 도와준다.

그렇게 볼 때 '효자가 된 호랑이 형님' 설화는 산적이나 의적이든, 활빈당 또는 동학혁명군이든 산으로 들어간 사람들, '산사람'들의 인간성이 부각된 작품이다. 설화의 주인공이 살아가기가 너무 고통스러워 형을 찾아갔을 수도 있거니와 그렇게 본다면 이 설화는 봉기한 농민들의 인간성 부각과 함께 '호랑이'에 대한 민중의 그리움, '산사람'에 대한 흠모를 담고 있다.

'호랑이로 변한 남편'의 실천서사가 독선과 굴종으로 파국을 맞은 반면에 '효자가 된 호랑이 형님'의 실천서사는 어둡지 않다. 너무 가난해 산으로 간 나무꾼은 '호랑이 형님'과의 소통을 통해 생계 걱정을 덜 수 있었다. 실천서사의 효과이자 좌절을 딛고 다시 소통에 나선 결과다.

어머니와 형의 죽음 뒤 남은 아기 호랑이들이 설화에서 아버지의 '효성'을 이어가는 모습은 미래에 대한 희망을 담고 있다. 아기 호랑이들은 산에서 태어난—그리고 '산'에서 '호랑이'로 자라날—형의 자식들로 읽힌다.

일부 변이형에서는 주문이 든 책을 불사른 아내를 호랑이 남편이 죽이는 비극으로 설화가 끝나지만, 남편이 '호랑이'로 쫓기게 되는 충격적 현실에 직면한 아내의 사회서사가 변화됨으로써 산으로 함께 들어가 자식을 낳으며 살았다면 더 좋지 않았을까. 두 편의 설화는 여러 분기점과 가능성을 열어두고 있다. 일종의 열린 결말로 이해할 수 있다.

◆

민중의 고통과
소통의 철학

◆   철학적 해석학에서 텍스트나 예술작품에 담겨 있는 참된 의미를 걸러내는 해석 작업은 무한한 과정이다. 가다머Hans-Georg Gadamer에게 해석은 주관적 이해가 아니다.

'과거와 현재가 부단히 상호 매개 작용을 하는 전통의 전승이라는 사건' 속에 참여하는 것이다. 기실 독일 철학자의 철학적 해석학을 굳이 끌어들일 필요는 없을 터다. 민중들이 송·수신해 온 설화를 사회서사 이론으로 분석할 때, 과거의 지평에 자리한 의미를 현재의 지평에서 끊임없이 재창조해 나가는 '지평 융합'의 적실성을 더 구체적으로 확인할 수 있기 때문이다.

설화는 민중들이 삶에서 길어 올린 역사적 산물이기에 삶과 세상을 보는 철학이 응축되어 있다. 전승 과정에서 여러 관점이 융합되기에 우리는 설화의 여러 변이형에서 민중 의식이 성숙하는 과정도 포착할 수 있다. 대중매체$^{mass\ media}$가 없던 전근대 시대에 설화는 민중들이 서로의 생각을 나누는 '미디어'로서 소통됐다.

기나긴 역사에서 민중은 삶이 고통스러울수록 장수 설화나 이인異人 전설이 보여주듯이 비범한 능력을 가진 존재를 '구원자'로 상상해왔다. '호랑이로 변한 남편' 설화에서 남편은 이인이고 비범한 능력을 갖게 되었지만 '어머니 구원'—'민중 구원'—에 실패한다.

지금까지 효자 호랑이 설화의 주인공인 남편과 아내의 심층에 자리한 사회서사를 짚어냄으로써 두 사람의 운명이 파국으로 치닫는 현상을 풀이했다. 부부가 서로의 심층에 자리한 사회서사를 인식하지 못한 채 소통마저 시도하지 않음으로써 벌어진 비극에서 우리는 다음과 같은 의미를 찾을 수 있다.

첫째, 독선적 실천서사를 경계하는 소통의 철학이다. 실천서사를 심층에 지닌 남편이 아내에게 자신이 무엇을 하고 있는지 왜 설명하고 설득하지 않았을까 아쉬움이 짙게 남는다. 물론 아내가 순종서사에 사로잡혀 있는 상황이라면 소통은 힘들 수밖에 없고 그래서 아예 포기했을 수도 있다. 그럼에도 아내가 왜 그런가에 대한 이해와 사랑으로 참을성 있게 소통해야 옳았다. 조금이라도 소통했다면, 주문 책이 있어야 호랑이가 된 남편이 다시 사람으로 돌아올 수 있다는 사실쯤은 아내가 알아 비극만은 피했을 터다. 가장 가까울 뿐만 아니라 민중의 한 사람인 아내와의 소통조차 없이 홀로 싸울 때 실패하게 된다는 교훈이 담겨 있다. 설화에서 우리는 민중의 고통스러운 현실을 바꾸려면 주체 스스로 성찰을 통해 독선적 실천서사를 벗어나야 하고 지배 질서에 포획되어 있는 사람들이 서사 변화를 이룰 수 있도록 적극적이면서도 열린 소통이 필요하다는 민중의 세계관을 읽을 수 있다.

둘째, 굴종적 순종서사를 성찰하는 소통의 철학이다. 남편이 '밤'에 '호랑이'로 변하는 모습을 본 아내는 왜 '인간'으로 돌아올 때를 기다려 소통하지 않았을까 하는 안타까움이 짙게 남는다. 심층에 지닌 굴종적 순종서사가 위험한 까닭이다. 양반계급 체제에서 사회화되며 가슴 깊은 곳에 똬리 튼 순종서사가 결국 민중 자신에게 어떤 고통을 빚어내는지 교훈을 준다.

설화를 통해 우리는 누구나 자신의 심층에 어떤 사회서사가 자리하고 있는지 내면의 서사와 접속하고 성찰해야 한다는 자아 소통의 철학을 읽어낼 수 있다. 변혁을 주도하는 주체는 물론이고 순종서사를 벗어나 동참하는 주체 모두 자기 내면의 사회서사와 소통이 없을 때 사회 변화는 실현될 수 없거나 뒤틀린다. 독선적 실천서사와 굴종적 순종서사의 문제점과 그들 사이의 소통 부족이 파국을 불러일으킨 교훈이 '호랑이로 변한 남편' 설화에 담겨 있다면, '효자가 된 호랑이 형님' 설화는 실천적 사회서사가 불러올 변화를 소소하게 담고 있다.

두 편의 효자 호랑이 설화에 담긴 소통의 의미는 지금도 민중의 고통이 이어지는 데서 찾을 수 있다. 물론 '효자 호랑이' 설화의 문제 상황을 실제 우리의 삶 속에서 모든 민중으로 확장해 이해한다면 '일반화의 오류'에 함몰될 수 있다. 다만 '호랑이 남편'과 '아내'가 각각 대표하는 서사적 정체성을 파악하는 것은 문제 상황을 풀어가는 과정에 도움을 줄 수 있다.

두 설화가 소통될 때 양반계급의 주자학처럼 지배 이데올로기는 강력한 힘을 지닌 반면에 대항 이데올로기가 민중 사이에 폭넓은 소통이나 공감을 얻지 못할 경우, 굴종적 순종서사와 독선적 실천서사의 '비극적 조합'은 언제든 나타날 수 있다. 가령 비정규직의 차별, 높은 산업 재해율, 세계 1위의 자살률과 꼴찌의 출산율이 상징하듯 민중의 고통이 이어지며 개선될 조짐을 보이지 않고 있는 것은 신자유주의 이데올로기가 지배적이기 때문이다.

우리 시대의 철학이 현학적인 논리나 경직된 이데올로기를 앞세움으로써 민중과의 소통에 실패하고 있다면 문제는 더 심각해진다. 지배 세력의 탐학 서사와 침묵하는 다수(방관 서사)를 벗어나 '병든 어머니(민중의 고통)'를 치료하려면, 우리 심층의 굴종적 순종서사와 독선적 실천서사를 직시하고 적극 소통에 나서야 한다. 독선적 실천서사는 다수 민중이 심층에 지닌 굴종적 순종서사에 다가서지 못할 수 있거니와 자칫 그 서사를 강화하는 역기능까지 불러올 수도 있기에 더욱 그렇다. 작품으로서 '효자 호랑이 설화'에 담긴 소통의 철학은 많은 사람들의 심층에 자리한 병리적 사회서사가 건강한 서사로 넘어가는 징검다리가 될 수 있다.

민중이 사랑한 홍길동,
왕이 저주한 작가

설화의 호랑이가 된 '남편'과 달리 민중과의 소통으로 사랑을 받은 소설의 주인공이 있다. 한글 소설의 출발점인『홍길동전』의 주인공이다. 주인공 홍길동은 조선조 세종 때 홍 판서와 노비 출신 어머니 사이에서 태어나 천대를 받는다. 능력이 뛰어나서 오히려 가족들로부터 생명의 위협을 받자 집을 떠난다. 적서 차별의 사회제도에 반항하며 집을 떠난다. 산에서 도적의 무리를 만나지만 그들을 교화해 활빈당을 만들어 빈민을 구제한다.

사회의식을 또렷하게 담은『홍길동전』은 이후 박지원의 소설과 판소리 문학에 큰 영향을 주었다. 지배 이데올로기인 주자학의 틀 안에서 대중적 재미에 영합한 소설들과 확연히 다른 작품이다.『홍길동전』에서 활빈당이 등장하는 대목은 다음과 같다.

길동이 그 이름을 활빈당이라 하여 조선 팔도로 다니며 각 읍 수

령의 불의한 재물이 있으면 탈취하고 혹 몹시 가난한데다가 의지
할 곳 없는 자가 있으면 구제하며 백성을 침범하지 아니하고 나라
에 속한 재물은 조금도 범하지 아니하니, 이러므로 모든 도적이 그
의도를 알고 항복하더라.

하루는 길동이 모든 사람을 모아 의논하여 가로되,

"이제 함경 감사가 탐관오리로 재물을 몹시 착취하여 백성을 괴롭
히니 백성이 다 견디지 못하는지라. 우리들이 그대로 두지 못하리
니, 그대들은 나의 지휘대로 하라."

하고 하나씩 흘러 들어가 아무 날 밤에 기약을 정하고 남문 밖에
불을 지르니, 감사가 크게 놀라 그 불을 끄라 하니 관리들이며 백
성들이 한꺼번에 달려들어 그 불을 끄더라. 그때 길동의 수백 도적
들이 일시에 성안에 달려들어 창고를 열고 돈과 곡식과 군기를 수
탈하여 북문으로 달아나니 성안이 요란하여 물 끓듯 하는지라. 감
사가 불시에 변을 당하여 어찌할 줄 모르더니, 날이 밝은 후 살펴
보니 창고의 군기와 돈과 곡식이 비었거늘, 감사가 크게 놀라 얼굴
빛이 변하여 그 도적 잡기를 힘쓰더라.

(…)

각 읍 창고 곡식을 하룻밤 사이에 종적 없이 가셔가며 서울 오는 봉
물을 의심 없이 탈취하니 팔도 각 읍이 소란하여 밤에 능히 잠을 자
지 못하고 도로에 행인이 끊겼으니, 이러므로 팔도가 요란한지라.

소설에서 홍길동의 활빈당은 조선 팔도를 다니며 벼슬아치들이
민중에게 빼앗은 재물을 훔쳐 굶주리는 사람들에게 돌려주고, 민중

의 재산에는 절대 손을 대지 않았다. 바로 그 대목이 '호랑이로 변한 남편' 설화에는 보이지 않는다. 만일 남편이 '부당하게 재산을 모은 집의 개'들만 잡아가서 '어머니'에게 주었다면, 설화 결말이 사뭇 달랐을 수 있다.

그렇다면 『홍길동전』이 많이 읽히고 실제로 소설에서 그린 활빈당이 결성되어 활동에 나섰음에도 설화에 그런 내용이 없는 것은 무엇을 의미하는 걸까. 설화를 주고받는 민중들이 의도한 것은 아니었을까. 독선적 활동은 안 된다는 교훈, 정성을 다해 민중과 가능한 많이 소통하라는 호소와 지혜가 설화에 녹아들었다고 볼 수 있다.

『홍길동전』은 민중의 사랑을 받고 오늘날까지 영향을 주고 있지만 정작 작품을 창작한 허균의 운명은 그렇지 않았다. 소설과 달리 허균은 당대의 명문가에서 적자로 태어났다. 더러는 허균이 작가임을 의심하지만 그가 지었다는 기록이 택당 이식李植(1584~1647)의 『택당집澤堂集』에 나온다. 더구나 소설의 작품서사가 허균이 쓴 「호민론」을 비롯한 여러 글에 담긴 서사와 조응한다.

허균은 형조참의(정3품, 법무차관 격)와 좌참찬(정2품)으로 정승의 반열에 가까이 갔지만 '역적모의'를 했다는 죄명으로 그의 동료들과 함께 저잣거리에서 능지처참 당했다. 소설의 주인공 홍길동과 정반대로 끔찍한 죽음을 맞은 것이다. 많은 연구자들은 허균이 정치판 싸움에서 누명을 썼다고 보지만, 2022년에 평전을 낸 역사학자 한영우는 "억울하게 뒤집어쓴 모함으로 굳이 변명할 필요가 없다"며 허균을 더 나은 세상을 구현하려던 사회 혁명가로 자리매김했다. 허균은 정도전, 서경덕, 율곡 같은 개혁적인 성향의 학자들을 흠모했으며, 평생 승려들과 불우한 서얼들을 친구로 삼고 교류했다. 『홍길동전』에 그린 세상, 소외된 민중들이 어깨 펴고 살 수 있는 "평등한 이상 국가 청사진"을 실제로 구현하려고 나섰다는 분석이다. 그 철학적 기반으로 허균은 언행이 일치하지 않는 주자학을 비판하며 유불도儒佛道를 아우르고자 했다. 일찍이 최치원이 세 종교를 포함하는 우리 고유의 '현묘한 도'를 언급한 맥락과 같다.

허균은 "좋은 선비들을 배척하는 당쟁, 입만 살아 떠들면서 실무를 모르는 지식인, 그리고 전쟁의 참화와 농민의 가난을 외면하는 권력자들"을 혐오하며 '민중이 호랑이보다 무섭다'고 경고했다. 기실 국문학자이자 독립운동가인 김태준은 1930년대에 조선 소설사를 톺은 글에서 『홍길동전』에 계급 타파, 적서 차별 폐지, 빈민 구제, 새로운 사회(율도국) 건설이 들어 있다며 '사회 혁명적인 소설'로 평가했다.

『홍길동전』의 작품서사와 작가 허균의 자기서사는 거의 일치한다. 실천서사가 실제 실천에 들어갔을 때 문학보다 현실은 더 견고하고 냉정했다. 소설의 홍길동과 달리 작가 허균이 팔다리가 찢어지는 처참한 죽음을 맞은 사실을 두고 행여 냉소하거나 반대로 비통에 잠길 일은 아니다. 작가 허균은 작품 속 홍길동으로 생생하게 살아 지금도 한국인들이 이상 국가를 세우기를 호소하고 있기 때문이다. 신시의 부름과도 이어지지 않을까.

5장

◆

삶의 절망
넘어선

신비한 눈썹

◆

◆

자살의 극한에
내몰린 사람들

◆　　　　　　　　한국의 자살률은 경제협력개발기구
(OECD) 국가 가운데 단연 1위다. 2003년 이후 2017년 한 해만
제외하고 2025년 현재까지 자살률 1위를 참담하게 이어가고 있
다. OECD 국가들의 평균보다 두 배 가까이 높다. 심지어 OECD
가 한국의 자살과 정신질환자 증가의 상관관계를 분석한 보고
서를 발표하며 우려할 정도다. 잇단 일가족 자살 사건이 보여주
듯이 한국의 자살은 사회·경제적 요인이 크다. 신문과 방송이
생계가 막연해 자살하는 사람들을 '사회적 자살'로 부르기 시작
한 것도 오래전이다.

　그런데 자살 또는 사회적 절망을 해결하는 길에 우리 고전문
학은 지혜를 주고 있다. 현대 사회에서 잊혀가고 있는 설화 '호
랑이 눈썹'이 좋은 보기다. 먼저 민중 사이에 오랜 세월 전승된
설화부터 감상해보자(단락에 붙은 번호는 설화 분석을 위해 붙였다).

① 한 남자가 혼인을 하여 아이들을 낳고 살고 있었다. 그런데 아무리 열심히 해도 가난이 면해지지가 않는 것이었다. 남자는 이렇게 빈곤하게 사느니 차라리 죽는 것이 낫겠다는 생각이 들었다. 남자는 마침 백인재라는 고개를 죽지 않고 넘으면 팔자를 고칠 수 있다는 소문을 듣고 백인재로 갔다.

② 백인재 아래에는 사람들이 모여 앉아 백 명이 되기 전까지는 재를 넘을 수 없다며 기다리고 있었다. 남자는 못 넘으면 차라리 죽는 것도 나쁘지 않겠다 싶어 혼자 재를 올라갔다.

③ 한참 올라가던 남자는 어떤 바위 위에 있는 노인을 보고 호랑이가 둔갑해 있다는 것을 알아차렸다. 남자는 가까이 가서 얼른 자기를 잡아먹으라고 하였다. 그러자 노인이 자기는 사람은 먹지 못한다고 하였다. 남자는 그 말이 이해가 되지 않아 자기가 사람인 것은 어떻게 아느냐고 물어보았다. 노인은 눈썹을 하나 뽑아 주면서 그것을 대고 재로 올라오고 있는 사람들을 보라고 하였다. 남자가 노인이 시키는 대로하고 사람들을 보았더니 사람들이 모두 짐승으로 보이는 것이었다. 노인은 남자에게 다 보았으면 이제 눈썹을 돌려달라고 하였으나 남자는 못 주겠다고 하고 고개를 내려와 버렸다.

④ 남자가 집으로 돌아오는 길에 짐을 잔뜩 지고 가는 등짐장수 부부를 발견하고 호랑이 눈썹을 대고 보았더니 남편은 수탉이고 그 아내는 사람이었다. 남자는 두 사람이 서로 배필이 아니라 힘들게

고생을 한다는 생각이 들어 일단 자기 집에서 자고 가라고 하며 부부를 집으로 데리고 갔다. 집으로 돌아온 남자가 호랑이 눈썹을 대고 아내를 보았더니 자기 아내는 암탉이었다.

⑤ 남자는 자기도, 아내도 제대로 된 배필을 만나지 못하여 힘들게 사는 것이라는 생각이 들었다. 남자는 등짐장수 부부에게 한 방에서 자자고 하여 다른 사람들 몰래 등짐장수 옆에 자기 아내를 붙여놓았다. 그리고 소란스럽게 등짐장수를 깨워 남의 아내를 탐했느냐며 따귀를 때리고 정 탐이 나면 데리고 가라면서 등짐장수와 자기 아내를 함께 내쫓았다. 등짐장수와 남자의 아내는 어이가 없었지만 기왕 쫓겨났으니 농사나 짓고 살자며 길을 떠났다.

⑥ 남자는 등짐장수의 아내에게 등짐장수는 수탉이고 당신은 사람이라서 그 사람과 살면 평생 고생을 하게 될 것이라고 하였다. 그러면서 자기는 당신과 같은 사람이니 사람끼리 짝을 짓고 살아보자고 하였다. 남자와 등짐장수의 아내는 먼저 장에 나가서 등짐장수의 아내가 지고 다니던 사기그릇을 팔기로 하였다. 그런데 예전에는 하루에 한 개도 팔기 어려웠던 그릇을 손님들이 순식간에 몰려들어 다 사 가는 것이었다. 남자와 등짐장수의 아내는 그때부터 그렇게 장사가 잘되어 어느 정도 세월이 흐른 다음부터는 부자로 살게 되었다.

⑦ 그렇게 부부로 살던 남자와 등짐장수의 아내는 예전의 남편과 아내가 어떻게 되었는지 궁금해졌다. 남자가 만약 두 사람이 죽었

다면 치산이라도 잘 해주어야지 않겠느냐고 하자 아내는 얼른 찾아보라고 하였다. 남자는 아무것도 없는 두 사람이 도시로는 가지 않았을 것 같아 산골로 찾아다녔다. 쫓겨났던 등짐장수와 여자는 농사를 지으려고 땅을 파다가 황금을 발견하여 산골에서 부자로 살고 있었다. 산골을 돌아다니던 남자는 어느 산골에서 몇 년 전에 농사를 짓다가 금을 발견해서 부자가 된 사람이 있다는 이야기를 듣고 그 집으로 찾아가 보았다. 마침 부자로 살던 등짐장수도 자기를 내쫓았던 남자와 아내가 어떻게 살고 있는지 궁금하여 찾아봐야겠다는 생각을 하고 있었다. 일단 그 집으로 들어간 남자는 저녁을 좀 얻어먹자고 하였다. 남자의 전 아내는 손님에게 줄 저녁상을 들고 들어가다가 예전 남편이라는 것을 알고 밖으로 나와 눈물을 흘렸다. 등짐장수는 남자가 왔다는 것을 알고 남자를 방으로 들여 서로 어떻게 살았는지 털어놓았다. 네 사람은 한마음이 되어 살림을 전부 합치고 행복하게 잘 살았다.

'호랑이 눈썹'은 민간에서 구비 전승으로 내려온 설화로 여러 지역에서 채록되고 변이도 있을 만큼 폭넓게 퍼져 있다. 가령 호랑이가 눈썹 대신 안경을 준다거나 눈썹에 비친 남자와 여자의 본모습이 무엇이었는지도 전승에 따라 다양하다. 여자가 사람이고 남자가 동물인 예도 있으며, 동물로 닭이 아닌 개나 돼지, 너구리가 보이는 설화도 있다. 그만큼 학자들의 연구도 풍성하게 나왔다.

선행 연구에서 가장 많은 주제는 실제 설화에서 큰 비중을 차지하는 '부부 관계'이다. 설화에서 부부 관계의 '도덕성'을 강조한 윤승준은 "결혼을 통해 한 가정을 이룬 인물이, 그것도 처자식을 굶겨 죽일 정도의 상황에 이른 책임을 통감하며 호랑이에게 잡아먹히고자 했던 인물이 가난의 원인을 배우자 탓으로만 돌리는 것은 대단히 이기적이고 무책임한 태도가 아닐 수 없다"면서 자기 행복만을 추구하려고 아내를 바꾼 것은 "다분히 불순한 것"으로 보았다. 설화의 국제 비교를 통해 조화로운 부부 관계를 이룰 성품의 중요성을 교훈으로 담은 이야기로 본 박연숙의 연구, 부자가 되거나 적합한 배우자와 결혼하고 싶은 일상의 욕망을 채워줌으로써 사회적 효용성을 지닌 이야기로 본 김금숙의 연구도 있다.

'호랑이 눈썹' 설화에서 부부 관계와 다른 문제를 논의한 선행 연구도 여러 편 나왔다. 야담野談의 서사 세계를 깊이 연구한 국문학자 이강옥은 '호랑이 눈썹'이 부부 생활에 대한 회고와 반성으로 '죽음의 명상 텍스트'라는 가치가 있다며 '사람다움'과 '사람답지 못함'에 윤리적 성찰을 담았다고 분석했다. 아울러 실화가 '경제적 절망과 소망에 바탕을 두고 형성된 것'임을 강조했다.

신동흔은 호랑이 눈썹을 표피가 아닌 대상의 본질, 대상의 가치를 꿰뚫어 봄을 상징한다고 풀이했다. 겉으로는 같은 사람의 모습을 하고 있어도 그 본모습은 제각각이며, 그것은 사람의 전생과 관련이 있다는 인식이 드러난다고 보았다. 호랑이 눈썹을 눈에 댐으로써 '호랑이 눈'이 되어 대상의 본질을 본다는 점에 주목했다.『한국구비문학대계』도 '호랑이 눈썹'을 수록하며 '눈에 대고 보면 그 사람의 정체가 무엇인지 보여주는 신비한 눈썹에 대한 이야기'로 설명했다. 설화를 주고받는 민중들 사이에선 사냥하는 호랑이 눈에는 동물이 더 또렷하게 보인다는 상상도 퍼졌을 법하다.

정운채는 또 다른 논문에서 '호랑이 눈썹'을 통해 고려 말기 정몽주의 암살과 조선 시대 그의 복권을 서사적으로 풀이했다. 이방원과 정몽주를 '호랑이 눈썹'의 '이혼' 부부로 이해함으로써 "호랑이 눈썹을 얻은 남자가 자기 아내를 내치고 등짐장수의 아내와 새로이 부부가 되어 잘 살게 된 것은 이방원이 정몽주를 죽이고 자신의 동조자들과 함께 조선을 건국하여 결국 태종이 되는 것에 비견될 수 있으며, 호랑이 눈썹을 얻은 남자가 잘 살게 되자 자신의 전처를 찾아 나선 것은 태종이 정몽주를 복권시켜서 영의정부사를 증직한 것에 비견될 수 있을 것"이라고 분석했다.

'호랑이 눈썹'의 선행 연구들에서 이미 설화를 사회적으로 해석하는 단초가 열렸다. 모든 설화가 그렇듯이 '호랑이 눈썹'

에 대한 해석도 다양할수록 현재적 의미가 풍부해지게 마련이다. 사회서사 이론으로 볼 때 '호랑이 눈썹'은 자살에 나설 만큼 절망한 민중의 이야기, 사회적 절망에 잠긴 사람들을 위한 설화이다.

♦

호랑이 눈썹이 꿰뚫은 '짐승 같은 인간'

♦ 　　　　　설화 '호랑이 눈썹'의 의미는 중층적이다. '호랑이 눈썹'을 설화의 주된 송·수신자인 민중의 눈으로 읽을 때 우리는 '사회서사'를 발견할 수 있다. 설화의 사회서사를 분석하기 위해 내용을 꼼꼼히 되짚어보자.

설화를 부부 관계 중심에서 벗어나 다른 틀로 보면 첫 대목부터 "아무리 열심히" 살아도 불행한 가족이 주인공으로 또렷하게 나타난다. 그런데 설화의 끝자락은 그 가족이 "행복하게 잘 살았다"이다. 설화의 첫대목과 끝 문장에 유의하면 당연히 다음과 같은 의문이 나올 수 있다. 그 사이에 무슨 일이 있었던 걸까? 이때 주목할 것은 부부 관계만이 아니라 가난과 불행의 해결이다. 여기서 가난한 가족이 빈곤의 굴레를 벗어나 행복한 가족으로 살아가는 모습은 표층적인 변화이다. 그렇게 된 이유를 분석하려면 설화의 심층에서 사회서사의 변화를 읽어내야 한다. 설화가 당대의 민중들이 생존의 위기를 벗어나 행복한 삶에 이르는 과정을 담고 있기 때문이다.

설화 '호랑이 눈썹'의 주인공은 "한 남자"로 민중의 한 사람이다. ①에서 한 남자가 처한 삶의 현실은 고통스럽다. 처자식을 거느린 그는 "아무리 열심히 해도 가난이 면해지지가 않는" 상황에 놓여 있다. 어떤 사회든 민중이 최선을 다해 아무리 열심히 살아도 가난하다면 그건 개인의 책임이 아니라 사회의 책임이다. 최선을 다한 개인을 탓할 수 없기 때문이다. '한 남자'는 도탄에 빠진 민중, 사회적 절망에 잠긴 민중을 상징한다.

설화를 소통할 때 사회 상황을 감안하면 '한 남자'의 분노를 충분히 헤아릴 수 있다. 주인공이 가난의 모멸감으로 "차라리 죽는 것이 낫겠다"고 생각할 때, 양반 지주계급들은 『조선왕조실록』 곳곳에 드러나듯이 호의호식하며 자연을 찾아 음풍농월했다. 이를테면 중종반정의 공신이 된 박원종은 1등 공신에게 지급하는 규정된 전답과 노비 외에도 연산군 시절 각지에서 뽑아온 흥청(기생) 300과 온갖 금은보화를 하사받았다. 박원종이 살고 있는 집에 대해 인조 때의 문신 기재 박동량朴東亮(1569~1635)은 『기재잡기寄齋雜記』에서 다음과 같이 적었다.

그 집은 대문, 중문, 작은 문 등 3문으로 대문에서 대청에까지 세 문을 거쳐야 가게 된다. 그 중간을 전부 돌로 다듬어 깔고, 큰 뜰에는 반송을 두어 그루 심어놓았다. 대청의 붉은 난간과 푸른 창은 화려하기 비할 데 없었다. 다시 한쪽 문을 열고 들어서면, 후원에 날아갈 듯이 세운 집이 있는데, 긴 발을 땅에까지 닿도록 늘려놓았다. 그 속에서 나오는 여자의 은은한 목소리는 마치 구름 속에서 나온 듯하며, 여기에 한 시녀는 머리에 꽃을 꽂아 장식하고, 노란 저고리에 분홍 치마를 입고 나와 손을 맞아한다. 안내하는 여자를 따라 또 한 문을 들어서면, 연꽃 향기가 코를 찌른다. 바로 연못 옆에 평상을 놓고 주인 원종이 앉아 있다. 그곳에는 수놓은 베개와 화문석이 깔렸고, 양쪽에는 성장한 소녀가 불진拂塵을 들고 서 있다. 옆에 보이는 전각에도 발을 쳐 놓았는데, 그 속에는 또 수십 명의 기녀가 곱게 화장을 하고 앉아 있다. 손님이 오면 바로 그 당으로 안내하여 술을 권하며, 시녀를 시켜 권주가를 부르게 하고, 한 편에서는 청아한 목소리와 유량한 아악이 울려 나온다. 취하도록 마시고 나면, 시녀들이 일제히 일어나 손님을 배웅한다. 완전히 왕자와 같은 호화로운 생활을 하였다.

박원종 집에 예조낭관 정사룡이 공무로 방문하고 온 뒤 적어 놓은 기록도 남아 있다. 오늘날의 대기입 총수 못지않은 온갖 호사와 사치를 누리고 있는 박원종의 집을 본 정사룡은 몹시 부러운 나머지 본처를 내쫓고 늘그막에는 집을 더 크게 지어 고기 반찬을 10여 가지 이상 올리지 않으면 밥을 넘기지 않으면서도 '어찌 박 공의 만분의 일이라도 따를 수 있으랴' 하고 한탄했다. 정사룡이 누구인가. 축재를 시작해 강가에 세워진 정자를 뇌물로 받고 과거에 합격시켜주기도 한 그는 한글 창제에 깊이 관여하고 영의정까지 오른 정인지의 손자로 문장이 뛰어나 오랫동안 대제학을 지내고 판서를 역임한 조선왕조의 대표적 '지식인'이었다. 호사스러운 생활을 누리면서도 만족하지 않고 더 많은 재물을 탐낸 선비의 상징적 모습이다.

그들과 달리 '호랑이 눈썹'의 주인공인 '한 남자'는 열심히 일했지만 가난의 굴레를 벗어나지 못해 절망할 때까지 오랜 세월 순종서사에 머물러 있었다. 주인공이 주어진 현실의 질서에서 온 힘을 다해 열심히 일해도 비루한 삶이 도무지 나아지지 않자 "이렇게 빈곤하게 사느니 차라리 죽는 것이 낫겠다"며 자살을 생각하는 것은 일관되어온 순종서사의 정점이다. 자살에 이르는 절망은 21세기인 지금도 '자살율 1위, 출산율 꼴찌'로 나타나고 있다.

그런데 설화의 한 남자는 "백인재라는 고개를 죽지 않고 넘으면 팔자를 고칠 수 있다"는 이야기—현대적 어법으로는 '뉴스'(영어에서 '스토리'는 이야기와 신문기사를 모두 뜻한다)—를 듣고 자살을 미뤄둔다. 무릇 정점은 넘어가는 고개일 수 있다. 사내의 자살 결심은 순종서사의 정점인 동시에 심층에서 사회서사를 흔든다. 절망에서 '새로운 소식'에 희망을 걸며 나아가면서 서사 전환의 움직임이 꿈틀댄다. 절망을 계기로 마침내 '실천서사'가 움튼 셈이다. 실제로 사내는 망설임 없이 '백인재'로 갔다. 사회적 현실, 주인공이 처한 객체적 현실이 변화될 수 있다고 생각했다.

설화 ②에서 나타나듯이 죽음을 각오하고 변화를 꾀하려고 간 현장에는 이미 사람들이 모여 있었다. 그만큼 가난으로 고통에 잠긴 민중이 많았다는 뜻이다. 하지만 정작 "백 명이 되기 전까지는 재를 넘을 수 없다"는 명분을 내걸고 실천에 나서길 꺼리며 모두 대기하고 있었다. 그 시점에 '죽음의 고개' 앞으로 백 명이 모이기는 쉽지 않은 일이거니와 설화에서 '100'이라는 숫자는 상징적으로 읽을 수 있다. 그러니까 '백 명'이 되기를 기다리며 고개를 올라가지 않고 있는 사람들은 내면의 심층에 '관조서사'가 자리해 있다고 볼 수 있다. 죽음을 각오하고 '고개' 앞까지 왔지만 이런저런 핑계 또는 '명분'으로 오르지 않는다.

설화의 주인공은 '관조서사'를 지닌 사람들 사이로 들어가 주저앉지 않았다. "못 넘으면 차라리 죽는 것"을 각오하고 죽을힘을 다해 "혼자 재를 올라"가는 실천에 나선다. 죽음을 각오한 결단 못지않게 서사 전환에는 용기가 필요함을 일러준다. 그곳에서 노인으로 둔갑해 있는 호랑이를 만난다.

설화 ③에서 호랑이는 "바위 위에 있는 노인"으로 등장한다. 한국 설화에서 호랑이는 그 폭이 아주 넓어 비겁한 호랑이에서 용맹한 호랑이까지, 어리석은 호랑이에서 신령스러운 호랑이까지, 그리고 '효자 호랑이'와 '호랑이 형님'으로 다채롭게 나타난다. 한국인들은 단군신화에서 성찰의 동굴을 뛰쳐나간 호랑이를 내치지 않고 오히려 산신 옆에 자리매김했다. 자신이 호랑이 유형인 사람들은 성찰력과 인내심이 부족해 사람이 되지 못한 호랑이에 동질감을 느꼈을 수 있다. '사람다운 사람'이 되고 싶지만 욕망에 휘둘리는 자신을 이끌어줄 '산신'을 모시고 싶었을 수도 있다.

'호랑이 눈썹' 설화에서 호랑이는 "사람은 먹지 못한다"고 공언한다. 산속 고개—신화나 설화에서 '고개'는 전환점을 의미한다—에 있는 호랑이는 동물처럼 비루하게 살아가는 존재와 사람답게 살아가는 사람을 구분한다. 사람들 속에서 사람과 동물을 구분하는 대목은 경북 성주에서 '호랑이 눈썹의 효험'으로 채록된 구비 설화의 마지막 장면에서도 강조되어 부각된다.

> 그래 눈썹을 대고 시장에 가보이 온 장에 짐승이고 사람이 사람된 거는 혹 하나씩 있거든. 그래 그 눈썹을 가지고 다니이꺼네 벌어 묵고 살 일이 눈에 보이더라.

설화는 주어진 삶의 현실에 순종하는 사람을 사람다운 자주적 자세가 전혀 없기에 짐승으로 은유했다고 볼 수 있다. 그때 '호랑이 눈썹'은 세상에서 짐승처럼 살아가는 사람을 가려내는 눈이다.

◆

결단과 용기로 얻은 '새로운 눈'

◆   사회적 절망에서 죽음을 각오한 결단과 용기로 순종서사를 벗어난 주인공은 호랑이 눈썹을 지니고 하산한다. '고개'에서 새로운 눈을 얻은 주인공이 노인처럼 산에 머물지 않고 사람들 속으로 돌아간 것은 내면의 순종서사가 관조서사를 넘어 실천서사로 정립되는 과정이다.

산에서 내려온 주인공은 더는 예전의 남자가 아니다. 설화 ④에서 집으로 돌아온 '한 남자'가 호랑이 눈썹을 대고 아내를 보았을 때 '암탉'이 보인 것은 그의 처가 사람답지 못하게 동물처럼 살고 있었다는 비유로 풀이할 수 있다.

순종서사를 지닌 사람들을 닭이나 개, 돼지로 비유하는 일은 과거 설화 속 풍경만이 아니다. 민중을 우스개로 여기는 행태는 대한민국에서 끊임없이 불거져왔다. 이를테면 2019년 4월에 국립대인 경북대학교 정치외교학과 교수는 강의 중에 문재인 정부의 대북 정책을 평가하면서 "대한민국 사람들 진짜 메멘토다, 돌아서면 까먹어버리는 닭×××"라고 말했다. 남북정상회담에 높은 지지 여론을 두고 민중을 '메멘토'와 '닭'으로 비하했는데, 〈메멘토Memento〉는 2000년 크리스토퍼 놀란 감독이 만든 영화로 주인공은 10분 이상 기억을 지속하지 못한다. 논란이 일자 그는 인터넷 신문 오마이뉴스와의 인터뷰에서 사뭇 당당하게 "한국말로 이런 상황을 두고 '닭×××'라고 하는데 닭이 들으면 섭섭할 말"이라며 "닭은 서열로 195명을 기억한다, 우리 국민들의 의식이 이렇게 돼서야 되겠느냐라고 한 것"이라고 말했다. 국립대 교수의 발언에 앞서서도 "민중은 개돼지"라고 교육부 고위 공무원이 발언해 논란이 일었다. 국민을 '레밍'(들쥐의 일종)이라고 비하한 지자체 도의원도 있었다.

설화 '호랑이 눈썹'이 만들어지고 소통되던 시대에 가장 중요한 인간관계의 객체적 현실이 가족의 질서라는 사실도 중요하다. 기존의 유교적 가치는 가족을 중시할 뿐만 아니라 혼인 질서도 엄격해 '이혼'은 극히 어려웠다. 부부의 인연을 맺으면 백년해로를 당연시하고 미덕으로 칭송해왔던 사회에서 '호랑이 눈썹'처럼 두 부부가 서로의 짝을 바꾸어 문제를 해결하는 것은 지배적 도덕에 대한 전면적 거부라 할 수 있다.

설화 ⑤에서 주인공이 과감하게 아내와 갈라선 것은 사내가 당대의 지배적 이데올로기인 유교적 질서, 그 사회 지배 질서를 불변의 질서로 순종하지 않았음을 상징한다. 전근대 사회에서 일상의 질서는 가족이었고 유교적 지배 질서를 상징하는 아내의 덕목은 순종이라는 억압이었다. 몹시 빈궁해서 차라리 죽으려고 했던 '한 남자'는 내면에 이미 실천서사가 움텄을 뿐만 아니라 호랑이 앞에 당당하게 맞선 용기로 호랑이 눈썹, 곧 '세상에서 짐승처럼 살아가는 사람을 가려내는 눈'을 지녔다.

심층에서 실천서사로 전환하며 새로운 눈을 뜬 주인공은 아무런 '대안'도 없이 지배 질서와 결별하지 않는다. 그 대안은 '사람다운 사람'과의 재결합이다. 그 여성은 남의 아내, 등짐장수의 아내이지만 주인공은 나름 치밀하게 계획을 세워 둘을 갈라놓고 결국은 자기의 아내로 삼는다. 그 과정에서 주인공의 행위는 거짓말과 협박이 이어져 도덕적으로 비판받을 수 있다. 가령 윤승준은 아내를 바꾸기 위한 주인공의 '술책'이 "자신의 욕망 추구를 위하여 무고한 사람들에게 무자비한 폭력을 행사한 것"이라고 비판했다. 결국 '호랑이 눈썹'을 통해 제시한 해결 방법은 "그 낯섦만큼이나 받아들이기 어려운 것이었으며, 기존의 사회 통념과 충돌하는 것"이라고 주장했다.

지나치게 평이한 해석이다. 실제 현실에서 설화와 같은 방법으로 이혼하기가 어렵다는 점에 착안한다면 설화 전체의 흐름을 상징적인 서술로 볼 수 있다. 사회서사 이론으로 판단한다면 나름의 전략을 세워 고통스러운 현실의 굴레에서 벗어났다고 풀이할 수도 있다.

농사를 짓던 주인공의 삶은 설화 ⑥에서 등짐장수의 아내와 결합한 뒤 크게 달라졌다. 시장에 나가 등짐장수의 아내가 지고 다니던 사기그릇을 팔아 부유해졌다. 한 곳에 터를 잡지 못하고 떠돌며 살아간 등짐장수와 달리 시장에서 그릇을 파는 공간을 마련했다고 볼 수 있다. 등짐장수는 곧 보부상褓負商을 의미한다. 엄밀히 말하자면 보부상은 보상褓商인 봇짐장수와 부상負商인 등짐장수를 아울러 이르는 말이다. 등짐장수는 그릇, 옹기, 새우젓 따위를 지게에 지고 다니며 팔았다. 봇짐장수는 부피가 적고 가벼우며 상대적으로 값비싼 필묵, 귀금속 같은 정밀한 세공품을 보자기에 싸거나 질빵에 걸머지고 다니며 팔았다. 이들 장돌뱅이(행상)들은 대체로 하루에 오갈 수 있는 정도의 공간을 돌면서 장사를 했다. 보부상과 달리 시장에 정착해 그릇을 팔려면 그것을 만드는 노동인들과 손잡거나 직접 수공업을 겸해야 한다.

설화는 '농자천하지대본'이나 '사농공상'이라는 양반 지배 질서의 이데올로기를 벗어나 상업과 수공업 노동에 나설 만큼 심층에 실천서사를 지닌 사람들 사이의 새로운 연대가 실제로 삶을 나아지게 했음을 보여준다. 서유럽에서 상업과 수공업의 발달로 자본주의와 근대화가 전개된 과정을 딱히 떠올리지 않더라도 종래 토지에 매몰되어 있던 중세 사회에서 사람이 사람답게 살아갈 수 있는 새로운 사회로의 전진을 모색했거나 그 소망을 담았다고 볼 수 있다.

역사학계의 연구 성과에 따르면 임진왜란과 병자호란이라는 두 차례의 큰 전란을 거친 이후 폭발적인 인구 증가와 농업기술의 발달로 경제 영역이 확대되었다. 한정된 토지에 농업 인구가 늘어나면서 농민들 사이의 빈부격차와 그로 인한 농민층의 분해가 가속화되었던 것이다. 조선 후기의 자본주의 맹아론과 내재적 발전론을 두고 논란이 있지만, 틀림없는 사실은 농토를 얻을 수 없었던 농민들이 농업 이외의 새로운 영역을 개척하여 생활을 영위할 수밖에 없었고, 자연히 상업과 수공업 종사자가 늘어났다는 점이다. 조선 후기의 농업 사회는 서서히 상공업 사회로 전환하고 있었다는 평가까지 역사학계에서 나오고 있다.

전근대 사회의 농업과 근대 사회의 상공업을 굳이 대립하여 논의하지 않더라도 '호랑이 눈썹'에서 우리는 기존의 유교적 가치 질서를 고정불변으로 여기며 순종하지 않고 사람다운 사람끼리 결합(연대)해서 가난한 현실을 벗어날 길을 적극 찾은 서사를 확인할 수 있다.

설화 '호랑이 눈썹'에서 더 눈여겨볼 점은 현실 변화 과정에서 주인공이 아닌 사람들, 주변으로 내몰린 사람들에 대해서도 따뜻한 시선을 보내는 대목이다. 설화 ⑦에서 이혼을 통해 '부자 부부'로 살던 남자와 등짐장수의 아내는 예전의 남편과 아내가 어떻게 되었는지 궁금했고, 만약 두 사람이 죽었다면 산소라도 잘 관리해주자며 찾아 나섰다. 도덕적이지 못한 전략으로 일방적 결별을 통보했던 주인공이 선량함을 되찾는 순간으로 풀이할 수 있지만, 호랑이 눈썹으로 새로운 눈을 갖춘 사내가 각성한 민중, 성숙한 인간으로 스스로를 정립하는 단계라 할 수 있다. 이 단계에서 주인공은 사람과 동물을 구분하는 '호랑이 눈썹'의 시선을 벗어난 셈이다.

설화에서 "아무것도 없는 두 사람이 도시로는 가지 않았을 것 같아 산골로 찾아다녔다"는 대목도 유의할 필요가 있다. 등짐장수와 주인공의 전처는 처음에 실천서사를 지니고 있지 않았다. 등짐장수와 주인공의 아내는 "기왕 쫓겨났으니 농사나 짓고 살자며 길을 떠났다"에서 보듯이 자신들의 억울함에 항의조차 못하거나 안 한 채 상황을 묵묵히 따르는 순종서사가 내면에 깔려 있는 사람들이다. 그들이 산골로 들어간 선택에서 우리는 순종서사에 길들여진 두 사람의 서사가 부닥친 변화의 현장에서 떨어져 은둔하는 관조서사로 옮겨 갔음을 읽을 수 있다.

그런데 산골에서 두 사람은 은둔만 하지 않았다. 순종하던 질서에서 내몰린 억울함과 한恨이 '한 남자'의 아내와 등짐장수로 하여금 순종서사에 이어 관조서사를 벗어나게 해주었다고 볼 수 있다. 두 사람은 "땅을 파다가 황금을 발견하여 산골에서 부자"가 되어 살았다. 여기서 황금은 단순히 삶의 '금덩이'를 발견한 비유로만 해석할 수 없다. 실제 사회적 변화와 관련해 두 가지로 풀이할 수 있다.

첫째, 산골에서 농사를 지으려고 땅을 팠다는 대목은 화전민이 되었음을 의미한다. 지주와 양반이 없는 산골의 화전민들은 소작료와 세금으로 착취당하지 않았기에 자신들의 노동으로 개간한 땅이 기름지면 적어도 굶주리지는 않았던 역사적 사실을 떠올릴 필요가 있다. 이들은 양반계급의 수탈 체제를 피해 깊은 산으로 들어간 만큼 원천적으로 비판적인 민중들이다.

둘째, 산에서 "땅을 파다가 황금을 발견"했다는 대목을 말 그대로 받아들일 수 있다. 광업의 확산에 따른 광산 노동이 그것이다. 역사학자 권내현은 16세기 조선에서 개발된 은銀 제련 기술이 일본으로 전파되어 은의 대량생산에 기여했음을 규명했다. 조선 후기 "생산관계의 측면에서 자본주의로의 발전 가능성을 비교적 뚜렷하게 보인 분야"가 다름 아닌 광업이다. 임병훈의 연구에 따르면 본디 조선 전기에는 민간인이 광산을 개발하지 못했지만 숙종과 영조 시대인 17세기 후반에 들어서서는 서서히 민간인이 주도하며 광산 개발을 왕성하게 전개했다.

등짐장수가 시장에서 판매한 사기그릇은 수공업을 상징한다. 따라서 종래의 농업 중심의 중세 신분제 지배 질서에서 벗어나는 과정을 '호랑이 눈썹' 설화는 역사적 사실에 근거를 두고 전개해 나갔다고 볼 수 있다. 변화하는 현실의 반영인 동시에 가렴주구에 고통받는 민중이 미래를 꿈꾸던 소망을 설화에 담은 셈이다.

수공업 제품을 시장에서 팔아 상업으로 부자가 된 주인공 부부와 산골의 광업으로 살림살이가 넉넉해진 부부(또는 화전민) 모두 행복하게 살았다는 설화의 귀결은 현실 변화에 나선 창조적 실천의 혜택이 모든 사람의 행복으로 나타난다는 점을 웅변하고 있다. 설화는 네 사람이 "한마음이 되어 살림을 전부 합치고 행복하게 잘 살았다"며 주인공 '한 남자'가 그들을 산골에서 데려와 더불어 행복한 삶을 실천했음을 마지막으로 강조한다. 광업으로 부유해졌기에 선뜻 산골을 떠날 경제적 기반도 갖췄을 법하다. '호랑이 눈썹' 구전설화에는 두 부부가 아예 "형제지간을 맺어 모두 잘 산다"로 끝을 맺은 변이형도 있다.

자기 안의 사회서사 변화를 일으킨 성찰과 노동으로 두 부부가 행복한 삶을 누린다는 설화의 고갱이는 절망에 빠진 민중들에게 희망의 상상력을 선사하지 않았을까. 설화 '호랑이 눈썹'에 담긴 사회서사의 의미는 비슷한 설화의 국제적 비교를 통해 한층 두드러진다.

♦

동아시아 3개국의
서로 다른 눈썹

♦ 　　　　　　　　동물의 눈썹으로 사람을 비추어 보는
이야기는 한국과 중국, 일본, 그리고 인도에서도 찾을 수 있다.
연구자들은 이야기의 '원화原話'를 인도 고대 설화에서 찾는다.
일본의 설화 연구자들은 인도의 고대 설화가 중국을 거쳐 조
선과 일본으로 전해졌다고 주장했다. 인도에서 전해진 경로는
여러 이설이 있지만 설화의 내용은 거의 같다. 한·중·일의 눈
썹 설화 '원화'로 연구자들이 꼽는 인도 설화의 줄거리부터 살
펴보자.

아내와 외아들을 둔 남자가 밤낮으로 사냥을 하기에 아내와 싸움
이 끊이지 않자 견디다 못해 전장에서 죽겠다며 전쟁터에 간다. 전
쟁에 임하기 전에 굶주린 배를 채우고 싶다고 혼잣말을 하자 마침
거기에 있던 데오 신이 듣고 까마귀로 변신하여 어떤 소녀가 요리
하는 곳으로 날아가 고양이로 변해 빵을 훔쳐 가지고 와서 남자에
게 준다. 남자는 까마귀에게 빵 조각을 나누어 주고 또 거기에 온
개에게도 떼어 주고 나머지는 자기가 먹은 후 전쟁터에 나간다. 전

쟁은 이미 끝나 있고 많은 사람이 죽어 있는데 독수리가 날아와서 깨끗한 시체는 먹지 않고 썩고 마른 시체만 먹는다. 그래서 그 이유를 물으니 독수리는 자기의 깃털로 시체를 보라고 한다. 독수리 깃털로 시체를 보자 돼지, 개, 고양이, 당나귀, 암염소, 개구리 등으로 보인다. 독수리는 다음 생애에 인간으로 태어날 자만을 먹는다고 하고 깃털 하나를 뽑아 준다. 집에 돌아와서 깃털로 모친을 보자 모친은 암염소, 아버지는 수소, 아내는 암캐이다. 아내를 쫓아내고 결혼할 사람을 찾으러 시장에 간다. 사람들이 모두 짐승으로 보이는 가운데 차마르의 딸이 사람으로 보여 구혼한다. 모든 사람이 비웃는다. 여자를 집에 데리고 오자 아버지의 눈에도 차마르의 딸이 사람으로 보여 결혼하여 행복하게 산다.

인도 설화에선 주인공이 현실의 삶에서 가난의 굴레로 고통받지 않는다. 다만 설화가 '차마르의 딸'과 결혼해 행복하게 산다는 점이 돋보인다. 혼인 대목에서 "모든 사람이 비웃"는 까닭은 주인공이 결혼한 여성의 신분 때문이다. 인도에서 차마르Chamar People는 '불가촉천민'이다. 교육은 물론 어떤 사회적 배려도 받지 못하고 평생 가난에서 벗어나지 못하는 사람들이어서 높은 계급의 카스트들은 불가촉천민들의 그림자조차 피했다. 하지만 '독수리 깃털'로 보았을 때 모두가 동물로 보이는 가운데 사람은 오직 그 불가촉천민의 딸뿐이었다. 인도 설화에는 카스

트제도의 현실을 넘어서는 실천서사가 담겨 있다.

일본 학자의 연구는 '동물 눈썹 설화'의 국제 비교를 통해 전생과 부부 관계 조명에 그치고 있지만, 동아시아 3국의 눈썹 설화를 사회서사로 짚으면 새로운 의미를 찾을 수 있다. 10세기에 기록된 중국 설화에는 호랑이가 아니라 학이 나온다.

이상공李相公이 숭산嵩山에 놀러 갔다가 병든 학을 보았는데 학이 사람의 피가 필요하다고 했다. 상공이 옷을 풀어헤치고 살을 찔러 피를 내려고 하자 학이 말했다. "세상에는 사람들이 매우 적으니 당신도 사람이 아닙니다." 그리고는 그에게 속눈썹을 뽑게 하여 그것을 가지고 동도東都(낙양洛陽)에 가서 눈을 대고 사람들을 보면 사람인지를 알 수 있다고 했다. 상공이 가는 도중에 자기를 비추어 보자 자기는 말머리였다. 동락東洛(낙양)에 도착하여 적지 않은 사람들을 만났지만 모두 온전한 사람이 아니라 개, 돼지, 나귀, 말이었고 한 노인만이 사람이었다. 노인에게 병든 학의 뜻을 전하자 노인은 웃으며 나귀에서 내려 팔을 걷어붙이고 찔러 피를 냈다. 상공이 피를 얻어 학에게 발라주었더니 학은 즉시 나았다. 학이 감사해하며 말했다. "당신은 곧 태평성대의 재상이 된 후에 다시 하늘로 올라가게 될 것입니다. 서로 만날 날이 멀지 않았으니 삼가 나태해지지 마십시오." 상공이 감사해하자 학은 하늘로 솟구쳐 올라 날아가 버렸다.

설화 '학의 속눈썹'은 송나라 때까지의 설화를 500여 권으로 집대성한 『태평광기太平廣記』(978)에 나오는 작품으로 '선계仙界'의 상징인 병든 학을 치료하고자 사람의 피를 찾아가는 과정을 '진짜 인간의 고귀함을 드러낸 설정'으로 풀이된다. 그런데 인도 설화처럼 중국 설화에서도 주인공은 가난한 민중이 아니다. 삶이 고통스럽지 않기에 현실을 벗어나려는 몸부림도 없다. "놀러 갔다가" 병든 학을 만났을 따름이다. 그가 학의 속눈썹으로 다닌 이유도 하늘에서 온 학에게 필요한 사람의 피를 구하기 위해서다. 결국 병든 학은 사람의 피를 제공받아 하늘로 솟구쳐 올라간다. 학은 주인에게 '태평성대의 재상'을 예언한다.

본디 짐승이었던 주인공이 병에 걸린 이웃을 구함으로써 재상이 되었다는 점을 평가할 수 있지만 출세 설화에 가깝다. 관존민비의 사상마저 엿보이는 심층에는 적응서사가 자리 잡고 있다. 더욱이 인도 설화와 달리 아래로부터 올라오는 민중이 보이지 않는다.

일본의 설화는 또 다르다. 일본 구전 자료에 나온 '이리 속눈썹'의 내용은 다음과 같다.

> 부지런하지만 가난한 남자가 가난을 비관하여 이리의 먹이가 되려고 갔는데, 어느 이리도 잡아먹으려고 하지 않고 마지막의 한 마리가 속눈썹을 주며 그것으로 아내를 보라고 일러준다. 남자가 그

속눈썹으로 아내를 보자 소로 보이기에 아내와 헤어지고 집을 떠난다. 밤에 숙박하게 된 부잣집에서 속눈썹으로 사람들을 보자 일하는 사람들은 모두 조수鳥獸이고 주인 부부는 다이코쿠大黒와 에비스惠比寿라서 그들에게 속눈썹을 사용해 보도록 한다. 부자가 속눈썹으로 남자를 보자 복신福神으로 보여서 남자는 그 집의 사위가 된다.

'이리 속눈썹' 또는 '늑대 속눈썹'은 비슷한 설화가 30여 편 채록될 만큼 일본에서 대표적 설화로 꼽히고 만화영화로도 만들어졌다. 동화로 한국에 번역되어 소개되기도 했다. 호랑이가 없는 일본 열도에서 이리는 한국의 호랑이와 비슷한 '무게'를 지닌다.

이리는 일본어로 오오카미狼, おおかみ이며 신을 말하는 오오카미大神, おおかみ와 발음이 같다. 신으로 대용되어온 이유다. 일본에서 이리는 최대 포식동물로 두려움과 숭앙의 대상이다. 일본의 몇몇 신사神社에 '신의 사자'로 안치되어 있다. 박연숙의 연구에 따르면 "사람의 말을 알아듣고 인간의 본성을 알고 액을 막고 화재나 도적의 재난을 지키는 힘을 가진 것으로 여겨졌다." 신적 영물의 상징인 이리의 속눈썹으로 사람의 본성을 알아본다는 설정은 한국의 설화와 동일하다.

하지만 '이리 속눈썹'의 귀결점은 '호랑이 눈썹'과 사뭇 다르다. 아내와 헤어지고 집을 떠난 주인공은 부잣집에 가서 그 이리 속눈썹을 부자에게 건넨다. 주인공은 주체가 아니라 객체가 된다. 이어 부잣집의 사위가 되는 이야기로 마친다. 일본 설화에서 소牛인 아내와 갈라선 남자가 이리 속눈썹을 부자 부부에게 건넨 대목에서 그의 자긍심과 기개가 엿보인다. 부잣집에 숙박하며 부자의 눈에 잘 보임으로써 사위가 되는 모습에선 적응서사를 읽을 수 있다. 결국 최종 선택은 부자라는 점에서 현실의 변화를 꾀한 실천서사로 보기는 어렵다.

변이된 설화에선 다른 결말도 있다. 이리의 속눈썹이 아니라 승냥이의 수염으로 설정된 설화에선 수염을 얻는 과정도 조금 다르다. 어느 법인法印(승려의 직급 중에 최고 직위)이 사람을 잡아먹는 승냥이를 꾸짖는다. 그러자 승냥이는 '머리는 인간이지만 마음이 짐승인 자만을 먹는다'며 그것을 구별할 수 있는 수염을 준다. 그 수염에 비친 짐승 모습의 인간들을 본 법인은 산에 틀어박혀 수행에 전념한다. 변이된 설화에서 드러나는 사회서사는 관조서사이다. 산에 틀어박혀 수행하는 은둔에서 관조서사의 병리적 모습인 방관 서사를 볼 수 있다.

간추리면 동아시아에서 중국과 일본의 대표적 '눈썹 설화'는 인도의 고대 설화와 사회서사가 사뭇 다르다. 사회 현실을 민중의 눈으로 바라본다고 해석할 근거가 없어 보인다. 그 점에서도 한국의 '호랑이 눈썹' 설화는 여러 나라의 '동물 눈썹 설화' 속에서 백미처럼 돋보인다.

'독수리 깃털'이나 '이리 속눈썹', '학의 속눈썹'과 달리 '호랑이 눈썹'은 설화의 처음부터 마지막까지 가난한 사람들과 주변으로 내몰린 사람들을 중심에 둔다. 사람이 사람답게 살아가는 세상으로 사회적 변화를 꿈꾸는 실천서사가 듬뿍 담겨 있다. 이 땅에서 우리보다 앞서 살아간 민중들은 바로 그 '눈썹'을 우리에게 남겨주었다.

◆

동물로 살아가는 사람들에게
새로운 세상을

◆ 설화 '호랑이 눈썹'을 '사회서사'로 들여다봄으로써 사뭇 다른 의미를 발견할 수 있었다. 설화의 가난한 민중인 주인공은 지배 세력이 설정한 현실의 질서에 순종하거나 관조하지 않고 실천서사에 나서 행복을 찾았다. 그 과정에서 지금까지 살아온 질서와 결별하고 과감히 새로운 질서를 추구한다. 주인공이 등짐장수 아내와 부자가 된 뒤에도 쫓아낸 사람들을 찾아 화목하게 살았다는 설정은 갈라서면서도 다시 감싸는 민중의 지혜를 보여준다.

사회에서 구조적으로 고통받고 있는 민중이 죽고 싶도록 힘든 현실―설화 '호랑이 눈썹'의 첫 대목에서 강조한 사회 현실은 자살률이 세계적으로 높은 대한민국의 현실을 떠올리게 하지만 설화의 주인공 남자는 자살하지 않는다―을 벗어나는 과정에서 우리는 목숨을 건 결단, 죽음을 각오한 용기가 필요하다는 진실을 확인할 수 있다. 그 과정은 순종서사와 관조서사에서 실천서사로 자기서사가 성장하는 과정이기도 하다.

  '호랑이 눈썹'은 잘못된 사회체제에서 사회서사 변화 없는 '상생'의 논의는 자칫 덕담에 그칠 수 있음을 깨닫게 해준다. 견고한 사농공상士農工商 체제에서 고위 양반 관료들이 안정된 토지를 기반으로 오늘날의 재벌 못지않은 호화 생활을 즐기고 있을 때, 설화는 최선을 다해 일해도 가난의 굴레를 벗어나지 못해 자살을 고심하는 민중들에게 새로운 사회의 가능성을 구체적으로 보여주었다.

  양반 지주들과 농업 중심의 중세사회 구조에서 상업과 수공업·광업으로 가난을 벗어났다는 설화의 구체적 내용은 당시 실학자들이 상공업 진흥을 주장한 담론과 숨결이 같다. 결국 '호랑이 눈썹'은 민중 개개인이 자신의 심층에서 작동하는 순종서사를 넘어설 결단과 용기를 북돋아주는 소통(커뮤니케이션) 효과를 지닌 작품이다. 민담을 폭넓게 연구한 신동흔이 지적했듯이 "민담에 담긴 의미는 자기도 모르는 가운데 무의식중에 움직여서 은밀히 스며드는 것이 특징"이기에 더 그렇다.

그렇다면 목숨을 건 결단이나 죽음을 각오한 용기가 없을 때 사회서사 변화는 불가능할까, 과연 민중 속에서 목숨을 건 결단과 용기를 지닐 사람은 얼마나 될까라는 문제가 제기될 수 있다. 하지만 바로 그 지점에 설화의 힘, 옛이야기의 힘, 문학의 힘이 있지 않을까. 문학작품과 '문학으로서 사람'을 통한 서사의 변화, 바로 문학치료학과 우주철학의 길이다.

설화 '호랑이 눈썹'은 민중이 순종서사에서 실천서사로 전환하는 매개(미디어)가 된다. 새롭게 세상을 보는 눈이다. 사회적으로 절망한 사람들, 자살을 고심하는 사람들에게 '호랑이 눈썹으로 세상을 보라'고 용기를 북돋는다. 주자학을 이데올로기로 농업만 중시하는 '지주 중심'의 사회체제를 과감히 벗어나 상업과 광공업으로 풍요로운 새로운 사회체제를 눈앞에 그려준다.

설화는 짐승처럼 살아가는 사람들과 결별하고 힘차게 살아가되 그들도 사람답게 살 수 있는 세상을 일궈가라고 권한다. 수많은 한국인이 설화를 소통하며 다듬어 전해준 지혜, 철학이다. 사람이 사람답게 살 수 있는 사회를 그려볼 수 있는 눈은 21세기 지구촌에서도 절실하다.

'너희 술과 안주는 민중의 피와 살', 공론장의 맹아

　설화 '호랑이 눈썹'에 등장하는 상업과 광업은 세계사의 흐름을 바꿨다. 17~18세기까지 경제력과 군사력이 동아시아보다 뒤졌던 유럽이 근대 문명을 형성한 기반이 상업과 광업에서 출발했기 때문이다.

　동아시아와 달리 서유럽은 중앙집권 체제가 강력하지 못했기 때문에 지배 질서의 여기저기에 틈새가 있었다. 그 틈새에서 상인과 수공업자들이 점점 세력을 형성해갔다. 콜럼버스가 아메리카 대륙에 도착한 이유도 상업적 이익 추구에 있었다. 남·북 아메리카에 침입한 유럽인들은 광업을 통해 엄청난 금과 은을 채굴했고 그것을 발판으로 상공업을 빠르게 성장시키면서 자본주의가 뿌리내렸다. 자본을 축적하며 힘을 키운 상공인들은 자신들의 세금으로 대부분 유지되는 왕국에서 정작 정치적으로 배제되는 현실에 문제의식을 갖게 되었다. 근대 민주주의 출발점인 시민혁명의 배경이다.

　자본주의와 민주주의가 지구촌에 보편화되면서 동아시아 학자들은 내부에서 서유럽과 비슷한 움직임이 있었다는 사실을 규명하고 나섰다. 대표적 이론이 '자본주의 맹아론'이다. 한국에서도 역사학자 김용섭과 강만길이 각각 조선 후기에 농업과 상업에서 자본주의로 이행하는 맹아가 싹트고 있었다는 논문을 발표했다. 두 학자의 선구적 연구에 이어 수공업과 광업에서도 맹아를 찾아낸 논문들이 잇따라 발표됐다. 그 맥락에서 국문학계에서도『흥부전』의 흥부와 놀부를 새롭게 해석한 연구들이 나왔다. 가령 황혜진은 놀부를 '농업 생산력의 발전에 힘입어 발생한 잉여생산물을 화폐로 전환하여 축재하는 수전노형 부농'으로 보았다.

조선 후기의 상업을 연구한 강만길은 "전통 사회의 상인이나 수공업자가 지배 권력의 질곡에서 벗어나는 과정을 밝히는 일이 곧 스스로의 힘으로 끊임없이 전진해온 우리 역사의 참모습을 찾는 길"이라고 보았다. 그는 상업자본의 발달 과정에 대해 '개성상인'의 예를 들어 조선왕조 후기에 개성이 "인삼의 인공 재배와 그것의 홍삼으로의 가공업의 중심지가 된 것은, 그곳의 토양과 기후가 인삼 재배에 적당하였기 때문이기도 하였지만, 무엇보다도 인삼이 인공으로 재배되기 전부터 개성상인들이 인삼의 국내외 상업의 주도권을 가지고 그것으로 상업자본을 집적할 수 있었기 때문"이라고 분석했다.

물론 자본주의 맹아론에 비판도 나왔다. 이른바 '식민지 근대화론'을 대표하는 이영훈은 19세기 조선에서 어떤 맹아도 찾을 수 없다고 주장했다. 그런데 그조차도 17세기 전반 이후 조선이 일본과 청나라 사이에 중계무역으로 경제적 번영을 누렸고 그에 따라 농촌에 정기시定期市가 나타나 상품을 거래하며 화폐가 유통된 사실을 인정한다. 농업생산력이 발전함으로써 상품 생산도 촉진되었다. 다만 이 영훈은 그런 번영이 19세기에 들어와 갑자기 악화됐다며 그것을 근거로 자본주의 맹아론은 사실과 다르다고 주장한다.

하지만 그렇게 볼 수 있을까. 이영훈과 그를 따르는 식민지 근대화론자들 대부분이 역사학자가 아니라 경제사를 연구한 경제학자로 역사를 보는 눈이 제한되어 있다. 19세기에 경제가 악화된 까닭은 정조 이후에 세도정치가 기승을 부리며 양반계급의 착취가 극심했던 탓이다. 민중들은 그 변화를 정확히 인식하고 있었다. 조선 후기에 신분제도를 정면으로 비판하는 문학작품들이 많이 소통된 사실에서도 확인할 수 있다.

무엇보다 『홍길동전』의 영향을 받은 판소리 소설들이 대거 나타났다. 구전설화를 밑절미로 18세기에 판소리 소설로 나온 『춘향전』은 이몽룡의 시를 빌려 "금 술잔에 부은 향기로운 술은 천 백성의 피요, 옥쟁반의 기름진 안주는 만백성의 살점이다(金樽美酒千人血, 玉盤佳肴萬姓膏), 잔칫상의 촛농 떨어질 때 백성 눈물 떨어지고 노랫소리 높은 곳에 원망 소리 높다(燭淚落時民淚落 歌聲高處怨聲高)"라며 양반계급의 통치를 신랄하게 비판해 민중의 사랑을 받았다.

민간인이 판매를 목적으로 간행한 출판물인 방각본坊刻本도 상품화폐 경제의 발달과 함께 늘어났다. 이미 영조(1694~1776) 초기부터 방각본 출판이 활성화하면서 양반 신분의 선비는 물론, 사대부의 규수·중인·서출·서리 들이 독자층으로 떠올랐다. 19세기에 이르면 사대부 가문의 부녀자뿐 아니라 평민들로 독자층이 넓어졌다. 풍자와 해학을 통해 사회 현실을 비판하는 목소리가 강하게 들어 있는 작품이 당시 정치, 사회에 끼친 영향은 컸다.

여기서 철학자 하버마스$^{Jurgen\ Habermas}$의 '공론장^{Öffentlichkeit}' 개념을 이해할 필요가 있다. 민주주의 주요 개념으로 학계에 정착된 공론장은 '모든 사람이 원칙적으로 동등한 기회를 가지고 각자의 개인적 성향, 희망, 신조, 의견을 제시할 수 있는 마당'이다. 눈여겨볼 것은 공론장이 유럽에서 갑자기 생겨나지 않았다는 점이다. 근대 초기에 카페나 선술집에서 시작해 '문예 공론장'을 거쳐 비로소 형성됐다. 문예 공론장에서 가장 큰 비중을 차지하는 것은 물론 문학이다. 문학을 통해 자유와 평등을 주창하는 흐름이 두드러진 곳이 서유럽 밖에서는 조선이 거의 유일했다는 연구 논문도 나와 있다. 그만큼 조선의 민중 의식이 성장하고 있었다는 뜻이다.

『홍길동전』에서 시작해 『춘향전』과 여러 판소리에 이르는 문학적 흐름은 조선 후기에 농업 생산력과 상공업과 광업의 발달로 새로운 시대가 꿈틀대고 있었음을 보여준다. 민중 사이에 소통되어온 설화가 그 흐름에 가세한 것은 물론이다.

문예 공론장에서 성장해가던 민중의 비판 의식은 19세기에 들어와서 민중운동으로 전개되었다. 자본주의 맹아는 19세기 들어서면서 한계를 맞았다고 해도 '공론장의 맹아'는 오히려 더 맹렬하게 자라났다. 다만 외세와 그들을 끌어들인 지배 권력이 그 '민주주의 맹아'를 짓밟았을 뿐이다. 자본주의 맹아론보다 공론장의 맹아론이 한국사를 짚어볼 때 더 의미 있는 개념이 될 수 있다. 외세의 침탈이 없었다면 조선에서 싹튼 공론장의 맹아가 동학혁명과 이어져 서양의 자본주의와 다른 근대의 길을 열어갔을 수 있기에 더욱 그렇다.

6장

◆

깊고 너른
사랑 받은

'아기장수'

◆

◆

가슴에 맺힌 한
또는 깊은 슬픔

◆   아기장수. 그 이름은 한국인의 가슴에 한으로 맺혔다. 한恨은 외국인이 선뜻 이해하기 어려운 정서로 실제 다른 언어로 번역이 어렵다. "몹시 원망스럽고 억울하거나 안타깝고 슬퍼 응어리진 마음"이라는 국어사전 풀이처럼 서리서리 엉켜져 있다. '한국인의 한'이라고 무람없이 일반화해도 될 만큼 설화 '아기장수'는 강원, 경기, 경상, 전라, 제주, 충청도(가나다순)까지 골골샅샅에 전해져온 광포 설화다. 서울 지역만 국한해 보더라도 중랑구에 용마산, 성동구에 장수바위, 강남구에 마고개가 있다.

공식 채록된 이야기만 수백 편에 이른다. '아기장수'가 오랜 세월에 걸쳐 민중들로부터 너른 사랑을 받았다는 증거다. 큰 얼개는 어금버금하지만 설화의 변이형도 많다. 연구자들은 변이형을 두 유형으로 나눈다. 한국 설화를 연구해온 신동흔은 '아기장수' 설화에 맥락을 달리하는 두 이야기가 있다며 하나는 '날개 달린 아기장수와 용마'로, 또 하나는 '어머니의 배반으로 실패한 아기장수'로 소개한다.

날개 달린 아기장수와 용마 : 시골 어떤 집에 아이가 태어났는데, 부모가 일을 하고 돌아와 보니 갓난아이가 땀을 흘리고 있었다. 놀란 부모가 몰래 엿보니 아이가 겨드랑이의 날개를 움직여 방 안을 폴폴 날아다니는 것이었다. 집에 장수가 난 것을 깨달은 부모는 자칫 집안에 후환을 미칠까 두려워하여 볏섬(또는 돌, 기타)으로 아이를 눌러서 죽이고 말았다. 아이가 죽고 나자 어디선가 용마가 나타나 구슬피 울다가 사라졌다.

어머니 배반으로 실패한 아기장수 : 한 시골집에서 여인이 들판에서 일을 하다가 억새로 탯줄을 끊고 아이를 났다. 그 아이는 아랫몸이 없고 윗몸만 있어 우투리(웃도리)라고 불렸다. 어느 날 그 아이는 (장수로서의 비범한 능력을 보인 후) 어머니에게 청하여 (곡식을 가지고) 바위 밑(땅 속)으로 잠적했다. 그 후 나라에서 우투리를 죽이려고 보낸 관군이(이성계가 오기도 한다) 탐문 끝에 그 어머니를 찾아냈다. 그녀는 우투리가 금기로 제시한 기한을 눈앞에 두고서 아들 있는 곳을 실토하고 말았다. 관군이 우투리 있는 곳을 파보니 아랫몸이 거의 다 자란 상태에서 (곡식이 변한 수많은 군사를 거느리고) 출정할 준비를 하고 있었다. 그러나 우투리는 기한이 덜 찼던 탓에 미처 힘을 쓰지 못하고 죽임을 당하고 말았다.

두 이야기를 줄여서 '날개 유형'과 '곡물 유형'으로 분류하기도 한다. 두 유형을 살펴보면 분명 서사의 내용에 차이가 있다. 다만 설화에 여러 변이형이 있다 보니 두 유형이 섞여 있는 이야기도 많이 전승되어왔다. 실제로『한국민족문화대백과』를 비롯한 여러 백과사전들이 하나로 정리된 '아기장수' 설화를 수록하고 있다.

따라서 전문적인 설화 연구자들은 두 유형으로 나누고 서로 견주어 논의할 수 있지만, 설화를 소통하는 일반인들까지 그럴 필요는 없어 보인다. 전문적인 연구라 하더라도 두 설화의 주제에 공통점을 찾아 그 의미에 주안점을 둘 때는 굳이 유형을 나누지 않고 논의할 수 있다. 여기서는『국어국문학자료사전』에 수록되어 소통되고 있는 간략한 이야기를 여러 '아기장수' 설화의 '표본'으로 삼고자 한다(단락에 붙은 번호는 분석을 위해 덧붙였다).

① 옛날 어느 곳에 한 평민이 아들을 낳았는데, 태어나자마자 겨드랑이에 날개가 있어 날아다니고 힘도 센 장수였다.
② 부모는 이 장수가 크면 장차 역적이 되어 집안을 망칠 것이라고 해서 돌로 눌러 죽였다.

③ 아기장수가 죽을 때 유언으로 콩 닷 섬과 팥 닷 섬을 같이 묻어 달라고 하였다. 얼마 뒤 관군이 아기장수를 잡으러 왔다가 부모의 실토로 무덤에 가보니 콩은 말이 되고 팥은 군사가 되어 막 일어나려 하고 있었다. 결국 아기장수는 성공 직전에 관군에게 들켜서 다시 죽었다.

④ 그런 뒤 아기장수를 태울 용마가 나와서 주인을 찾아 울며 헤매다가 용소에 빠져 죽었다. 지금도 그 아기장수나 용마의 흔적이 남아 있다.

설화 ①은 출중한 힘을 갖춘 아기의 탄생을 알린다. 부모로선 기쁜 일이고 이웃도 축하할 일이다. 하지만 바로 그 첫 문장에 문제가 담겨 있다. '날개'로 상징되는 뛰어난 능력을 갖춘 아이가 양반계급의 신분제 사회에서 평민으로 태어났다는 것이다. 여러 변이형 설화에서 마을 사람들이 수군대는 이야기가 이어진다. 왕의 권력에 맞서면 당사자는 물론 3대에 걸친 가족을 모두 죽이고, 민중 봉기(민란)가 일어나면 지도자가 나온 마을 전체를 단죄했던 전근대 사회에서 '날개 달린 아기'의 등장은 긴장을 불러오게 된다.

설화 ②에서 부모가 집안을 구한다는 명분으로 아기를 죽이는 장면은 잔혹하고 충격적이다. 변이형 설화에서 가장 많이 나오는 '살해 도구'가 맷돌이다. 농가에선 생활필수품의 하나다.

'팥죽할멈이 호랑이 잡은 이야기' 설화에서 맷돌은 탐학한 호랑이에 치명타를 입히며 팥죽할멈을 살리는 '무기'였지만, '아기장수' 설화에서 지독한 순종서사를 가슴 깊이 지닌 부모에게 그것은 빼어난 아기를 죽이는 '흉기'가 된다. 심층에 어떤 사회서사를 지녔는가에 따라 집안의 생활 도구가 '살리는 무기'가 될 수 있고 '죽이는 흉기'가 될 수 있다.

설화 ②만 하더라도 비극이지만 여기서 그치지 않는다. 아기장수는 부모가 자기를 죽이는 순간을 의식한다. 일부 변이형에선 쉽게 죽지 않고 몸부림치기도 한다. 그럼에도 유언을 남긴다. 설화 ③에서 참혹한 죽음을 맞은 아기장수는 콩과 팥을 같이 묻어달라고 한다. 하지만 그 유언조차 부모는 지켜주지 못한다. 아기장수 색출에 핏발이 선 관군에게 실토했다. 관군이 무덤을 파헤치자 "콩은 말이 되고 팥은 군사가 되어 막 일어나려"던 참이었다. 아기장수는 완성되지 못한 군사들과 함께 죽음을 맞는다. 부모로 인해 두 차례나 죽음을 맞은 셈이다.

설화는 거기서 끝나지 않는다. ④에서 아기장수를 태우려고 용마가 등장한다. 안타까움과 비애감이 증폭된다. 결국 아기장수를 찾지 못해 울던 용마는 깊은 물에 빠진다.

'아기장수' 설화에 대해 현대 한국인들은 적잖이 냉소적이다. 가령 인터넷 백과인 '나무위키'에서 다음과 같은 반응을 발견할 수 있다.

어릴 적의 동심 깨는 설화 중 하나이지만 하필 이것저것 다 알기 시작하는 중학교의 필수과목인 국어책에 들어 있다 보니 재미 삼아 읽었다가 내용을 보고 꿈도 희망도 없는 결말에 충격과 공포에 빠졌다.

영웅의 출현을 통해 부패한 세상의 개혁을 원하는 민중의 바람이 스며든 이야기지만 결말은 새드 엔딩이라는 게 특징이다. 이는 기존의 권력에 맞서기에는 너무나도 나약한 소시민의 모습을 묘사한 것이라는 분석도 있다. 우투리가 산속에서 홀로 곡식으로 병사를 만들고 어처구니 없는 이유로 대실패한 것부터 매우 황당하다는 느낌도 있다.

보통은 해피 엔딩이나 희망찬 엔딩으로 끝나는 한국 설화답지 않게 꿈도 희망도 없는 배드 엔딩으로 끝나는 몇 안 되는 작품이다. 세상을 구하기 위해 등장한 주인공 입장에서는 기껏 태어나서 모든 계획을 만들었더니 부모가 트롤 짓을 해서 두 번이나 죽어버린 데다 부모는 부모대로 자식이 죽는 걸 두 번이나 지켜봐야 했고 의도치는 않았지만 이래나 저래나 대역죄를 가진 자식의 일을 도와준 셈이니 임금 입장에서도 곱게 봐주지도 않았을 테니 좋은 결말이 나지도 않았을 것이다.

충분히 헤아릴 수 있는 서술이다. 다만 '아기장수'를 그렇게 본다면 이 설화가 왜 오랜 세월에 걸쳐 민중들로부터 너른 사랑을 받았는지 이해할 수 없다. 표층적 이해를 넘어 설화를 조금 깊이 들여다보아야 할 이유다.

◆

민중들은 왜 '실패한 이야기'를 소통했을까

◆   '아기장수' 설화가 왜 모든 지역에 걸쳐 너른 사랑을 받아왔는지 파악하기 위해 짚을 문제들이 있다. '설화를 들려준 사람(송신자)들은 무엇을 전달하고 싶었을까', '또 설화를 들은 사람(수신자)들은 무엇을 전달받았을까', '그 소통(커뮤니케이션)의 효과는 무엇일까'가 그것이다.

설화가 채집되기 이전부터 오랜 세월 전승되어왔기에 초기 송신자들의 생각을 확인할 방법은 없다. 다만 신분제의 왕정 시대에 널리 퍼진 사실에 비춰 보면 '아기장수'의 송신자들은 적어도 지배 세력이 아닐 가능성이 높다. 어떤 지배 세력이 아기를 잡으러 올 정도로 자신을 포악하게 그린 '아기장수' 설화를 민간에 유포하겠는가라는 질문을 던져보면 쉽게 판단할 수 있다. 더러는 그것이야말로 지배 세력의 간교한 이데올로기 전략으로 풀이할 수도 있겠지만 지나친 탁상 해석이다. 만일 '아기장수'가 지배 세력이 이데올로기적 효과를 노리고 의도적으로 유포한 것이라면, 지금 전승되어오는 내용과는 달라야 한다. 어떤 변이형이든 '아기장수' 설화를 지배 세력이 퍼트리기엔 '위험 부담'이 크기 때문이다.

따라서 송신자는 현실을 직시하고 있던 피지배 세력으로 보는 게 설화의 내용에 미루어 타당한 추론이다. 다만 지배 세력 가운데 몰락한 양반이나 실학자들을 비롯한 체제 개혁적 양반도 송신자가 될 수는 있겠다.

표면적으로만 보면 '아기장수' 설화는 분명 민중의 패배, 좌절의 이야기다. 하지만 송신자가 누구인가를 생각해보면, 자연스레 의문이 생긴다. 과연 피지배 세력은 좌절과 패배를 기리기 위해 이 이야기를 송신했을까? 드물겠지만 송신자가 지배 세력이라면, 민중은 패배할 수밖에 없다는 운명론을 강조할―그것이 세련되고 교활한 방법이든, 투박한 방법이든―의도로 이해할 수 있다.

그렇다면 피지배 세력이 굳이 스스로 패배의 메시지를 전승한 이유는 무엇이었을까. '아기장수' 설화의 표면적 이야기는 패배이지만, 그 이야기에 담긴 서사가 패배나 절망과는 뭔가 다른

데 있다고 추론하는 것이 합리적이다. 무릇 물음은 언제나 우리에게 인식의 지평을 넓혀주고 깊게 해준다. 문제를 파악하기 위해 실제 다음과 같이 설문조사를 했다.

〈설문 1〉 옛날 어른들은 왜 이 이야기를 아이들에게 들려주었다고 생각합니까?

① 현실에 순응을 가르치기 위해서

② 아이에게 세상을 제대로 바꿔보라는 기대로

③ 순응 반 기대 반

④ 기타

〈설문 2〉 이 이야기를 들은 아이들은 무슨 생각을 했을까요?

① 현실에 순응하며 살아야겠다   ② 잘못된 세상을 바꿔가겠다

③ 상황을 보아가며 바꿔가겠다   ④ 기타

〈설문 3〉 옛날 사람들은 왜 이 이야기를 어른들끼리 서로 나누었다고 생각합니까?

① 서로 체념을 권하고 싶어서

② 한이 많아서

③ 우리 아이들을 제대로 키우자 다짐하고 싶어서

④ 기타

〈설문 4〉 당신은 이 이야기를 듣고 무슨 생각이 들었습니까?

① 분개했다   ② 체념했다

③ 처음엔 분개했지만 체념했다   ④ 처음엔 체념했지만 분개했다

〈설문 5〉 당신은 이 이야기를 듣고 어떻게 살아야겠다고 생각했습니까?

① 현실에 순응하며 살아야겠다   ② 잘못된 세상을 바꿔가겠다

③ 상황을 보아가며 바꿔가겠다   ④ 기타

〈설문 6〉 이 이야기에서 아기를 죽인 부모는 누구라고 생각합니까?

① 실제 부모   ② 모든 어른   ③ 지배 권력   ④ 기타

설문조사는 서울 지역의 한 사립대학교 문과대학 학생들을 대상으로 1차에서 38명, 2차에선 전교생 대상의 교양강좌인 '삶과 소통' 수강생 64명을 대상으로 했다. '④ 기타'에는 괄호 속에 '간단히 써주세요'라고 덧붙였다. 4개월의 시차를 두고 총 102명을 대상으로 두 차례 시행한 설문 결과를 보기 전에 독자들 나름대로 답해보기를 권한다. 자기 생각과 다른 사람들의 생각을 견줘볼 수 있는 기회다(자세한 설문조사 분석은 학술지에 논문으로 발표했고 『민중언론학의 논리』에 담았기에 여기서는 최소한으로 줄인다).

옛날 어른들이 왜 이 이야기를 아이들에게 들려주었다고 생

각하는지를 묻는 〈설문 1〉의 응답 가운데 '현실에 순응을 가르치기 위해서'는 조사 대상 102명 가운데 29명에 지나지 않았다. 이보다 훨씬 많은 과반수가 '세상을 제대로 바꿔보라는 기대'를 전적으로나(27명) 부분적으로(31명) 가지고서 설화를 들려주었다고 생각했다.

실제로 '설화를 들은 아이들은 무슨 생각을 했을까'라는 〈설문 2〉의 결과는 더 분명했다. '현실에 순응하며 살아야겠다'(25명)보다 '잘못된 세상을 바꿔가겠다'(34명)에 응답한 사람이 더 많았고, 더구나 '상황을 보아가며 바꿔가겠다'(26명)까지 더하면 '현실에 순응하며 살아야겠다'고 생각했을 거라는 응답자 25명보다 압도적이었다. 설령 설화의 송신자가 '현실 순응'을 의도해 메시지를 전달했다고 하더라도 수신자인 '아이들'은 그렇게 받아들이지 않았으리라는 추정이 가능하다.

'옛날 사람들은 왜 이 이야기를 어른들끼리 서로 나누었다고 생각하느냐'는 설문 3의 물음에 '서로 체념을 권하고 싶어서'라는 응답자는 8명뿐이었다. '한이 많아서'가 66명으로 가장 많았고, '아이들을 제대로 키우자 다짐하고 싶어서'도 18명에 이르렀다. '기타' 10명의 응답자 가운데는 "능력이 있어도 역적으로 몰리는 사회를 고발·비판하기 위해서"라거나 "구원자(?)가 또 나타나 그때는 뜻을 이루기를 바라는 마음에서"라는 의견을 썼다. 결국 102명 응답자 가운데 8명을 제외한 절대다수가 무엇인가를 꿈꾸기 위해서 설화를 서로 나눴다고 추정한 셈이다.

설화의 내용을 어떻게 파악했을까를 짚어본 데 이어 실제로 그 이야기를 들은 당사자의 생각을 들여다볼 필요가 있었다. 설화를 21세기 시점에서 들은 20대들에게 직접 '이야기를 듣고 무슨 생각이 들었는가'를 묻는 〈설문 4〉에 '분개했다'와 '체념했다'는 각각 43명과 11명으로 4배 가까운 차이가 났다.

'이야기를 듣고 어떻게 살아야겠다고 생각했는가'라는 〈설문 5〉는 '자기서사'의 변화를 측정할 수 있는 물음이었다. '현실에 순응하며 살아야겠다'는 6명뿐이었고, 대다수가 '잘못된 세상을 바꿔가겠다'(43명)거나 '상황을 보아가며 바꿔가겠다'(35명)고 응답했다. '기타'라고 답한 18명도 결코 순응만 하며 살지 않겠다는 '자기서사'가 또렷했다. 좌절의 비극을 그린 작품서사를 보며 '세상을 바꾸겠다'는 서사에 이른 사람이 절대다수인 셈이다.

그렇다면 누구와 싸워야 할까. 〈설문 6〉에서 '아기를 죽인 부모는 누구라고 생각하는가'라는 질문에 '실제 부모'라고 응답한 이는 6명에 지나지 않았다. 가장 많은 생각은 '지배 권력'(47명)이었고, 이어 '모든 어른'(37명)이었다. 102명 가운데 84명이 지배 권력과 기성세대를 꼽았다. 기타로 응답한 12명은 자기 생각을 다음과 같이 썼다. "사회구조", "현실의 체제와 이에 순응 및 고수를 원하는 사람들", "화석화된 윤리, 도덕관과 이데올로기, 그리고 집단주의적인 성향", "권력 구조의 억압성", "모두(항목 모두)", "어리석은 사람", "힘없는 서민들", "지배 권력과 현세와 세상에 어두운 무지한 이들" 등이었다. 결국 '아기장수' 설화를 들은 대다수 수신자들이 분노를 느끼는 대상은 '실제 부모'가 아니라 '지배 권력'과 '기성세대'가 짜놓은 구조임을 확인할 수 있다.

설문조사에서 나타났듯이 '아기장수' 설화는 많은 의미를 담고 있다. 언뜻 표층만 보면 실패담으로 이해하게 되지만, 몇 가지 물음만 던져보아도 설화의 문학성이 확연히 드러난다. 설화의 심층에 있는 작품서사가 설화를 듣거나 읽는 사람들의 서사에 영향을 주어 사회서사의 변화를 이룰 수 있다. 여러 사람이 함께 설화를 송수신할 때 그 영향은 더 깊어질 수 있다.

◆

새로운 세상의 꿈과
민중 영웅

◆　　　　　　　설화 속의 인물, 아기장수에 한국인들이 너른 사랑을 보내는 까닭은 설화가 '새로운 세상'을 꿈꾸는 민중의 열망을 깊은 슬픔으로 담고 있어서다. '아기장수' 설화에는 세상을 바꿀 '민중 영웅'을 기다리는 간절함이 배어 있다. 물론, 설화에서 아기장수는 온전히 성장도 못 하고 죽음을 맞는다. 실

제 현실에서 민중이 기대하고 기다렸던 영웅이 아직 나타나지 않았기에 설화를 듣는 사람에게 그 죽음은 더 애통하고 애수에 잠기게 한다. 설화에 나오는 콩과 팥을 보며 그 수준으로 어떻게 세상을 바꿀 수 있느냐고 웃어넘길 수 있다. 하지만 설화를 조금만 들여다보아도 그렇지 않다는 사실을 파악하게 된다.

아기장수가 죽으며 유언한 '닷 섬의 콩과 닷 섬의 팥'을 짚어 보자. 당시 민중들은 일상생활에서 콩과 팥을 날마다 보았다. 그 콩과 팥이 모두 말과 군사로 변하기 직전이라고 했는데 닷 섬의 군사는 어느 정도일까. 지금의 독자들은 가늠하기 어렵겠지만 설화를 들려주고 들으며 소통할 때, 그 규모는 모두에게 충분히 실감할 수 있었다. 수량 단위로 '섬'이 익숙했기 때문이다. 한 섬은 열 말, 한 말은 열 되다. 되는 곡식이나 가루, 액체를 담아 양을 헤아린 그릇인데 사각형 모양의 나무로 만들었다. 요즘 단위로 한 되는 1.8리터로 쉽게 설명하면 500cc 생맥주 4잔이 조금 안 된다. 그 맥주잔을 40개 늘어놓으면 한 말, 400잔이 한 섬이다. 다섯 섬은 2000잔 남짓이다. 그 많은 잔에 가득 담긴 팥알을 추정하면, 팥 닷 섬의 군사력은 말 그대로 대군이다. 더구나 그 대군이 모두 말을 탄 기병이라면, 조선왕조의 관군을 충분히 제압할 수 있다. 그러니까 '아기장수' 설화를 주고받은 민중들에게 그것은 엄청난 사건으로 다가왔을 터다. 기실 자신과 같은 처지에 있는 민중들의 숫자는 일상의 곁에 있는 콩과 팥만큼 많음을 설화의 송·수신자들이 모를 리 없었다.

　더러는 부모가 자신의 아기를 죽인다는 설화의 설정이 너무 비현실적이라고 의문을 제기할 수 있다. 하지만 김부식이 기록한 『삼국사기』의 열전列傳 제10편에 실린 '궁예弓裔'란을 살펴보면 의문이 풀릴 수 있다. 김부식은 이렇게 서술한다.

　　궁예는 신라인으로 성은 김씨이다. 아버지는 제47대 헌안왕 의정誼靖이며 어머니는 헌안왕의 후궁이었는데 그 성과 이름은 전하지 않는다. 혹은 제48대 경문왕 응렴의 아들이라고도 한다.
　　(弓裔, 新羅人, 姓金氏. 考第四十七憲安王誼靖, 母憲安王嬪御, 失其姓名. 或云, 四十八景文王膺廉之.)
　　5월 5일에 외가에서 태어났다. 그때 지붕 위에 흰빛이 있어 마치 긴 무지개가 하늘로 뻗쳐오르는 것 같았다. 일관이 아뢰기를, "이 아이는 중오일重午日에 태어났고, 나면서부터 이가 있었으며, 또 광염이 이상하였습니다. 아마도 장래에 국가에 이롭지 못할 것이오니 마땅히 그를 기르지 마십시오"라고 하였다. 왕이 중사中使에게 명하여 그 집에 가서 그를 죽이도록 하였다. 사자가 포대기 안에서 궁예를 빼앗아 그를 다락 아래로 던졌다. 유모인 여자 종이 몰래 그를 받았는데 잘못하여 손으로 눈을 찔러 한 눈을 멀게 하였다. 안고 도망가서 고생하며 길렀다.
　　(以五月五日, 生於外家. 其時屋上有素光, 若長虹, 上屬天. 日官奏曰,

"此兒以重午日生, 生而有齒, 且光焰異常. 恐將來不利於國家, 宜勿養
之." 王勅中使, 抵其家殺之. 使者取於襁褓中, 投之樓下. 乳婢竊捧之,
誤以手觸眇其一目. 抱而逃竄, 劬勞養育.)

『삼국사기』는 고려 시대에 쓴 역사서이기에 궁예에 대해선
왕건이 그의 신하였던지라 부정적일 수밖에 없다. 그럼에도 궁
예가 태어날 때 "지붕 위에 흰빛이 있어 마치 긴 무지개가 하늘
로 뻗쳐"올랐다고 서술했다. 예사롭지 않은 조짐에 왕은 자기의
아들을 서슴없이 없애라고 지시한다. 일부에서 궁예를 '아기장
수' 설화의 모델로 추정하지만 근거가 약하다. 왕위에 오른 궁
예가 '아기장수'의 원형일 수는 없다. 다만 일제강점기에 신채
호가 그린 역사소설 「일목대왕一目大王의 철추鐵椎」에서 궁예는
고려왕조의 시각과 달리 미륵 사상을 실천에 옮긴 혁명가다. 빈
곤과 억압에 시달리는 백성을 해방하기 위해 고군분투하는데,
그들을 등쳐 먹는 호족과 승려들이 반발하자 철퇴를 휘두른 인
물로 그려진다.

궁예를 어떻게 보든 '아기장수' 설화 논의에서 중요한 것은
예사롭지 않게 태어난 아기를 죽이는 부모의 사례가 역사서에
도 기록되어 있다는 사실이다. 그 아기가 죽지 않고 결국 신라
왕조를 위협하며 자신의 왕국을 세운 것은 설화를 소통하는 민
중들에게 현실감을 더 주었을 성싶다.

같은 맥락에서 '아기장수' 설화의 여러 변이형 가운데 '지리산 산신'이 등장하는 이야기는 새겨볼 만하다. 지리산을 둘러싼 전라남도 구례, 경상남도 함양, 전라북도 남원에 특히 많이 분포된 설화이다. 『국어국문학자료사전』에 '우투리 설화'로 다음과 같이 서술되어 있다.

가난하게 사는 집안에 지리산 산신이 점지한 아기가 억새풀로 태줄을 자르고 태어났다. 아기는 겨드랑이에 날개가 달려서 천장으로 날아오르는 등 비범한 능력을 보여서, 이름을 우투리라고 불렀다.

우투리는 콩, 팥 등의 곡식을 가지고 바위 속에 들어가 새 나라를 세우고자 수련을 하였다. 이때 이성계가 왕이 되기 위하여 산신들에게 제사를 지내려고 팔도를 돌아다녔다.

한 소금장수가 이성계가 지낸 제사가 부정하다 하여 산신들이 받지 않았다는 나무들의 대화를 듣고 이성계에게 이를 알려 제사를 다시 지내게 하였다.

산신들은 이성계가 왕이 되는 것을 찬성하였는데, 지리산 산신은 우투리가 왕이 되어야 한다고 주장하였다. 이를 알게 된 이성계는 우투리 어머니를 찾아가 거짓 혼인을 하였다.

우투리 어머니는 남편이 된 이성계가 끈질기게 우투리의 종적을 캐물으므로 있는 곳을 일러주었다. 이성계는 이제 때가 되어 용마를 타고 막 거의擧義하려는 우투리와 그의 군사를 모조리 죽여버렸다. 그 뒤 왕이 된 이성계는 지리산 산신을 귀양 보냈다.

설화는 이성계가 세운 조선왕조의 정당성을 사실상 정면으로 부정한다. '사대'를 명분으로 위화도 회군을 일으켜 조선 왕조를 연 이성계와 '기자'와 주자를 존숭한 양반 사대부들에 민중의 비판의식이 컸을 법하다. 설화에 등장하는 이성계는 왕이 되기 위해 '거짓 혼인'을 감행할 만큼 품성이 치졸하고 고약하다. 우투리 어머니로서는 사내에게 농락을 당했을뿐더러 그에게 빼어난 아들까지 죽임을 당한 꼴이다.

이성계가 왕조를 세울 때 지리산 산신이 끝까지 동의하지 않았고 우투리가 왕이 되어야 한다고 주장했다는 설화 내용은 자못 혁명적이다. 기만적인 언행으로 민중 영웅을 죽이고 조선왕조를 세웠다면, 그 왕조를 넘어선 새로운 세상을 일궈내는 봉기는 당위가 되고 정의로운 실천일 수밖에 없다.

'아기장수' 설화의 여러 변이형이 빠르게 퍼져가던 19세기 내내 민중 봉기가 끊임없이 이어져 보수적인 역사학자들조차 '민란의 세기'라고 규정하는 데 이의를 제기하지 않는다. 설문조사 결과에서 확인할 수 있듯이 오랜 세월에 걸쳐 '아기장수' 설화를 들려주고 들으며 많은 한국인들의 가슴에는 새로운 세상의 꿈이 창조적 실천서사로 자리 잡았을 법하다.

근대 이전의 한국사를 톺아보면 아래로부터의 민중 봉기가 큰 물결을 이룬 시대는 세 차례다. 첫 물결이 통일신라 말기다. 바로 처용가와 궁예가 등장한 시대다. 물론 그 이전에도 민중들의 저항은 불거졌지만 9세기 후반에 이르러 신라왕조에 정면으로 맞서며 성격이 달라진다. 궁예와 견훤은 그 상황을 십분 활용해 각각 고구려와 백제를 부흥하겠다며 농민들과 지방 세력들을 대대적으로 모아낼 수 있었다.

　두 번째 물결은 고려 시대 무신 집권기에 일어났다. 1176년에 명학소鳴鶴所에서 망이亡伊와 망소이亡所伊가 봉기해 중부 지역의 거점이던 공주公州를 함락했다. 왕은 대장군이 지휘하는 정규군 3000여 명을 투입했지만 패배했다. 망이와 망소이는 예산과 충주를 점령한 뒤 왕이 있는 개경까지 진격하겠다고 공언했다. 하지만 회유책에 이어 한층 강화된 정규군에 끝내 패배했다. 천민으로 대우받던 소민所民이 주도한 봉기로 신분해방운동의 성격이 짙다. 1198년에는 당대의 실력자 최충헌의 사노私奴인 만적萬積이 봉기했다. 만적은 노비들을 모아 "무신정변 이후 천한 무리 중 높은 관직에 올라가는 경우가 많았다"며 "장군과 재상의 씨가 어찌 따로 있겠는가? 때가 오면 누구나 할 수 있을 것이다. 어찌 우리만 채찍 아래 일할 수 있는가?"라면서 봉기를 부추겼다. 노비들은 최충헌을 비롯해 각각 자신의 수인들을 죽이고 노비 문서를 불사를 계획이었다. 하지만 노비 하나가 자신의 주인에게 봉기 계획을 알리면서 만적을 비롯한 봉기 주동자 100여 명이 체포되어 죽음을 맞았다.

세 번째 물결이 19세기 민란의 시대다. 유교적 개혁 정치를 펼쳤던 정조가 1800년에 죽은 뒤 조선왕조는 몇몇 가문이 권력을 독점하는 세도정치 시대를 맞았다. 최근 역사학계의 연구에 따르면 18세기 말까지 조선 사회는 사회·경제적으로 발전하고 있었다. 그 결과 상업적으로 발전하는 지방과 중앙 정부 사이에 사회·경제적 갈등이 커져갔다. 더욱이 1809년부터 큰 가뭄과 대흉년이 지속되면서 민중의 고통은 커졌다.

정조가 생을 마감한 1800년 이후의 세도정치 아래에서는, 나라 재정이 허약해지고 이를 만회하기 위해 서민층에게 조세를 더 거두는 양상이 나타났다. 재정 부족을 부자 증세가 아닌 서민 증세로 만회하려고 술책을 부렸기 때문이다. 이것이 민중에 대한 수탈과 착취를 심화하면서 강도 높은 저항을 불러왔다. 19세기에 들어서서 홍경래의 봉기로 시작해 임술민란(진주민란)·임오군란을 거쳐 동학혁명에 이르는 100여 개의 민란이 일어났다.

조선 후기의 군정 문란을 대표하는 단어들은 많은 한국인들에게 익숙할 법하다. 군포를 납부해야 할 사람이 사망하거나 죽은 경우에 친족에게서 부족분을 징수하는 족징族徵, 그것을 이웃에게 부과하는 인징隣徵이 유명하다. 예순 살이 넘어 병역의무가 없는 남성의 나이를 서류상으로 깎은 뒤 군포를 계속 부과하는 강년채降年債도 있었다. 서류상으로 젊게 만들어준 뒤 병역세를 부과했던 것이다. 또 병역을 불법으로 면제해주고 금전을 징수하는 마감채磨勘債도 있었다.

게다가 국가 징세 체제의 최정점인 왕조차 민망했던 사례들이 있었다. 세도정치가 시작되기 80년 전인 1720년에 세상을 떠난 숙종의 입에서 거론된 사건이다. 숙종 4년 5월 22일자(1678년 7월 10일자)『숙종실록』에 따르면, 만 17세 된 숙종이 내린 하교 중에 이런 대목이 있다.

"아! 생민生民(백성)들 중에서 근심·걱정으로 괴로워하고 질병으로 고통을 겪는 이들을 다 헤아리기 힘들다. 그 중에서도 약한 아이를 (병적에) 충원하며, 죄짓고 죽은 사람에게서 포를 징수하는 일을 나는 매우 민망하게 생각한다."

숙종이 역기서 언급한 것들은 흔히 황구첨정黃口簽丁과 백골징포白骨徵布로 표현된다. 이 중에서 황구첨정은 황색 부리를 가진 새 새끼처럼 아직 나이 어린 아이들을 장정으로 등재한 뒤 병역의무를 부과하고 군포를 받아내는 일이었다. 영조와 정조 시대에 상당히 개선됐지만 세도정치가 들어선 뒤 양반 지주들의 착취는 한층 탐학했다.

민중들의 누적된 불만이 폭발하면서 1811년 12월, 홍경래와 우군칙이 주도한 대규모 봉기가 일어났다. 19세기 '민란의 시대'를 여는 신호탄이었다. 서북 지방에 대한 조정의 차별 정책과 안동 김씨의 세도정치에 따른 권력 독점, 삼정三政을 통한 가혹한 조세와 수탈이 원인이었다. 삼정은 토지에 매기는 조세인 '전정田政', 군사 경비로 거두는 '군포軍布', 지방재정을 보충하는 '환곡還穀'을 의미한다. 비록 봉기는 실패했지만 이어 발생하는 크고 작은 민란에 큰 영향을 끼쳤다.

1862년에 삼남 지방(경상도·전라도·충청도) 농민들의 불만이 폭발했다. 그해 경상도 18개 고을, 전라도 54개 고을, 충청도 43개 고을에서 봉기했다. 이때 민란이 삼남에서 집중적으로 일어난 까닭은 무엇일까? 원인은 삼정 문란이다. 부패한 관리들은 규정보다 조세를 많이 받았고, 어린애와 노인들에게도 군포를 거뒀고, 환곡 또한 적게 주고 많이 받는 불법을 서슴없이 저질렀다.

사회·경제적 측면에서 극심한 농민층 분해에 더해 지방 통치체제에 의한 세금 수탈로 농민 경제는 무장 피폐해졌다. 더구나 조선 후기에 상품 화폐경제가 발달하면서 토지의 집중 현상은 더욱 빠르게 진행되었다. 소수 지주들에게 토지가 집중됨으로써 대다수 농민은 아주 적은 토지를 소유하거나 아예 토지 소유로부터 배제되었다. 전정田政·군정軍政·환정還政 등 삼정三政 수탈이 강화되면서 농민들은 최소한의 재생산 기반을 유지하기도 어려웠다. 영호남에 걸쳐 있는 지리산의 산신이 이성계를 왕으로 인정하지 않았다는 아기장수 설화가 민중들 사이에 점점 호소력 있게 소통되지 않았을까.

다만 삼남 농민 봉기는 비조직적이고 우발적으로 이뤄져 삼정 문란을 바로잡지 못했다. 그러나 30여 년 뒤 터진 동학농민혁명은 동학 교단 조직을 이용해 전국적 규모로 전개되었다.

◆

동학혁명과
의병전쟁의 아기장수

◆   동학혁명은 우리 역사에서 최초로 아래로부터 농민들이 중심이 되어 전국적 규모로 일시에 봉기한 혁명운동이었다. 죽은 아기장수가 새로운 장수를 낳고 그 장수가 떨치고 나설 때 세상의 구원자인 '진인眞人'이 된다고 했다. 진인이 나섰다는 것은 '드디어 때가 됐다'는 뜻이다. 그러한 공감대가 형성되면서 사람들은 목숨을 걸고 들불처럼 일어날 수 있었다.

1894년 4월 27일 전봉준이 이끄는 동학혁명군은 전주성 입성에 돌입했다. 관군이 전주성을 공략한 농민군의 지휘자들을 기록한 자료가 흥미롭다. 전봉준, 심순명과 함께 아기장수 이복용(당시 14세)을 적었다.

동학혁명군이 공격을 개시하자 전라감사 김문현과 판관, 영장 등 감영의 관원들은 모두 동문 밖으로 달아났다. 감사 김문현은 공주의 충청감영까지 내뺐고, 판관 민영승은 도주하면서 조경묘肇慶廟의 참봉(종9품) 장효원이 숨긴 태조 이성계의 영정을 가로챘다. 위봉사 대웅전에 모셔놓고 영정 보호의 명분을 만들기에 바빴다. 영장 임태두도 민영승과 함께 위봉산성으로 도주했다. 이렇게 관원들이 제 한 몸 추스르기에 급급해 전주성을 빠져나가자 동학혁명군은 큰 피해 없이 전주성으로 무혈입성했다.

동학혁명군은 손에 창검, 죽창, 화승총을 들었고, 그 가운데는 무기를 가지지 않은 이도 있어 이들은 소나무 가지를 꺾어 흔들면서 진격했다. 대접전을 벌였지만 관군의 우수한 화력을 당할 수 없었던 동학혁명군은 많은 희생자를 내고 결국 성안으로 후퇴했다.

5월 2일 관군은 다시 완산 위에서 성안의 동학혁명군 진지를 맹렬히 포격했다. 다음 날 동학혁명군은 설욕전을 시도했다. 전주성의 서문과 북문을 나와 완산 칠봉의 최고봉으로 물밀듯이 공격해 갔다. 관군이 크게 동요하며 도망가자 동학혁명군은 이를 추격하며 관군의 본영으로 다가갔다. 하지만 전열을 재정비한 관군이 다시 포탄을 퍼부었다. 동학혁명군 500여 명이 전사했다. 그 전투에서 14세의 아기장수 이복용이 숨졌다.

의병전쟁에서도 아기장수는 등장한다. 신돌석(1878~1908)은 평민 출신의 의병대장이다. 그가 평해 월송정에 올라 소회를 읊은 시가 전해 온다.

"누樓에 오른 나그네 갈 길을 잊고/ 낙목이 가로놓인 조국을 탄식하네/ 남아 27세에 이룬 일이 무엇인가/ 문득 가을바람이 부니 감개만 이는구나."

1878년 신돌석이 태어난 경상도 영해(현재 영덕)는 이필제 민란의 중심지였다. 1870년부터 1년 가까이 동학교도와 농민들이 힘을 모아 일으킨 봉기는 영해부를 야습해 부사를 문죄하고 처단할 정도로 큰 규모였다. 그만큼 농민들의 의식이 드높은 고장이었기에 영향을 받았으리라 추정된다. 신돌석은 평민 신분이었지만 아버지의 격려를 받으며 일찍이 마을 서당에서 글을 익혔다. 10대 중반이던 1894년에 동학혁명과 그를 빌미로 한 일제의 침략을 목격하면서 반일 민족의식을 굳건히 다졌다. 동학혁명이 끝내 실패로 끝난 이듬해에 열여덟 살의 나이로 그동안 사귀어온 동지들을 모아 고향에서 의병을 일으켰다. 타고난 용기와 담력으로 일본군과 대적할 때마다 큰 전공을 세웠고, 아우인 신우경과 함께 활빈당으로 활동하던 300여 명의 농민들을 모아냈다. 아버지도 논과 밭을 팔아 무기와 군량을 구입해 아들의 의병 활동을 열성적으로 지원했다.

평민 의병장으로서 신돌석의 신출귀몰한 활동은 일반 농민들의 항일 민족의식과 민중의식을 한층 높여갔다. 그 영향으로 평민 의병장들이 대거 출현했다. 일제가 추격해 오자 신돌석은 가족을 산으로 피신시키고 동지들을 찾아 전열 재정비에 나섰다. 그런데 옛 부하이자 친척을 찾아 술잔을 나누며 그 집에서 묵었다가 현상금을 탐낸 자들에게 무참하게 살해됐다. 1908년 11월 18일 31세의 젊은 나이였다. 이후 일본군의 대규모 작전으로 국내의 의병 항쟁은 크게 약화되었다. 많은 의병이 희생되었지만 일부는 압록강과 두만강을 건너 독립군이 되었고 일부는 국내에서 비밀결사대를 만들어 항쟁을 이어갔다.

민중들은 신돌석의 삶을 설화로 만들어 소통했다.『한국민족문화대백과사전』에 실린 '신돌석 설화申乭石 說話'는 다음과 같다.

신돌석은 평범한 농가에서 태어난 농사꾼이었지만 고래산으로 나무를 하러 갔다가 천서天書를 얻게 되어 비범한 장수로 비약적인 변모를 하게 된다. 신돌석은 힘이 세어서 놋화로를 우그러뜨리고 바위를 공깃돌처럼 받았다 한다. 뜀뛰기를 잘하여 큰 나무나 고을의 객사를 뛰어넘기도 하였으므로 날아다닌다는 말도 들었다고 한다.

평소에도 못마땅한 일이 있으면 그대로 두지 않아, 부랑자나 도둑을 굴복시키고, 미친개를 잡아 던지고, 호랑이도 퇴치하였다 한다. 이러한 삽화는 모두 옛날이야기에 나오는 장수의 모습인데, 그것이 신돌석에게서 다시 나타나고 있는 것이다.

왜군과의 싸움을 두고서도 다채로운 이야기가 있다.

신돌석은 형세가 불리하여 죽을 고비가 몇 번이나 있었어도 번개같이 탈출하였다 하고, 어느 날은 손에 탄환을 맞았어도 물러서지 않고 적을 넘어뜨렸다고 하였다. 피를 흘리면서도 쓰러지지 않고, 총을 쏘아도 죽지 않는다고도 하였다. 그래서 왜군은 신돌석을 잡아오면 상을 주겠다는 술책을 써서, 결국 신돌석은 비극적인 최후를 맞이하게 되었다.

이종사촌이라고도 하고 외사촌이라고도 하는 친척 집에 들러 잠시 몸을 쉬려는데, 그 사람이 나쁜 마음을 품고 독주를 먹여 잠들게 하고서 신돌석의 목을 쳐서 왜군에게 가져갔다고 한다. 그러나 왜군은 신돌석을 산 채로 잡아야 상을 준다 하였고, 배신자는 배신의 대가도 받지 못하였다 한다.

신돌석이 친척 집에서 맞은 비참한 최후는 아기장수 이야기와 중첩되어 비극적인 의미가 더 깊어진다. 구비 전승이 항일 투쟁의 전설적 영웅과 결부된 사례다.

신돌석의 삶과 죽음은 임진왜란 시기의 민중 영웅인 김덕령 金德齡(1567~1596)의 생애와도 비교된다. 김덕령은 전라도 담양에서 의병을 일으켜 전수를 비롯한 곳곳에서 왜적을 대파하고 큰 공을 세웠다. 민중들이 '장군'이라 부르며 우러르자 왕(선조)도

'충용忠勇장군' 이름을 내려주었다. 그런데 민중들 사이에 김덕령의 신망이 높아질수록 왕과 측근들은 내심 불안했다. 그때 왕실의 서얼 출신인 이몽학이 반란을 일으켰다. 곧 진압되었지만 지배 세력은 김덕령이 이몽학과 내통했다는 죄명을 들씌워 전격 체포했다. 혹독한 고문으로 결국 29세에 옥사했다. 임진왜란이 아직 끝나지도 않았을 때였다. 그의 죽음을 반긴 것은 왕과 측근들, 그리고 일본군이었다. 민중들 사이에는 '김덕령 설화'가 퍼져갔다. 구전되어 문헌에도 기록되었다. 설화에서 김덕령은 손으로 호랑이를 잡고 100근의 철퇴를 허리 양쪽에 차고 다닌다. 왜장倭將은 김덕령의 화상畵像만 보고도 두려워서 군대를 철수했다는 대목은 구전설화와 문헌설화에 모두 나타난다.

김덕령과 신돌석은 일본이 침략한 16세기와 19세기의 대표적 의병장이다. 동학혁명의 지도자 녹두 전봉준도 끝내 처형당했다. 동학혁명은 일본군의 개입으로 무너졌지만 1910년 대한제국이 망할 때까지 민중들의 저항은 을사늑약, 군대 해산 따위에 맞서 항일 의병 형태로 줄기차게 이어졌다.

내 안의 아기장수는
누가 죽였을까

설화에서 아기장수는 참혹한 죽음을 맞았지만 현대 문학의 희곡, 동화, 소설로 부활했다. 대표적인 작가로 최인훈과 이청준을 꼽을 수 있다. 두 작가 모두 빼어난 작품들을 남겼다.

최인훈은 1976년 서점 창고에서 우연히 '아기장수' 설화를 발견하고는 밤잠을 이루지 못했고, 귀신에 홀린 듯이 작품을 써 내려갔다. 희곡 『옛날 옛적에 훠어이 훠이』이다. 최인훈은 설화에서 '때 묻지 않은 민족의 원형'을 찾았다. 아기장수를 다룬 희곡 전편에 걸쳐 잔잔히 비애가 흐른다. 가난한 오막살이에서 만삭인 아내는 굶주린다. 자신의 배고픔보다 아기가 더 걱정이다. "태어나도, 이 배고픈 세상 살아야 할 테니, 가엾지"라며 남편에게 "여보, 난 이대로 있었으면 좋겠소. 낳지는 말고. 애기도 이 세상에서 고생 안 하고"라 하소연한다. 임신의 행복감 앞에 드리운 캄캄한 미래를 견디기 어려워서다. 마을 사람 모두 굶주리는데 관가의 곳간은 넘쳐났다. 곳간을 털어간 사내가 잡혀 잘린 머리가 보란 듯이 걸린다. 이윽고 태어난 아기에게 엄마는 젖을 물리지만 젖이 안 나와 자꾸 운다. "에미가 먹는 게 있어야 젖이 나오지" 한탄하며 서럽게 자장가를 부른다.

우리애기 착한애기
젖안먹고 크는애기
보채면서 자란애기
흉년들면 도적되지
도적되면 넓은세상
오도갈데 없어지고
관가기둥 높은곳에
잘린토막 머리되어
까막까치 쪼아대면
엄마아파 나아퍄
우는신세 되는신세
아이무서 다른애기
우리애기 아닌애기

그 애기가 다름 아닌 아기장수다. 관가는 용마의 울음소리에 권력의 촉수를 곤두세운다. 마을 사람을 용마 잡기에 내몬다. 아기가 일어나 "못 참겠다"고 외치자 부모는 긴장한다. 핏빛과 어둠을 반복하는 조명 효과 아래서 아기를 죽인 부부도 처참한 슬픔에 잠겨 목을 맨다. 그 순간 용마를 탄 아기가 나타나 진달래꽃 묶음을 부모에게 건넨다. 세 식구가 용마를 타고 하늘로 올라가며 마을 사람들에게 꽃을 던질 때 하늘에서 "우리애기 착한애기, 젖안먹고 크는애기" 노래가 들린다. 사람들은 "훠이 다시는 오지 말아, 훠어이 훠이"라고 외치다가 "어느덧 손짓 발짓 장단 맞춰 춤을 추며, 어깨짓 고개짓 곁들여, 굿 춤추든, 농악 맞춰 추든, 춤을" 추는 것으로 끝을 맺는다. 처용의 슬픈 춤, 소월의 절창이 떠오르는 장면이다.

작가가 설화를 만나고 귀신에 홀린 듯이 희곡을 써 내려간 시대를 눈여겨볼 필요가 있다. 박정희 군부독재의 폭압이 '유신체제'와 '긴급조치'로 정점에 달했던 시점이다. 군부독재에 맞선 민중들을 체포해 고문하고 '인혁당 재건 혐의'를 들씌워 8명이나 전격 처형한 해가 1975년이다. 희곡에서 처형당한 사내의 머리가 매달린 참극과 다르지 않다. 폭압적인 정치체제 아래서 적잖은 젊은이들이 『옛날 옛적에 훠어이 훠이』를 읽으며 굴종적인 순종서사를 벗어났다.

작가 이청준은 1993년 동화 『아기장수의 꿈』에 이어 2003년에 낸 장편소설 『신화를 삼킨 섬』에서 아기장수 전설을 담았다. 프롤로그와 에필로그에 나누어 삽입함으로써 제주 4·3항쟁을 다룬 소설의 주제를 드러내는 상징적 장치로 배치했다. 민중 영웅들의 비극적 패배를 그리면서도 희망을 버리지 않는 사람들의 신화적 세계관을 담았다. 작가는 "이 땅의 보통 사람들의 소망과 그를 지켜 나가기 위한 끈질긴 지혜의 힘"을 형상화하고 싶었다고 밝혔다. 소설의 끝자락에 섬사람들의 후일담을 담았다.

그리하여 사람들은 이후부터 아기장수도 용마도 더 이상 기다리려고 하지 않았다. 더 이상 그 영웅 장수나 용마의 희망에 속고 싶지 않아서였다.

하지만 사람들은 끝내 그 구세의 영웅 이야기를 잊지 못했고, 언제부턴지 그 아기장수와 용마가 다시 태어나기를 기다리기 시작했다. 그 이야기 속의 꿈과 기다림이 없이는 아무래도 세상을 살아갈 수가 없었기 때문이다.

소설에서 이청준은 민중이 세상을 살아가는 힘은 아기장수와 용마의 실체가 아니라 꿈과 기다림임을 부각하고 있다. 일반적인 유형과 달리 『신화를 삼킨 섬』의 아기장수 서사에서 용마는 용소에 빠져 죽지 않고 사라짐으로써 그 존재가 다시 나타날 여지를 남긴다. 제주 4·3항쟁 희생자의 혼령을 씻기는 씻김굿도 인간 세상의 문제를 신성에 의존해 해결하는 행위가 아니다. "죽은 자와 산 자의 만남과 어울림"을 통해 자신을 치유하는 주체적 행위다.

최인훈과 이청준의 작품서사는 독자의 자기서사 변화로 이어질 수 있다. 작품을 읽으며 굴종적인 순종서사를 벗어난다면 바로 그 순간을 '아기장수의 부활'이라 할 수 있다. 기실 아기장수에 한국인들이 깊고 너른 사랑을 품은 까닭은 '새로운 세상을 열망하는 민중의 꿈' 때문만은 아닐 터다. 아기장수 설화를 주고받을 때, 어린 시절에 들은 설화를 자녀들에게 들려줄 때, 어느 순간 자기 심층의 '아기장수'를 어렴풋이 느끼지 않았을까. 어린 시절 꿈을 잃고 원하지 않은 인생을 살거나 굴종적 삶을 살고 있다면 더욱 그럴 터다. 그때 '내 안의 아기장수'를 죽인 '어머니'는 사회적 관습이나 인습, 이데올로기의 틀에 스스로 맞춰온 자기 자신임을 문득 깨달을 수 있다. 무릇 인간은 육체적 탄생에 그치지 않고 10대 중후반에 자기의식을 나름대로 정립하는 제2의 탄생을 하게 마련이다. 그 탄생에서 거듭나는 '모태'는 바로 자기 자신이다. 내 안의 아기장수를 죽인 '어머니'가 자신임을 성찰할 때 내면의 잠재력이 살아날 수 있다. 문학으로서 자신을 새록새록 창작해 나갈 수 있다.

7장

◆

'큰 나와
작은 나의
싸움'을

넘어

◆

◆

근대문학의 출발점,
신채호의 「꿈하늘」

◆　　　　　　　　단재丹齋 신채호申采浩(1880~1936). 언론인
이자 사학자였고 문학인이었던 그는 무엇보다 철학자였다. 단
재가 철학자라는 말이 낯설 수도 있지만 이미 학계에선 그의 철
학을 연구한 논문들이 나오고 있다. 김병민은『퇴계학논집』에
발표한 논문「단재 신채호의 철학과 그 인간상」에서 인간의 주
체성을 부각한 "단재의 철학은 식민지 시대 민족독립운동의 정
신적 거점이 되기에 조금도 손색이 없으며, 서방의 주체철학이
타자를 억압하고 배제하는 것과는 달리 피식민지 민족해방의
역사적 주체를 탐구했다"고 강조했다. 주광순은 논문「신채호
와 상호문화철학」에서 "철학적으로 볼 때 한국 철학은 실종되
었다"면서 "신채호의 '새로운 문화 창조' 개념을 통해 한국 철학
을 정립"하자고 제안한다.

　동아시아 철학인 유학을 공부하고 성균관 박사가 된 단재는

관직을 접고 언론계에 투신해 촌철살인의 논설로 세간의 주목을 받았다. 1910년 망국을 맞아서는 독립운동에 몸 던지고자 압록강을 건너 망명했다. 만주에서 광개토대왕릉과 비석을 비롯한 고구려 유적을 두 눈으로 확인하며 충격을 받은 단재는 독립을 위한 철학적 기반으로 역사관 정립에 나섰다. 『조선상고사』를 집필해 단군을 조선 민족의 '커다란 공동 신앙'으로 서술하고 삼국시대의 역사적 정통성을 외세로부터 조선 민족을 보호한 고구려에 두었다. 고구려 땅 대부분을 잃은 신라의 통일을 비판하며 발해사를 한국사에 선구적으로 편입했다.

사학과 철학을 탐구하며 독립운동에 나선 단재는 자신의 사상을 담은 문학 창작을 병행했다. 단재 문학의 연구자들은 그의 창작을 3단계로 구분한다. 1단계는 대한제국의 언론인 시절이던 1907년부터 1910년까지로 전기체 역사소설과 번안소설을 발표했다. 2단계는 1910년대로 일제강점기에 망명지 중국에서 본격적인 역사 연구와 동시에 문학 창작이 무르익던 시기이다. 흔히 '낭만주의 소설'로 분류되는 「꿈하늘」과 기존의 역사소설과는 차별화된 특성을 보이는 「백세 노승의 미인담」, 「일목대왕의 철추」, 자유시 「너의 것」 등을 창작했다. 3단계는 1920년대로 일제에 체포되어 투옥된 1928년까지의 시기로 아나키즘의 영향으로 폭력혁명을 정면으로 다룬 소설 「용과 용의 대격전」이 대표작이다. 이 소설은 「꿈하늘」에서 보인 낭만적 속성을 유지하면서도 사실주의적 수법을 더했다는 평가를 받고 있다.

작가로서 단재의 문학에 대해 그간 다각적인 연구들이 전개되어왔다. 특히 한국 근대소설의 기원을 춘원 이광수가 아닌 신채호에서 찾아야 옳다는 연구들은 의미가 깊다. 심지어 일본인 연구자까지 '한국 근대문학의 아버지'로 이광수가 자리매김해도 과연 좋은지 의문을 제기했다. 2016년 8월 2일, 한국문인협회는 춘원 이광수의 이름을 내건 문학상을 제정하겠다고 발표했다. 한국 근대소설의 효시인 춘원의 『무정』발표 100주년이 되는 2017년을 맞아 '한국 근대문학을 대표하는 문인의 문학정신을 발굴 계승한다'는 취지였다. 문효치 한국문인협회 이사장은 문학상 제정에 대해 "친일 행적은 비판받아 마땅하나 그들의 문학성까지 매몰돼선 안 된다"며 "우리 문학의 여명기에 공헌한 사실도 함께 평가해야 한다"고 밝혔다. 2016년 8월 4일, 역사정의실천연대와 민족문제연구소는 기자회견을 열어 "춘원은 온 민족의 신뢰와 기대를 한 몸에 받게 해준 하늘이 준 재능을 민족 반역의 길에 내다 버렸다"면서 '친일 문학상' 제정을 즉각 철회하라고 촉구했다. 문학계 안팎에서 거센 역풍이 불자 한국문인협회는 문학상 제정 계획을 철회했다.

한국 근대문학의 출발점과 관련해 단재의 소설 「꿈하늘」은 주목에 값할 작품이다. 학계 안팎에서 근대소설의 기원으로 평가받는 이광수의 『무정』이 1917년 조선총독부 기관지 매일신

보에 연재되며 큰 주목을 받았던 반면에, 신채호의 「꿈하늘」은 1916년 3월 중국 베이징에서 탈고되어 망명객들 사이에 읽힌 한계가 있다. 하지만 망명객들 사이에 많이 읽혔고 더구나 「꿈하늘」이 출간되어 연구 논문들까지 나온 오늘날에는 근대문학의 기원 차원을 넘어 한국 문학사의 통시적 관점에서 단재 문학의 위상에 대해 논의가 필요하다.

소설 「꿈하늘」은 해방 이후 평양에선 일찌감치 간행되었지만 서울에선 1975년에 이르러서야 단재의 유고 형태로 소개되었다. 독자들과 만나기 시작하면서 곧바로 학자들의 연구가 잇따랐다. 작가의 민족주의와 민족사관으로 분석한 이선영의 연구, 낭가사상朗家思想에 초점을 맞춘 이동순의 논문, 탈식민성을 중심에 둔 최현주의 논문이 그것이다. 작품의 환상성과 알레고리에 대해선 최수정, 홍경표, 박중렬의 연구들이 나왔다.

사회서사와 관련해 눈여겨볼 선행 연구는 하정일, 양진오, 김현주의 논문이다. 하정일과 양진오는 한국 근대문학의 아버지로서 이광수의 한계와 견주면 신채호가 단연 돋보이고 근대 전복과 저항적 글쓰기의 관점에서도 주목받아야 옳다고 주장한다. 두 연구는 단재 문학의 소설적 성취에 문제를 제기하는 교수나 비평가들에게 근대소설을 읽고 해석하는 일련의 작업이 소설에 대한 특정 정의에 한정될 이유가 없다고 강조한다.

국문학자 하정일은 '노블novel'과 '미적 자율성의 계보'를 한국

근대문학사의 중심축으로 설정하는 시각을 비판했다. 단재 문학이 미적 자율성의 계보에 속하지 않음은 물론 그 계보학으로는 신경향파 문학이라든가 1920년대 중반 이후 한국 문학을 주도한 프로문학의 역사성을 설명하기 어렵다고 주장했다. 한국 근대문학에는 미적 자율성의 계보보다 더 넓고 두터운 계보가 있다고 본 하정일은 문학사에 대한 포괄적 투시를 제안했다. 하정일은 신채호가 문학을 사회적 구성과 변혁에 능동적으로 참여하는 독자적인 사회적 실천으로 규정한 점을 중시하면서 "자주와 개방을 겸비한 탈식민문학의 기원으로 손색이 없다"고 평가했다.

하정일의 주장을 '프로문학 연구자'의 해석으로 재단할 이유는 없다. 우한용의 소설론으로도 충분히 뒷받침할 수 있기 때문이다. 우한용은 넬슨 굿맨Nelson Goodman의 '인지주의 미학이론'에 근거해 "아무런 매개항 없이 소설을 예술로 간주하여 예술적 분석 방법과 평가 원칙을 적용하는 것"은 "소설에 대한 오해"라고 단언한다. 그에게 소설은 "미감이나 쾌감을 추구하기보다는 인식의 심화와 확장을 도모하는 장르"이다.

양진오는 단재 문학이 노블에 미달한다는 비판은 "암암리에 신채호 문학을 노블이라는 장르 체계에 귀속시키려는 연구자의 욕망을 반영한다"고 비판했다. 노블로서의 소설 개념보다 한국 근대문학의 실상이 더 중요하다고 본 그는 노블 중심주의적 소설관이 자칫 한국 근대소설의 문학적 실상을 왜곡시킬 수 있다고 강조했다. 근대문학사에 단재 문학과 같은 비노블적 문학도 존재했으므로 "실상으로 존재했던 문학들을 읽고 해석하는 작업, 나아가 이 문학들의 긴장과 갈등, 융합 관계를 고찰하는 작업이 필요"하다는 것이다.

김현주는 「꿈하늘」을 정신분석학으로 해석했다. 소설의 주인공 '한놈'이 다양한 인물들과 시공간을 뛰어넘는 만남을 이어가는 것은 억압적인 현실을 탈출하고자 하는 욕구가 꿈으로 재현돼 나타난 것으로서 "한놈 안의 자기 대화의 결과"로 보았다. 「꿈하늘」에 등장하는 다양한 인물들은 한놈의 본능적 욕망인 이드^{id}와 이를 통제하는 초자아^{superego}들이라는 것이다. 더 나아가 다양하게 형상화한 인물들을 작가의 억압된 무의식적 욕망과 이상적 자아^{ego}에 대한 열망에서 비롯된 것으로 풀이했다. 이때 '꿈'은 현실에서 해결하기 어려운 상처와 위기를 넘어서기 위한 소설적 장치가 된다.

따라서 김현주에게 「꿈하늘」의 서사는 식민지 망명 지식인 신채호가 민족 현실 앞에서 희망과 절망이 오간 '자기 고백서'가 된다. 김현주는 작가의 고백이 폐쇄적인 자기 탐구에 머물지 않았음을 중시하고, 그것이 현실에 맞선 투쟁으로 이어졌다는 점을 높이 평가했다. 바로 그 지점에 근대문학에서 차지하는 단재 문학의 가치가 있다고 강조했다.

「꿈하늘」의 작품에 근대문학으로서의 가치는 물론, 탈근대 문학의 서사까지 들어 있다는 선행 연구자들의 문제의식은 주목에 값한다. 그 연장선에서 이광수의 『무정』은 물론, 어떤 '근대문학' 못지않게 「꿈하늘」의 작품에 주인공의 내면세계가 풍성히 담겨 있음을 사회서사 개념으로 규명할 필요가 있다. 소설 「꿈하늘」은 자기와의 커뮤니케이션을 통해 사회서사의 변화를 적극 모색한 작품이다. 「꿈하늘」로 대표되는 단재 문학은 고전문학의 전통을 오롯이 살리며 근대문학을 열었고 탈근대문학도 선구할 수 있다.

♦

"천하에 유심한 눈물 뿌리는 자는 모두 나"

♦　　　　　　　서양의 대표적 자서전으로 꼽히는 『참회록』에서 루소Jean-Jacques Rousseau는 자신의 글이 투명한 진실의 기록이라고 주장했다. "진실의 모습 그대로 정확하게 그려진 유일한 인간상"이라고 자평하기도 했다. 하지만 '나'를 기록한다는 것이 얼마나 투명할 수 있는가에 대해 문학 연구자들은 회의적이다. 루소의 자서전 또한 자신을 음해하는 적들에 대한 분

노, 억울함, 자신은 진실하고 순수하다는 토로로 가득하다.

루소와 달리 롤랑 바르트^{Roland Barthes}는 '나'를 기록하며 주체인 나에 대한 회의를 숨기지 않았다. 자서전『롤랑 바르트가 쓴 롤랑 바르트』에서 스스로를 '나', '당신', 'R. B.', '그' 등으로 다양하게 표기한다. '나'는 '자연인 나'와 '글을 쓰고 있는 나' 그리고 '내가 쓴 텍스트 속의 나'로 분열된 주체이다. "내가 나라는 자아에 대하여 글 쓰고 있는 것은 결코 그 자아에 대한 '최후의 응답'이 아니다. 내가 '성실'하면 할수록 나는 그만큼 더 다양한 해석의 여지를 갖는다"고 강조한다. 바르트는 다양한 '나들'을 동일화하지 않고 분열과 균열을 통해서 불투명하게 드러내는 방식으로 '나의 진실'을 보여주고 있다. 내 속에서 얼마든지 다른 나를 불러올 수 있다는 뜻도 된다.

인간의 자아가 단일한 실체라는 가정은 현대의 신경과학에 의해서도 부정되고 있다. 우리가 '자아'라 명명한 의식 영역의 내부 요소들은 서로 경쟁하고 있다. 실제로 자아의 상태는 순간순간마다 변한다. 뇌를 연구한 다이앤 애커먼^{Diane Ackerman}은 자신의 자아가 바뀌는 것을 대부분 의식하지 못하지만 "자아가 바뀐다는 사실은 생각이 바뀌는 현상을 이해하는데 도움이 된다"고 주장한다. 특정 정신 상태에서 내린 결정이 그 뒤를 이은 정신 상태에 의해 거부당할 수 있는데 "장면이 바뀔 때마다 변화가 일어나고, 이 속도가 빨라지면 마치 변화들이 영화의 필름처럼 돌아가는 것 같다"는 것이다.

자아 커뮤니케이션 연구자들은 가장 근본이 되는 인간의 커뮤니케이션을 '자신과의 대화'로 상정한다. 내적 커뮤니케이션 Intrapersonal communication으로 부르기도 하는 자아 커뮤니케이션은 외부 정보를 받아들여 해석하고 의미를 부여하는 내적인 사고 과정을 의미한다. 기실 우리 모두는 각자 자신이 처한 환경으로부터 정보나 자료를 선별적으로 선택하고 해석, 보유하는 지각 과정을 거치며 그 지각의 결과로 행동한다. 그러니까 자아의 의식을 흐름과 경쟁으로 바라보는 현대 신경과학의 연구 성과에 근거하면 개개인이 외부 정보를 받아들여 해석하고 의미를 부여하는 내적인 사고 과정에서 끊임없이 자아들(나들) 사이에 갈등이나 충돌이 일어날 수 있다.

굳이 현대 문학 이론뿐만 아니라 신경과학과 커뮤니케이션 이론까지 언급하는 이유는「꿈하늘」주인공의 '자아'가 현대 과학의 성과인 흐름으로서의 자아관과 궤를 같이하며 자아의 경쟁을 생생하게 그리고 있을 만큼 내면의 세계를 풍부하게 보여 주고 있어서이다.

무엇보다 소설의 서序에서 독자들에게 주인공 한놈을 "원래 꿈 많은 놈으로 근일에는 더욱 꿈이 많아 긴 밤에 긴 잠이 들면 꿈도 그와 같이 길어 잠과 꿈이 서로 종시終始하며 또 그뿐만 아니라 곧 멀건 대낮에 앉아 두 눈을 멀뚱멀뚱히 뜨고도 꿈 같은 지경이 많"은 '꿈나라의 백성'으로 소개한다. 이어 "자유 못 하는 몸이니 붓이나 자유하자고 마음대로 놀아 이 글 속에 미인보다 향내 나는 꽃과도 이야기하며 평시에 사모하던 옛적 성현과 영웅들도 만나보며 오른팔이 왼팔도 되어보며 한 놈이 여덟 놈도 되어 너무 사실에 가깝지 않은 시적 신화"가 있다고 안내한다.

실제로 소설에서 주인공 한놈의 자아는 분열한다. 자아 경쟁 또는 충돌의 계기는 꿈에서 장군 을지문덕을 만나면서다. 한놈은 "일찍 내 나라 역사에 눈이 뜨자 을지문덕을 숭배하는 마음이 간절"했다. 외세가 대군으로 침략해 왔지만 살수대첩으로 대승을 거둔 을지문덕과 한놈의 만남은 망명 이후 만주를 돌아다니며 고구려의 유적을 발견했을 때 작가 신채호에게 떠오른 착상이다. 소설은 을지문덕을 만난 한놈의 "골이 펄떡펄떡하고 가슴이 어근버근하여 아무 말도 물을 경황이 없고, 의심과 무서움이 오월 하늘에 구름 모이듯 하더니 드디어 심신의 이상한 작용이 인다"며 자아분열을 다음처럼 환상적으로 형상화했다.

오른손이 저릿저릿하더니 차차 커져 어디까지 뻗쳤는지 그 끝을 볼 수 없고 손가락 다섯이 모두 손 하나씩 되어 길길이 길어지며 그 손 끝에 다시 손가락이 나며, 그 손가락 끝에 다시 손이 되며, 아들이 손자를 낳고 손자가 증손을 낳으니 한 손이 몇만 손이 되고, 왼손도 여봐란 듯이 오른손대로 되어 또 몇만 손이 되더니 오른손에 딸린 손들이 낱낱이 푸른 기를 들고 왼손에 딸린 손들은 낱낱이 붉은 기를 들고 두 편을 갈라 싸움을 시작하는데 푸른 기 밑에 모인 손들이 일제히 범이 되어 아가리를 딱딱 벌리며 달려드니 붉은 기 밑에 모인 손들은 노루가 되어 달아나더라. (…) 이 싸움이 한놈의 손 끝에서 난 싸움이지만 한놈의 손 끝으로 말릴 도리는 아주 없다.

사뭇 격렬한 자아 갈등이다. 갈등이 심각한 한놈을 바라보던 크나큰 무궁화, 몇만 길 되는 가지 위에 넓이가 큰 방만 한 꽃송이가 혀를 찬다. 꽃송이의 개탄에 한놈은 "언제는 싸우라 하시더니 인제는 싸우지 말라 합니까?"라며 따진다. 하지만 꽃송이는 새맑은 소리로 대답한다. "싸우거든 내가 남하고 싸워야 싸움이지 내가 나하고 싸우면 이는 자살이오, 싸움이 아니니라."

자기 안에 머무는 싸움을 넘어서라는 주문이다. 왼손과 오른손에 딸린 손들이 낱낱이 뻗어나가는 모습은 굳이 정신분석학 이론을 도입하지 않더라도 욕망을 상징한다고 볼 수 있다. 인간의 몸에 담긴 욕망은 흔히 무한하다고 할 만큼 끝이 없다. 아무리 자제하려고 해도 스멀스멀 올라오는 욕망의 불길을 끌 수 없어 일어나는 비극은 고금과 동서를 막론하고 문학작품의 고전적 주제였다. 당장 단군신화의 '호랑이'도 그 범주에 들어간다.

「꿈하늘」은 인간 내면에서 뻗어가는 욕망이 서로 충돌하며 갈등하는 양상을 극적으로 형상화했다. 단재는 소설 「꿈하늘」을 창작하기 전에 그의 철학이 담긴 논설 「대아大我와 소아小我」에서 욕망의 수많은 자아들을 크게 '큰 나'와 '작은 나' 두 범주로 나누어 구체적으로 분석했다.

"왼편에도 하나 있고 오른편에도 하나 있어서 가로 놓이고 세로 선 것을 나의 '이목'이라고 하고, 위에도 둘이 있고 아래도 둘이 있어서 앞으로 드리운 것을 나의 '수족'이라 하며, 벼룩이나 이만 물어도 가려움을 견디지 못하는 것을 나의 '피부'라 하며, 회충만 동하여도 아픔을 참지 못하는 것을 나의 '장부'라 하며, 8만 4천의 검은 뿌리를 나의 '모발'이라 하며, 1분 동안에 몇 번씩 호흡하는 것을 나의 '성식聲息'이라 하며, 총총한 들 가운데 무덤에 까마귀와 까치가 파먹을 것을 '해골'이라 하며, 개미와 파리가 빨아먹을 것을 나의 '혈육'이라 하여, 이 이목과 수족과 피부와 장부와 모발과 성식과 해골과 혈육을 합하여 나의 '신체'라 하고, 이 신체를 가리켜 '나'라" 한다.

하지만 그 '나'는 "바람과 같이 빠르고 번개같이 번복하며 물거품같이 꺼지고 부싯돌같이 없어지는" 존재이다. 그런데 신채호는 그것이 과연 자아이냐고 자문하고 자답한다.

"오호라. 내가 과연 이러한가. 가로되 그렇지 않다. 저것은 정신의 내가 아니요 물질의 나이며, 저것은 영혼의 내가 아니라 껍질의 나이며, 저것은 참 내가 아니요 거짓 나이며, 큰 내가 아니요 작은 나이니, 만일 물질과 껍질로 된 거짓 나와 작은 나를 나라 하면 이는 반드시 죽는 나라. 한 해에 죽지 아니하면 10년에 죽을 것이며, 10년에 죽지 아니하면 20세 3,40세 6,70세에는 필경 죽을 것이요, 장수를 하여도 100세에 지나지 못하나니, 오호라. 이 지구의 있을 2천 2백만 년 동안에 나의 생명을 100세로 한정하여 100세 이전에 나를 구하여도 없고 100세 이후에 나를 구하여도 없거늘, 그 중에서 가로되 부귀라, 빈천이라, 공명이라, 화액이라 하여 이것을 길하다 하고 저것을 흉하다 하며, 이것을 낙이라 하고 저것을 근심이라 하나니, 오호라. 이를 말하매 나는 가히 슬퍼도 하고 울기도 할 만하다.”

단재에게 자아는 소아와 대아, 둘이다. 대아가 참된 나이다. 그의 표현으로 자아는 “물질적 구각적軀殼的의 가아소아假我小我”와 “정신적 영혼적의 진아대아眞我大我”가 있다. 사람들은 ‘물질적이고 구각적 자아’를 나로 알고 살기 십상이지만 정신적인 나, 참 나와 큰 나가 신성하고 영원하다.

“큰 나는 곧 정신이며 사상이며 목적이며 의리가 이것이다. 이는 무한한 자유자재한 나이니, 가고자 하매 반드시 가서 멀고 가까운 것이 없으며, 행코자 하매 반드시 달하여 성패가 없는 것이 곧 나라. 비행선을 타지 아니하여도 능히 공중으로 다니며, 빙표(여행 허가증)가 없어도 외국을 능히 가며, 사기史記가 없어도 천만세 이전 이후에 없는 내가 없나니, 누가 능히 나를 막으며 누가 능히 나를 항거하리요. 내가 국가를 위하여 눈물을 흘리면 눈물을 흘리는 나의 눈만 내가 아니라, 천하에 유심한 눈물을 뿌리는 자가 모두 이 나이며, 내가 사회를 위하여 피를 토하면 피를 토하는 나의 창자만 내가 아니라 천하에 값있는 피를 흘리는 자가 모두 이 나"이다.

하지만 온 세상이 "자기의 참 면목을 알지 못하고 혹 입과 배를 나"라 하기에 단재는 슬픔을 토로한다. 그래서 "붓을 들고 천당의 문을 열고 분분히 길을 잃은 자들"을 부른다. 그에게 천당은 "종교가의 미혹하는 별세계의 천당이 아니라, 나의 참 면목을 나타내는 것"이다. 단재는 "우리 중생을 불러서 본래 면목을 깨달으며, 살고 죽는데 관계를 살피고 쾌활한 세계에 앞으로 나아가다가 저 작은 내가 칼에 죽거든 이 큰 나는 그 곁에서 조상하며, 작은 내가 탄환에 맞아 죽거든 큰 나는 그 앞에서 하례하여 나와 영원히 있음을 축하하기 위함"이라고 글 쓴 이유를 밝힌다.

소설 「꿈하늘」의 왼손과 오른손의 충돌은 논설 「큰 나와 작은 나」의 자아 소통에서 빚어지는 내적 갈등을 문학적으로 표현한 대목으로 볼 수 있다. 소설 속 한놈은 '자기 안에 머무는 싸움'을 넘어 나아간다.

◆

싸움에 나선 일곱
'한놈'의 심층

◆　　　　　　　　「꿈하늘」에서 자아 내부의 싸움을 하던 한놈은 자아가 외부와 싸우는 극한적 형태인 전쟁을 목격한다. "살이 다 떨어지고 뼈가 하나도 없이 부서져" 피비린내가 진동하는 싸움터를 목격한 한놈은 크게 개탄하고 한숨을 쉬며 허무감에 젖어든다.

> 몇 시 몇 분이 못 되어 주검이 천리나 덮이고 비린내 땅에 코를 돌릴 수 없으며 피를 하도 뿌려 하늘까지 빨갛게 물들었도다.
> 한놈이 이를 보고 "우주가 이같이 참악慘惡한 마당인가" 하며 참다 못해 눈을 감으니 꽃송이가 다시 빙글빙글 웃으며 "한놈아, 눈을 떠라. 네 이다지 약하냐? 이것이 우주의 본면목本面木이니라. 네가 아니 왔으면 할 일 없지만 이미 온 바에는 싸움에 참가하여야 하나니 그렇지 않으면 도리어 너의 책임만 방기放棄함이니라. 한놈아 눈을 빨리 떠라."

작가는 싸움이 '우주의 본면목'이기에 하늘도 예외가 아니라고 밝힌다. 한놈이 "사람이 죽으면 착한 이의 넋은 천당으로 가며 모진 이의 넋은 지옥으로 간다더니 이제 그 말이 다 거짓말입니까? 그러면 영계靈界도 육계肉界도 같아 항상 칼로 찌르며 총으로 쏘아 서로 죽이는 참상이 있습니까?" 묻자 을지문덕이 허허 탄식하며 답한다.

대저 종교가宗敎家의 시조始祖된 석가나 예수가 천당이니 지옥이니 한 말은 특별히 우의寓意한 곳이 있거늘 어리석은 사람들이 그 말을 집어 먹고 소화가 못 되어 망국멸족亡國滅族 모든 병을 앓는도다. 그대는 부디 내 말을 새겨들을지어다. 소가 개를 낳지 못하고 복숭아나무에 오얏 열매가 맺지 못하나니 육계의 싸움이 어찌 영계의 평화를 낳으리오. 그러므로 유계의 아이는 영계에 가서도 아이요, 육계의 어른은 영계에 가서도 어른이며, 육계의 상전은 영계에 가서도 상전이요, 육계의 종은 영계에 가서도 종이니 (…) 이제 망한 나라의 종자種子로서 혹 부처에게 빌며 상제上帝께 기도하여 죽은 뒤에 천당을 구하려 하니 어찌 눈을 감고 해를 보려 함과 다르리오.

을지문덕은 착한 이는 천당에, 모진 이는 지옥에 간다는 상식은 석가나 예수의 비유법을 어리석게 믿은 것이라며 망국멸족으로 이어질 수 있다고 경고한다. 한놈과 을지문덕의 대화는

"육계나 영계나 모두 승리자의 판이니 천당이란 것은 오직 주먹 큰 자가 차지하는 집이요, 주먹이 약하면 지옥으로 쫓기어 가느니라"로 정리됐다. 한마디로 '영계'는 욕계의 구원이 아니라 욕계의 연장일 뿐이다.

한놈이 을지문덕과 이야기 나누는 중에 하늘에서도 싸움이 일어난다. "님神과 가비魔의 싸움이 일어 을지 선배님이 가시는 길"을 따라 한놈은 기뻐하며 자신도 가겠다고 나선다. 함께 싸울 동무가 없어 고심하는 한놈에게 꽃송이가 도움을 준다. 한놈은 꽃송이의 권고에 따라 하늘과 땅, 동·서·남·북 각각을 향해 한놈을 부른다. 그러자 "간다"는 대답과 함께 "한놈 같은 한놈이 솟아"난다. 한놈이와 불려 나온 여섯 한놈, 모두 일곱이다. "낯도 같고 꼴도 같고 목적도 같지만 이름이 같으면 서로 분간할 수 없을까 하여 차례로 이름을 지어 한놈, 둣놈, 셋놈, 넷놈, 닷째놈, 엿째놈, 잇놈"이라 했다.

싸움터로 가는 일곱 한놈에게 꽃송이는 유명한 '칼노래'를 불러준다. 여기서 '유명한'이라고 수식어를 붙인 까닭은 「꿈하늘」이 남쪽 독자들과 처음 만난 1975년 이후 민주화운동과 통일운동에 나선 젊은이들에게 빠르게 그 노래가 퍼져가서다. 단재가 소설에 삽입한 시라고 할 수 있는 "칼부름"이라는 노래는 다음과 같다.

내가 나니 저도 나고 저가 나니 나의 대적이라. 내가 살면 대적이
죽고 대적이 살면 내가 죽나니. 그러기에 내 올 때에 칼 들고 왔다.
대적아 대적아 네 칼이 세던가 내 칼이 센가 싸워를 보자.

앓다 죽은 넋은 땅속으로 들어가고 싸우다 죽은 넋은 하늘로 올라
간다. 하늘이 멀다 마라. 이 길로 가면 한 뼘뿐이니라. 하늘이 가깝
다 마라. 땅 길로 가면 만리나 된다.

아가 아가 한놈 듯놈 우리 아가 우리 대적이 여기 있다. 해 늦었다
눕지 말며 밤 들었다 자지 마라. 이 칼이 성공하기 전에는 우리 너
희 쉴 짬이 없다.

'칼노래'를 들은 한놈들은 "내가 나자 칼이 나고 칼이 나니 내
동무다"라고 답가를 부르며 "일곱 사람이 서로 손목을 잡고" 싸
움터로 간다. 가는 길에 하늘이 캄캄하며 찬비가 쏟아지고 흙바
람이 불어오고 가시밭과 칼밭이 가로막지만 일곱 한놈은 꿋꿋
하게 걸어간다. 하지만 하나씩 하나씩 '싸우러 가는 길'에서 탈
락한다.

온갖 장애를 이겨내자며 서로 붙들고 가던 일곱 명의 한놈들
에게 최초의 좌절은 "앞뒤로 불덩이가 날아와 살이 모두 데이"
는 상황에서 일어났다. "잇놈이 딱 자빠지며" 더 못 가겠다고 드
러눕는다. 여섯 명의 한놈들이 그를 억지로 끌어 일으켰지만 잇
놈은 "여기 누우니 아픈 데가 없다"며 일어나지 않는다. 한놈은

"싸움에 가는 놈이 편함을 구하느냐?" 꾸짖지만 하릴없이 두고 간다. "우리 여섯이나 조심하자"며 나아갔다.

그런데 "별안간 사람의 눈을 부시게 빛이 찬란한 산"이 멀리 보인다. 붉은 글씨로 '황금산'이라 새긴 산이다. 여섯 명의 한놈들이 다가가니 순금으로 몇 만 길 되는 산이다. 산이마에서 한 쌍의 옥동자가 노래를 한다.

잰 사람이 그 누구냐 내 이 산을 내어주리라. 이 산만 가지면 옷도 있고 밥도 있고 고대광실高臺廣室 높은 집에 족과평생足過平生 잘 살리라.

이 산만 가지면 맏아들은 황제 되고 둘째 아들은 제후諸候 되고 셋째 아들은 파초선芭蕉扇 받고 넷째 아들은 쌍가마 타고 네 앞에 절 하리라.

이 산을 가지려거든 단군을 버리고 나를 할아비 하며 진단震壇을 던지고 내 집에서 네 살림 하여라.

이 산만 자지하면 금강석으로 네 갓 하고 진주구슬로 네 목도리 하고 홍보석으로 네 옷 만들어주마.

잰 사람이 그 누구냐. 너희들도 어리석다. 싸움에 다다르면 네 목은 칼받이며 네 눈은 살 과녁이며 네 몸은 탄알밥이다. 인생이 얼마라고 호강을 싫다고 아픈 길로 드느냐? 어리석다 불쌍하다 너희들…

그 노랫소리에 엿째놈이 턱 엎드러진다. 황금산에 딱 들러붙어 일어나지 않았다. 부귀와 호강을 누리기로 작심한 것이다. 기실 황금산의 유혹에 흔들릴 사람은 엿째놈만은 아닐 성싶다. 한 놈은 일곱째놈에 이어 엿째놈을 포기하고 네 동무만 데리고 나아간다. 그런데 앞길을 큰 냇물이 가로막는다. 큰 냇물의 이름이 기막히다. "새암", 곧 '시샘'이다. "재주 없는 놈이 재주 있는 놈을 미워하며, 공 없는 놈이 공 있는 놈을 싫어하여 죽이려 함이 새암"이다.

'샘'이라는 냇물을 건너며 한놈과 네 동무는 "요마한 물에 어찌 장부의 마음을 변할쏘냐. 우리가 아무리 어리다 해도 혹 국사에 힘써 화랑의 교훈을 받은 이도 있으며, 혹 한학漢學의 소양이 있어 공맹孔孟의 도덕에 선 이도 있으며, 혹 불학佛學을 연구하여 석가의 도를 들은 이도 있으며, 혹 예배당에 출입하여 양부자洋夫子의 신약新約도 공부한 이 있나니 어찌 접시 물에 빠져 형제가 서로 샘암하리오"라고 더욱 씩씩한 모습을 보인다. 하지만 비극은 곧 들이닥친다.

싸움터가 가까워 온다, 넘나라가 가까워 온다, 깃발이 보인다, 북소리가 들린다. 어서 가자 재촉할 때 가장 날래게 앞서 뛰는 놈은 셋놈이었다. 넷놈이 따르려 하여도 따르지 못하여 허덕허덕하며 매우 좋지 못한 낯을 갖더니 저기 적진이 보인다 하고 실탄 박은

총으로 쏜다는 것이 적진을 쏘지 않고 셋놈을 쏘았더라.

어화 일곱 사람이 오던 길에 한 사람은 고통에 못 이기어 떨어지고, 또 한 사람은 황금에 마음이 바뀌어 떨어졌으나, 오늘같이 서로 죽이기는 처음이구나. 새암의 화禍가 참말 독하다. 죽은 놈은 할 수 없거니와 죽인 놈도 그저 둘 수 없다 하며 곧 넷놈을 잡아 태워 죽이고, 한놈, 둣놈, 닷놈 무릇 세 사람이 동행하니라.

막상 싸움터에 왔지만 님의 나라 군사가 적에게 쉽게 이기지 못하는 모습을 본 둣놈이 흔들린다. "인제는 님의 나라가 그만 이로구나. 나는 어디로 가노?"라 한탄하더니 푸른 산 흰 구름 속에 "사슴의 친구나 찾아간다"고 떠난다. 마지막 남은 닷째놈은 죽는 것보다 "종질이라도 하며 세상에서 어정거림이 옳다"며 적에게 투항했다. 결국 일곱 명의 한놈들 가운데 본디 한놈만 홀로 남았다.

여기서 주목할 것은 사회 현실 변화를 위해 나선 사람들조차 투쟁히러 가는 길에 대부분 탈락했다는 사실이다. 싸움터로 기꺼이 나섰지만 그 사람들의 심층에는 각각의 서사가 있음에 유의할 필요가 있다. 현실을 바꾸겠다고 나선 사람들이 자신의 다짐과 다른 길을 걸어간 데는 단순히 환경이나 조건 차원이 아닌 주체적 차원의 문제가 있다. 이를 분석할 때 사회서사 개념이 적실하다.

본디 한놈을 비롯해 여섯 명의 한놈들 모두 싸워야 할 현실을 피하지 않았다. 을지문덕이 서둘러 간 '님神과 가비魔의 싸움'에 동참하려고 나섰다. 현상적으로만 보면 싸움터와 정면으로 맞서는 모습이지만 그들의 심층에 있는 사회서사, 곧 사회를 보는 자기서사는 사뭇 다르다.

작가가 소설을 탈고한 1916년 시점에서 본다면 누구나―일곱 명의 한놈들이 그랬듯이―조국을 강점한 일본제국주의와 싸워야 옳다는 생각은 지닐 수 있다. 하지만 생각과 행동은 일치하지 않는다. 일제와 싸워야 한다는 당위성이 실제 삶으로 곧장 이어지는 것도 아니다. 단재는 그 통찰을 일곱 한놈들의 선택으로 형상화하고 있다. 소설의 주인공 한놈이 민중을 상징하는 이름이자 실체라면 작품에 그려진 일곱 한놈의 모습은 그대로 당대를 살아가던 민중의 범주로 이해할 수도 있다.

소설에서 전개된 일곱 한놈들의 변절을 차례대로 분석해보자. 먼저 일곱째놈은 가는 길이 고통스러워 포기했다. 싸움터로 가겠다고 나서며 결기도 세웠지만 편안함을 찾는 일곱째놈의 태도 변화는 그의 심층에 '순종서사'가 자리하고 있기 때문이다.

엿째놈은 황금산에서 황금에 마음이 바뀌어 그것을 누리려고 나선다. 적응서사다. 엿째놈이 황금산에 살며 혹 선행을 할 수 있다면―예컨대 독립운동 자금을 기꺼이 내놓는다면―적응서사의 건강성을 드러낼 수도 있겠지만 소설에선 나타나지 않거니와 기대할 만한 상황도 아니다.

용감하게 앞서 나가는 동무(셋놈)를 시기하며 배신하는 넷놈의 심층에도 적응서사가 있다. 주어진 현실을 경쟁의 틀로 바라보며 자기보다 더 경쟁력 높은 사람을 넘어뜨리고 자신이 더 우월적 지위에 오르려는 탐욕으로 가득한 넷놈은 배신에 살인을 서슴지 않는 포악성을 보여 적응서사의 전형적인 병리성을 보여준다. 둣놈은 싸움의 현장을 보고 두려워 은둔한다. 방관하며 살고자 하는 전형적인 관조서사이다. 닷째놈은 투항한다. 기꺼이 굴종을 삼내하셌다는 순종서사가 심층에 있다.

〈표5〉 일곱 한놈들의 사회서사

구분 \ 서사 범주	적응	순종	관조	실천
건강한 삶				(한놈)
병리적 삶	엿째놈, 넷놈	일곱째놈, 닷놈	둣놈	셋놈

일곱 한놈들의 사회서사를 간추리면 넷놈과 엿째놈의 심층에는 적응서사가, 닷째놈과 일곱째놈의 심층에는 순종서사가, 둣놈에는 관조서사가, 셋놈에는 실천서사가 있다. 셋놈은 전혀 흔들리지 않고 싸움터를 맞아 가장 용감하게 앞서 나가지만, 시기를 받아 넷놈의 총에 죽는다. 소설은 그 대목을 "가장 날래게 앞서 뛰는 놈은 셋째 놈이었다. 넷놈이 따르려 하여도 따르지 못

하여 허덕허덕하며 매우 좋지 못한 낯을" 했다고 서술했다.

넷놈이 "따르려 하여도 따르지 못하여 허덕허덕"했다면, 셋놈도 성찰이 필요하다. 다른 사람이 허덕이며 따라갈 수 없을 만큼 혼자 앞서가는 행태는 그의 심층에 있는 실천서사가 병리적인 '독선'으로 나타났기 때문으로 볼 수 있다.

'한 사람의 열 걸음보다 열 사람의 한 걸음'이란 경구가 있듯이 함께 나아가려면 속도 조절이 필요하다. 독선에 대한 작가의 비판적 인식은 고려 시대 묘청을 높이 평가하면서도 비판한 대목, 러시아혁명과 소련에 대한 거리두기, 아나키즘 수용과 민중 직접 혁명의 사상으로 이어진다. 실제로 러시아혁명은 스탈린주의의 독선을 낳았고 결국 혁명 전반에 부정적 암운이 드리워졌다. 그렇게 본다면 단재의 통찰을 새삼 평가할 수 있고, 소설 「꿈하늘」의 의미도 새롭게 인식할 수 있다.

◆

왜 환상적이고 웅장한
지옥을 그렸을까

◆　　　　　　　　사회서사 이론으로 「꿈하늘」을 분석할 때 얻을 수 있는 것은 실천서사의 독선에 대한 경계만이 아니

다. 소설 「꿈하늘」은 사회서사의 변화도 다루고 있다. 알다시피 단재는 「꿈하늘」을 창작하는 한편으로 민중을 계몽하는 과정 — 사회의식을 바꾸는 일 — 에 역사의식을 강조하는 논설을 많이 썼다. 이를테면 언론인 신채호는 "오인吾人의 제일 원통한 죽음은 곧 무위무사한 몸으로 자가自家 안방 구석 아녀자 수중手中에서 죽는 것이라. 오인이 이충무李忠武같이 죽거나 넬슨같이 죽거나 林肯(링컨)같이 죽으면 족히 내 죽음의 가치로 국가의 위광을 보전할지며 족히 내 죽음의 가치로 민족의 생명을 유지할지며 족히 내 죽음의 가치로 인류의 행복을 증진할지어늘 어찌하여 공연히 무위무사한 몸으로 죽어 생生하여 세간의 기생충이 되며 사死하여 청산의 보토물補土物만 되리오"라고 개탄했다. 신채호는 또 "인생의 최대 수치는 사기私己적 생활로 일신一身을 종終함"이라며 "인생의 정정당당한 로略는 인류를 위하는 생활로 신身을 종함에 재在하다"고 강조했다.

단재는 인간이 옳은 말을 들으면 그것을 곧바로 수용하리라고 믿는 것은 안이한 관점임을 잘 알고 있었다. 개개인의 사회의식도 어떤 서사를 지녔는가에 따라 달라진다. 싸울 생각으로 모두 나섰지만 일곱 한놈의 서사는 저마다 달랐고 그것이 행동으로 나타나지 않았던가. 단재가 논설문과 문법이 다른 소설 창작에 나선 까닭도 거기에 있을 터다.

「꿈하늘」에서 서사 변화를 위한 소설적 장치는 '지옥'이다.

작가 단재의 지옥은 그로부터 「꿈하늘」을 창작한 뒤 100년이 지날 무렵에 천만 명 이상의 관객을 모은 영화 〈신과 함께〉의 지옥과 견주어도 전혀 손색이 없을 만큼 환상적이고 웅장하다. 게다가 지옥에서 벗어나는 방법도 제시하고 있다.

단재의 지옥을 다스리는 '순옥사자'는 강감찬 장군이다. "옥중에 서기瑞氣가 돌며 순옥사자 강감찬이 드시는데 키는 불만不滿 오척이요, 꼴도 매우 왜루矮陋하지만, 두 눈에는 정광精光이 뚝뚝 듯고 머리 위에 어사화御賜花가 펄펄 난다"고 묘사했다. 기실 작은 키에 누추한 외모는 작가인 단재 생전의 모습과 닮았다.

강감찬이 지키는 지옥은 둘로 나눠진다. 국가의 적을 징벌하는 지옥과 망국노를 가둔 지옥이다. 한놈은 강 장군에게 국적을 가두는 일곱 지옥과 망국노를 가두는 열두 지옥에 대한 설명을 듣고, 참다운 민족적 신념과 애국의 길이 무엇인가를 구체적으로 터득한다.

먼저 국적國賊, 나라의 적을 징벌하는 일곱 지옥이 나온다. 단재의 표현을 최대한 살려 간추려보자. 처음은 겹겹 지옥이다. 백제의 임자(신라 김유신과 내통한 고위 관료), 고구려의 남생(연개소문의 맏아들이지만 권력을 잃자 당나라와 손잡고 고구려 멸망에 앞장섰음), 한말의 이완용 등 제 국가를 배신한 자를 가두는 지옥으로 하루에 열두 번 죽이고 살리며 가혹한 고통을 반복해 받는다. 줄줄 지옥에선 사리사욕에 눈이 어두워 민중을 착취한 탐관오리가 보인다. 빈대와 뱀으로 하여금 그의 피를 줄줄 빨게 한다. 강아지 지옥은 혓바닥이나 붓끝으로 적국을 찬양하며 주구 노릇을 한 연설쟁이나 신문기자를 가둔다. 혓바닥을 빼고 개의 혀를 주어 날마다 컹컹 짖게 한다.

돼지 지옥에선 제 한 몸 잘살고자 지사를 잡아 적국에게 넘기는 정탐노에게 돼지 껍질을 씌워 꿀꿀 소리나 내게 한다. 야릇 지옥은 겉으로 지사인 체하며 실제로는 이적 행위를 한 자의 머리에 박쥐 감투를 씌우고 똥집을 빼어 소리개에게 준다. 나나리 지옥에선 딸깍딸깍 나막신을 신고 적국의 풍속을 모방하여 자식에게 내 나라 말 대신 적국어를 가르치는 자의 목을 자르고 토막을 내어 나나리를 만든다. 마지막 반신 지옥은 적국의 년 놈들과 장가가고 시집가는 자의 몸을 불칼로 두 동강 낸다. 식민지 시대였음을 감안할 필요가 있다.

망국노를 가두는 지옥은 열두 곳이다. 망국의 민족 현실을 외면하고 예수나 공자를 되뇌며 선과 천당을 찾는 자들을 똥물에 튀겨 쇠가죽을 씌우는 똥물 지옥, 지방·종교·사감私感으로 민족 분열을 일삼으며 사당과 파벌 싸움에 집념하는 무리를 맷돌에 갈아 없애는 맷돌 지옥, 오직 남의 말·풍속·종교·학문·역사 같은 것을 제 것으로 알아 러시아에 가면 러시아인 되고 미국에 가면 미국인 되어 세계주의를 표방하며 민족 주체성을 몰각하는 무리에게 밸을 빼어 게와 같이 만드는 엉금 지옥, 오로지 외교에 의뢰하여 국민의 사상을 약화시키는 사대주의 무리의 몸을 주물러 댕댕이(여러해살이 덩굴풀)를 만들고 큰 나무에 감아드는 댕댕이 지옥이 있다.

의병도 아니고 암살도 아니고 오직 할 일은 교육이나 실업 같은 것으로 차차 백성을 깨우자 하여 점점 더운 피를 차게 하고 산 넋을 죽게 한 자들이 갈 어둠 지옥, 황금과 여색에 탐닉하여 제 본뜻을 버리는 자들을 보내는 단지 지옥, 지식과 열정이 없으면서도 명예를 탐하여 거짓말로 남을 속이는 자들을 불로 지지는 지짐 지옥, 머리 앓고 피 토하며 국사를 연구하지 않고 마찌니^{Giuseppe Mazzini}(이탈리아의 통일운동가)와 손일선^{孫逸仙}(쑨원, 중국 신해혁명의 지도자)을 모방·번역·인쇄하는 자들의 잔나비 지옥, 잔꾀만 가득한 기회주의자들을 가마에 넣고 삶는 가마 지옥, 식민지 현실을 방관하며 망한 대로 놀자는 놈들을 보내는 쇠솥 지옥, 향락을 일삼으며 도덕 없는 사회를 만드는 자의 아귀 지옥, 공자·예수·나폴레옹·워싱턴은 알면서도 제 나라의 성현·영웅은 모르는 자들이 가는 종아리 지옥이 그것이다.

단재 「꿈하늘」의 지옥은 단테^{Dante}의 『신곡』에 나오는 지옥과 자못 다르다. 단재의 지옥은 역사의식이나 사회의식이 없을 때 개개인의 삶이 빠지기 쉬운 곳이다. 국적과 망국노를 가둔 지옥에 대한 단재의 서술에는 날카로운 풍자와 흥미로운 해학이 담겨 있다. 외교론을 편 이승만을 댕댕이 지옥으로, 무장투쟁에 반대하며 준비론을 편 안창호를 어둠 지옥으로 보낸 소설은 작가 단재의 독립운동 방향을 충분히 짐작케 한다.

국적과 망국노로 가득한 지옥을 보여주면서도 작가는 결코 비관하지 않는다. 천국에 올라 고대에서 근세에 이르기까지 여러 분야에서 민족사를 빛낸 인물을 만난다. 이미 소설 들머리에서 을지문덕은 한놈이 앉아 있던 무궁화나무로 걸어와 노래한다.

"이 꽃이 무슨 꽃이냐/ 희어스름한 머리白頭山의 얼이요/ 불그스름한 고운 아침朝鮮의 빛이로다/ 이 꽃을 북돋우려면/ 비도 말고 바람도 말고/ 핏물만 뿌려주면 그 꽃이 잘 자라리/ 옛날 우리 전성全盛할 때에/ 이 꽃을 구경하니 꽃송이 크기도 하더라/ (…)/ 이 꽃이 어이해/ 오늘은 이 꼴이 되었느냐"

을지문덕이 목이 메어 더 부르지 못한 노래에 무궁화송이가 맑은 노래로 답한다.

"영웅의 시원한 눈물/ 열사의 매운 핏물/ 사발로 바가지로 동이로 가져오너라/ 내 너무 목마르다"

핏물을 뿌려주면 잘 자라리라는 장군 을지문덕의 사랑 앞에 무궁화송이는 호응한다. 고구려를 비롯해 민족사의 화려했던 과거와 정반대로 이웃 나라 식민지로 전락한 심정을 비통하게 토로한 을지문덕과 무궁화송이의 명창, 아니 작가 신채호의 절창이다. '민주주의는 피를 먹고 자란다'는 정치학의 명제를 연상케 한다.

소설「꿈하늘」의 미덕은 지옥에 갇힌 사람들―마지막 남은 한놈은 싸움터에 나서지만 한순간 미인계에 넘어가 지옥에 떨어진다. 한놈조차 결국 지옥으로 보내는 작가 단재의 시대적 분노 또는 고독을 읽을 수 있다―에게 싸움의 현장에 동참할 기회를 주는 데서도 찾을 수 있다.

한놈이 절하여 그 고맙다는 뜻을 올리고 그러나 지옥에서 나가게 하여달라 하니 강감찬이 가로되

"누가 못 나가게 하느냐?"

"못 나가게 하는 이는 없사오나 몸이 쇠사슬에 묶여 나갈 수 없습니다."

강감찬이 웃으시며

"누가 너를 묶더냐?"

하니 한놈이 이 말에 대철대오大徹大悟하여

"본래 묶이지 않은 몸을 어디 풀 것이 있으리오?"

하고 몸을 떨치니 쇠사슬도 없고 한놈의 한 몸만 우뚝하게 섰더라.

불교의 선문답과 비슷해 익숙한 장면이지만, 바리공주 신화와도 맞닿을 수 있다. 가시덤불, 태산준령, 열두 바다를 지나 굳세게 길을 가다가 끝내 지옥에 갇힌 바리가 자신의 '낙화'로 "곁에 있던 다른 사람들까지 그 어둡고 궂은 감옥에서 해방되어 구

원의 길로 나아간다"는 서사와 어금버금하다고 볼 수도 있다.

요컨대 사회서사 개념으로 분석할 때 소설「꿈하늘」의 고갱이는 자기 안의 서사를 바꾸려면 개개인의 깨달음 또는 수행이 필요하다는 단재의 철학이다. 개개인이 역사의식과 사회의식을 지며리 다듬어가는―소설「꿈하늘」을 읽는 행위도 그 가운데 하나일 터이다―과정에서 심층의 서사가 바뀔 수 있다.「꿈하늘」은 그 성찰과 각성으로 궁극적인 '통합'을 제시한다.

여러 지옥을 설정하고 그곳을 벗어나는 방법을 비롯해「꿈하늘」의 여러 장면들은 압권이다. 단재가 근대문학과 탈식민 문학을 전개하면서도 작품 구성에서 우리 고전문학의 몽유록(꿈 이야기) 전통은 물론 풍자와 해학까지 담았다고 평가할 수 있는 대목이다.

더구나「꿈하늘」은 무지한 민중에게 시혜적으로 지식을 주어 계몽하겠다는『무정』의 무성의한 문학성, 작가적 단순성과도 사뭇 대조적이다. 이광수의『무정』은 민중을 다음과 같이 그린다.

그네의 얼굴을 보건대 무슨 지혜가 있을 것 같지 아니하다. 모두 다 미련해 보이고 무감각無感覺해 보인다. 그네는 몇 푼어치 아니 되는 농사한 지식을 가지고 그저 땅을 팔 뿐이다. (…) 그래서 (몸은 점점 더 야하여지고 머리는 점점 더) 미련하여진다. 저대로 내어버려 두면 마침내 북해도의 '아이누'나 다름없는 종자가 되고 말 것 같다.

저들에게 힘을 주어야 하겠다. 지식을 주어야 하겠다. 그리해서 생활의 근거를 안전하게 하여 주어야 하겠다.

"과학科學! 과학!" 하고, 형식은 여관에 돌아와 앉아서 혼자 부르짖었다. 세 처녀는 형식을 본다.

"조선 사람에게 무엇보다 먼저 과학을 주어야겠어요. 지식을 주어야겠어요." 하고 주먹을 불끈 쥐며 자리에서 일어나 방 안으로 거닌다.

♦

신채호와 이광수를
각각 문학으로 본다면

♦   소설 「꿈하늘」의 주인공 이름 '한놈'은 작가인 단재가 평소에 즐겨 쓴 아호 가운데 하나이다. 한놈은 작가 자신 또는 분신이자 모든 조선인이다. 한놈이란 말은 곧바로 '민중'을 떠올리게 한다. 설화 '호랑이 눈썹'의 주인공이 '한 남자'였다.

싸워야 할 대상이 단재에겐 명확했다. 일본제국주의가 그것이다. 그럼에도 일제가 지배하는 현실과 싸우지 않으려는 수많은 동시대의 민중들을 문학에 담은 작품이 「꿈하늘」이다. 단재가 「꿈하늘」을 탈고한 1910년대에 독립운동에 나선 사람들은 많지 않았다. 더구나 그 가운데도 탈락하는 사람들이 적지 않았다. 소설 「꿈하늘」은 두 차원에서 울림을 준다. 싸움에 나선 민중들의 여러 언행과 개개인의 내면 성찰이 그것이다. 단재는 민중들이 독립운동에 굳건히 나서길 소망했고 그러려면 자기 안팎에서 '흔들리는 일곱 자아'를 넘어서야 한다고 판단했다. 일곱 한놈이 차례차례 겪인 유혹은 기실 모든 인간에게 언제 어디서든 다가올 수 있는 욕망이기 때문이다.

사회서사 이론을 통해 우리는 일제로부터 독립하려면 싸움에 나서야 옳다며 기꺼이 싸움터로 나선 사람들 사이에서도 실제로 걸어간 삶이 그와 다른 까닭은 그 사람들의 심층에 저마다 다른 서사가 있어서임을 알 수 있었다. 사회체제를 고정불변으로 여기는 서사를 심층에 지니고 있다면 아무리 일제와 싸우겠다고 다짐해도 시나브로 순종할 수밖에 없고 더 나아가 적응하게 된다. 사회체제는 변화한다는 서사를 심층에 지녔을 때는 두 가지로 나타난다. 사회체제는 변화해가지만 자신은 지켜보겠다는 관조서사와 적극 동참하겠다는 실천서사가 그것이다.

소설 「꿈하늘」의 일곱 한놈들에서 우리는 당대 민중의 심층에 자리한 사회서사의 범주를 모두 발견할 수 있다. 「꿈하늘」에서 그 사회서사의 차이들을 읽어낼 때 독자들은 자신이 지닌 서사를 성찰할 수 있다. 과연 자기의 사회서사는 적응, 순종, 관조, 실천 가운데 무엇인지, 그 서사가 건강하게 또는 병리적으로 나타나고 있는지가 그것이다.

단재의 「꿈하늘」은 한국 근대문학은 물론, 탈근대문학의 지평까지 열 수 있는 내면의 풍성함과 창조적 실천을 두루 담고 있다. 이광수의 소설 『무정』과 견주어 작품성은 물론 생명력을 더 갖췄다는 평가도 가능하다. 김진옥은 이광수의 문학이 근거하는 준비론 사상의 근간은 "자본제적 생산양식의 발전을 통한 힘의 축적"이며 해방 이후의 한국 자본주의도 그 사상의 연장선에 있다고 분석했다. 따라서 단재에 주목하는 것은 "근대가 인류 사회에 가져온 숱한 문제점과 폐해를 지적하고 그 극복"을 위한 것이다.

소설을 발표할 지면이나 여건을 마련할 수 없었기에 망명자와 지인들 사이에 나돌며 독자가 적을 수밖에 없었음에도 「꿈하늘」에 큰 무게를 부여하는 것은 "근대성과 근대문학의 시효 만료에 대한 모색이 논란을 빚고 있는 현재의 관점"에서 단재 문학이 새로운 생명력을 얻을 가능성이 높기 때문이다. 우리 고전문학의 설화적 전통에 풍자와 해학까지 살려내며 서양 근대문학을 접목해 새로운 문학의 길을 열었다는 평가도 가능하기에 더 그렇다.

단재의 시대와 달리 싸워야 할 대상이 뚜렷하지 않은 오늘날은 문학이 처한 상황이 다르다고 볼 수도 있다. 하지만 꼭 그렇게만 판단할 문제는 결코 아니다. 일제강점기에도 대다수는 그 질서에 적응, 순종, 관조했기 때문이다.

사회서사 개념으로 「꿈하늘」을 분석한 우리는 소설 창작 시점에서 100여 년이 지난 오늘날에도 작가 단재의 문제의식을 살려 자문할 수 있다. 자살률 세계 1위에 출산율은 꼴찌이고 노동시간은 가장 길며 비정규직 비율은 가장 높은 부익부 빈익빈의 사회를 어떻게 바라보아야 옳은지가 그것이다. 식민지에선 벗어났으나 분단되어 있는 민족 현실을 사회서사의 대상으로 짚을 수도 있다. 그 물음들은 '헬조선'과 '흙수저 계급'이란 말이 퍼져 있는 현실을 인식하는 독자의 자기서사를 찬찬히 들여다볼 시간을 마련해줄 수 있다.

이광수의 『무정』은 과대평가된 반면에 단재의 「꿈하늘」은 과소평가되어왔다. 비단 두 작가가 창작한 문학작품만이 아니다. 이광수의 자식들이 호의호식하고 미국에 유학을 간 반면에 신채호의 자식들은 영양실조로 죽거나 거리를 떠돌아야 했다.

대하소설 『임꺽정』의 작가 홍명희가 "놀랄 만큼 철두철미 조선의 심장을 통틀어 끌어안은 분"이라고 격찬한 신채호는 뤼순 감옥에서 1936년 옥사했고 이광수는 총독부 기관지 '매일신보'의 1940년 7월 6일자에 기고한 「황민화와 조선문학」이라는 글에서 "이마를 바늘로 찌르면 일본 피가 나올 만큼 일본인이 되라"고 주장했다. 이어지는 문장은 다음과 같다. "자발적 적극적으로 내지 창조적으로 저마다 신체의 어느 부분을 바늘 끝으로 찔러도 일본의 피가 흐르는 일본인이 되지 아니하여서는 아니 된다." 인간이 곧 문학이라는 명제에 근거해 신채호와 이광수를 각각 문학으로 본다면 우리가 어떤 작품과 소통해야 할지 자명하지 않을까.

단재의 꿈
'민중적 경제, 민중적 문화'

소설 「꿈하늘」의 작가 신채호는 1919년 3·1 독립혁명 직후 중국에 망명한 독립운동가들이 구성한 임시 의정원에 참여하면서 대한민국 임시정부 수립에 큰 역할을 했다. 하지만 이승만이 임시정부의 대통령을 맡고 나서도 '외교'에 몰두하자 과감히 비판에 나섰다. 무장 독립운동 단체인 의열단의 단장 김원봉은 단재의 뜻에 십분 공감하고 '의열단 선언문'을 작성해달라고 간곡히 요청했다. 단재는 1923년 1월에 「조선혁명선언」을 완성해 의열단에 건넸다.

일본제국주의에 맞서 조선혁명을 시대적 과제로 제시한 선언문은 과거의 혁명과 어떤 차이가 있는가를 또렷이 밝힌다. "구시대의 혁명"에서 민중은 '국가의 노예'가 되고 그 위에 민중을 "지배하는 상전 곧 특수 세력이 있어 그 소위 혁명이란 것은 특수 세력의 명칭을 변경함에 불과하였다"고 비판했다. 단재는 과거의 혁명은 '을'의 특수 세력으로 '갑'의 특수 세력을 변경함에 지나지 않았다며 그 결과로 민중은 "혁명에 대하여 다만 갑·을 양 세력 곧 신·구 양 상전의 누가 더 어질며, 누가 더 포악하며, 누가 더 선하며, 누가 더 악한가를 보아 그 향배를 정할 뿐이요, 직접의 관계가 없었다"고 적었다.

그렇다면 새로운 시대의 혁명은 어떤 모습일까. 선언문은 "금일 혁명으로 말하면 민중이 곧 민중 자기를 위하여 하는 혁명인 고로 '민중혁명民衆革命'이라 '직접 혁명直接革命'이라 칭함이며, 민중 직접의 혁명인 고로 그 비등·팽창의 열도熱度가 숫자상 강약 비교의 관념을 타파하며, 그 결과의 성패가 매양 전쟁학상의 정해진 판단에서 이탈하여 돈 없고 군대 없는 민중으로 백만의 군대와 억만의 부력富力을 가진 제왕도 타도하며 외국의 도적들도 쫓아내니, 그러므로 우리 혁명의 첫걸음은 민중 각오의 요구"라고 강조했다.

단재는 늘 그랬듯이 애매모호한 글을 쓰지 않았다. 그렇다면 "민중이 어떻게 각오하는가?"를 묻고 다음과 같이 천명했다.

민중은 신인이나 성인이나 어떤 영웅호걸이 있어 '민중을 각오'하도록 지도하는 데서 각오하는 것도 아니요, "민중아, 각오하자" "민중이여, 각오하여라" 그런 열렬한 부르짖음의 소리에서 각오하는 것도 아니다.

오직 민중이 민중을 위하여 일체 불평·부자연·불합리한 민중 향상의 장애부터 먼저 타파함이 곧 '민중을 각오케' 하는 유일한 방법이니, 다시 말하자면 곧 먼저 깨달은 민중이 민중의 전체를 위하여 혁명적 선구가 됨이 민중 각오의 첫째 길이다.

민중 스스로 선구가 되는 새로운 혁명의 철학이 묻어난다. 단재는 민중이 그 혁명의 길을 가려면 먼저 파괴해야 옳다고 주장한다. 그가 파괴를 강조한 것은 진정한 평화를 위해서였다. 일본제국주의가 나라를 침탈한 상황에서 파괴 투쟁은 수나라의 침략을 을지문덕이 칼로 물리친 이치와 다르지 않다. 을지문덕이 그랬듯이 단재의 독립운동도 평화를 되찾기 위함이었다.

　　다만 「조선혁명선언」은 파괴할 대상을 "이족 통치"에 국한하지 않았다. "고유한 조선을 발현하기 위하여 이족 통치를 파괴"해야 한다고 강조한 뒤 더 파괴할 대상을 네 가지로 적시했다. 먼저 "특권계급"이다. 선언은 "자유로운 조선 민중을 발견하기 위하여 특권계급을 타파"하자고 주장한다. 이어 "경제 약탈제도"와 "사회적 불균형" 파괴를 천명한다. "약자 위에 강자가 있고 천자賤者 위에 귀자貴子가 있어 모든 불균형을 가진 사회는 서로 약탈, 서로 박삭剝削, 서로 질투 구시仇視하는 사회가 되어" 민중 전체의 행복을 증진할 수 없다고 강조한다. 마지막으로 "노예적 문화사상을 파괴"하자는 선언의 다음 대목은 사회서사의 변화와 연관 지어 새길 수 있다.

> 유래하던 문화사상의 종교, 윤리, 문학, 미술, 풍속, 습관, 그 어느 무엇이 강자가 제조하여 강자를 옹호하던 것이 아니더냐. (…) 소수 계급은 강자가 되고 다수 민중은 도리어 약자가 되어 불의의 압제에 반항치 못함은 전적으로 노예적 문화사상의 속박을 받은 까닭이니 (…) 그러므로 민주 문화를 제창하기 위하여 노예적 문화사상을 파괴함이니라.

우리는 여기서 단재의 독립운동 철학을 확인할 수 있다. 선언문은 '고유한 조선'도 '이족 통치 파괴'의 맥락에서 주장한다. 전 세계적으로 제국주의를 파괴하고 각 민족이 고유한 문화를 구현해가자는 뜻이다. 독립운동의 목표를 "고유적 조선의, 자유적 조선 민중의, 민중적 경제의, 민중적 사회의, 민중적 문화의 조선을 건설하기 위하여 이족 통치의, 약탈제도의, 사회적 불평등의, 노예적 문화사상의 현상을 타파함"이라고 선명히 제시했다.

「조선혁명선언」은 "민중은 우리 혁명의 대본영大本營"이라며 "강도 일본의 통치를 타도하고, 우리 생활에 불합리한 일체 제도를 개조하여, 인류로써 인류를 압박치 못하며 사회로써 사회를 박삭剝削치 못하는 이상적 조선을 건설"하자고 호소했다. 그가 제시한 '이상적 조선'은 민중의 오랜 꿈인 '신시'의 구현일 수 있다. 단재의 말로 간추리면 '민중적 경제, 민중적 문화'가 그것이다.

소설 「꿈하늘」의 서사와 「조선혁명선언」은 단군신화 이래 한국인의 심층에 연면히 흐르는 철학을 품고 있다. 조소앙의 '한국혁명론'과도 이어진다. 21세기에 들어서서는 '동굴'의 어둠을 밝히는 촛불로 타오르고 있다. 미국과 유럽의 언론이 앞을 다퉈 격찬했던 한국의 촛불혁명은 2020년대에 들어서면서 흔들렸지만, 2024년 겨울에 다시 타올라 정권의 친위 쿠데타를 막아냈다. 역동적인 문화가 동굴의 성찰과 실천의 철학에 뿌리내리고 있는 한 '촛불의 어둠'에도 촛불을 밝히며 어둠이 있는 모든 곳에서 여울여울 타오를 터다.

다이내믹 코리아의
'다이너마이트'

원로 문학평론가 임헌영은 케이팝K-POP에 사회 비판적인 가사가 많다며 그 밑절미로 한국의 민족문학, 민중문학, 참여문학을 꼽았다. 물론 모든 케이팝이 사회 현실에 비판의식을 담고 있지는 않다. 딱히 그럴 필요도 없다. 한국인은 고대 중국 문헌에도 기록되었듯이 문명이 열릴 때부터 이미 노래와 춤을 즐겼다. 처용의 설화나 소월의 시에도 정한 못지않게 신명이 담겨 있다.

그럼에도 적잖은 케이팝 노래에서 우리는 실천적 사회서사를 발견할 수 있다. 대표로 방탄소년단의 노랫말을 새겨보자. '21세기 팝 아이콘' 방탄소년단(BTS)은 2013년 등장한 한국의 7인조 그룹으로 한 주에 빌보드 '핫 100' 차트와 '빌보드 200' 차트 정상을 동시 정복한 최초의 그룹이다. 미국의 3대 음악 시상식으로 꼽히는 '빌보드 뮤직 어워드'와 '아메리칸 뮤직 어워드', '그래미 어워드' 무대에서 모두 공연하는 기록도 세웠다. '방탄'은 총알을 막아내는 방탄복에서 따온 이름으로 '청년들이 살아가면서 겪는 편견과 억압의 총알을 우리가 막아내겠다'는 의미를 담고 있다. 이미 이름부터 실천적 사회서사를 품은 셈이다.

방탄소년단은 세월호 참사 이후 발표한 신곡 〈봄날〉이란 노래를 "보고 싶다/ 이렇게 말하니까 더 보고 싶다/ 너희 사진을 보고 있어도/ 보고 싶다/ 너무 야속한 시간/ 나는 우리가 밉다"로 시작했다. 뮤직비디오가 세월호 참사를 떠올리게 한다는 질문에 "노래나 뮤직비디오는 듣는 이나 생각과 관점에 따라 다르게 보일 수 있기 때문에 감상하는 분들의 해석대로 남겨두고 싶다"고 말했다.

2020년에 발표한 〈다이너마이트^{Dynamite}〉는 더 눈여겨볼 만하다.

"I'm diamond, you know I glow up(나는 다이아몬드야, 너도 내가 빛나는 걸 알게 될 거야)/ Hey, so let's go(자, 함께 출발하자!)/ 'Cause I-I-I'm in the stars tonight(나는 오늘 별과 같은 존재이니까)/ So watch me bring the fire and set the night alight(그러니 내가 불빛을 가져다 이 밤을 밝히는 것을 봐)"

불빛으로 어둠을 밝히자는 노래는 이어 "I'ma light it up like dynamite(난 다이너마이트처럼 빛나게 될 거야)"라며 "Bring a friend, join the crowd(친구를 데려와, 군중에 합류해)/ Whoever wanna come along(누구든 함께하고 싶다면 얼마든지 와)/ Word up, talk the talk(말을 꺼내, 수다를 떨어)/ Just move like we off the wall(우리가 벽을 무너뜨린 것처럼 움직여봐)"이라고 소리친다. "off the wall"은 관용어로서 "관습에 얽매이지 않는" 또는 "틀에 박히지 않는" 뜻으로도 통용된다.

빌보드 핫100 1위를 차지한 노래의 제목 '다이너마이트'의 어원은 고대 그리스어 '뒤나미스^{dynamis}'다. '다이내믹^{dynamic}'과 어원이 같다. 뒤나미스는 '아직 그 형태가 드러나지 않은 잠재력'이다. 아리스토텔레스는 "있지 않은 것들 가운데 어떤 것들은 가능적으로 있"다면서 그것이 현실로 이행할 수 있는 운동과 변화의 역량을 뒤나미스라 명명했다. 종래의 폭탄과 달리 뇌관이 없으면 흔들거나 두들겨도 폭발하지 않는 폭약을 모양이나 크기에 구애받음 없이 만드는 데 성공한 노벨은 그 폭탄에 잠재력이라는 뜻이 담긴 뒤나미스에서 착안해 '다이너마이트'라 이름 붙였다.

친구와 군중에 합류하자는 말, 그 속에서 자유롭게 말하자는 제안, 벽 또는 기존의 틀을 무너트리자는 주장들에서 우리는 촛불을 떠올릴 수 있다. 개개인이 자신을 '다이아몬드'이고 '다이너마이트'로 인식한다면, 방탄소년단이 의도했든 아니든, 그 말은 곧 주권자가 명실상부하게 국가의 주인이 되는 '주권혁명'과 이어질 수 있다. 꼭 모든 사람은 아니더라도 적어도 사회 구성원의 절반만이라도 자신을 '금강석처럼 빛나는 존재'이자 '어두운 밤을 밝히는 매개체'로 인식한다면, 그래서 거리로 나와 친구들에게도 함께하자고 제안한다면 그것이 다름 아닌 촛불 축제, 촛불과 응원봉에 때로는 처용 가면이 어우러져 더 신명나는 한마당 아닐까.

비단 방탄소년단의 노래에 담긴 사회서사만이 아니다. 21세기 들어 한국 영화는 미국이나 영국 영화보다 대체로 사회 비판 의식이 도드라진다. 영화 〈기생충〉과 드라마 〈오징어게임〉이 정당한 평가도 받았다. 노벨문학상을 받은 한강의 작품에는 선정위원회가 밝혔듯이 제주 4·3 민중항쟁과 광주 5·18 민중항쟁이 담겨 있다. 민중항쟁이라는 실제 사회적 삶이 문학과 얼마나 긴밀한 관계인가를 새삼 입증해주는 사례다. 문학이 곧 사람이고, 사람이 곧 문학이기에 더 그렇지 않을까.

한국인의 밑물결을 이룬 철학은 '다이너마이트'로서 그 잠재력을 아직 다 드러내지 못했다. 더 많은 한강, 더 깊은 BTS, 더 예술적인 영화와 드라마가 나타날 수 있다. 꼭 한국인일 이유는 없다. 한국인의 눈부신 철학을 들여다본 지구인(그러니까 우주인)들 사이에서 수많은 '다이너마이트'들이 터져 새로운 문명의 길이 환하게 열리기를 전망하고 기대한다.

닫는 글

◆

한국인의

산과 하늘

◆

지금까지 단군신화에서 샘솟아 한국 철학사의 저류를 이루며 연면히 흘러온 밑물결을 들여다보았다. 찰랑찰랑 겉물결은 지배 세력이 수입한 철학으로 파도쳐 왔지만 대다수 한국인은 자신의 인생관과 세계관을 이야기에 담아 소통해왔다.

　　신화와 설화의 '밑물결 철학'은 한국사에 깊숙이 영향을 끼쳤다. 더러는 한국사를 외세에 휘둘린 역사라고 예단하지만, 겉물결만 보아 그렇다. 단군신화의 서사를 수천 년 전승해온 한국인 대다수는 외세나 그들과 손잡은 지배 세력에 결코 호락호락 당하지 않았다. 민중들은 숱한 침략을 이겨내며 조선 고유의 문화를 이어왔다. 이를테면 15세기의 조선은 브루스 커밍스^{Bruce Cumings}도 분석했듯이 '세계적 선진국'이었다. 한국인 대다수가 실천서사를 지니지 않았다면 그 시대에 가장 앞선 행정 체계와 생활 문화를 구현할 수 있었을까에 회의적이다. 산업혁명 이전까지 유럽의 여느 나라 못지않은 경제력을 갖췄던 조선은 19세기에 세도 정치와 쇄국 정권을 거치며 국력이 쇠퇴했다.

　　설화에서 살펴보았듯이 기층 민중의 삶은 몹시 고통스러웠는데 그 시기 유럽도 마찬가지였다. 예컨대 19세기 중반 영국 지주들의 착취로 아일랜드에서 100만 명 이상, 후반에는 핀란 드와 스웨덴에서만 30만 명 가까이 굶어 죽었다. 영국, 프랑스, 독일, 미국에서 노동인들의 삶은 비참했다. 미국에서 가혹하게 착취당하던 노예들이 법적 자유를 얻은 것은 1860년대에 이르 러서였다.

한국인들은 지배 세력의 무능과 일본제국주의의 침략으로 나라를 잠시 잃었지만 3·1 독립선언, 4월 혁명, 5월 민중항쟁, 6월 대항쟁, 7·8·9월 노동인 대투쟁, 촛불혁명을 거치며 민주 공화국 건설에 큰 성과를 거뒀다. 이윽고 21세기 들어 국제사회 에서 선진국으로 분류되었다. 그 모든 일이 민중의 심층에 실천 서사가 자리하고 있었기에 가능하지 않았을까.

하지만 여전히 정치·경제계는 물론 언론계와 학계에 겉물결 이 사납게 흐르고 있다. 더구나 미국이 주도한 '신자유주의적 세 계화'가 인터넷과 맞물려 퍼져가면서 적잖은 젊은 세대가 한국 문화를 비하하거나 고유의 철학을 망각하는 현상에 가속도가 붙고 있다. 서양 우월주의에 사로잡힌 일부 한국인들과 정반대 로 산신각山神閣을 비롯해 민중 문화에 담긴 생태 철학적 의미를 찾는 서양인들이 곰비임비 나타나고 있는 현상은 아이러니를 넘어 서글픈 현상이다.

자기 안에 숨어 있는 금강석을 모르는 한국인들은 물론 한국

문화에 다가서는 지구촌 사람들에게 길라잡이가 될 수 있기를 바라며 이 책을 썼다. 한국 문화의 저류에 담긴 '삶과 세상을 바라보는 관점'이 지구촌의 인류가 막다른 문명의 골목을 벗어나 새로운 문명을 열어가는 길에 영감을 줄 수 있으리라 믿어서다.

우리가 살펴보았듯이 한국 문화의 밑물결을 이룬 이야기에 단골로 등장하는 존재가 있다. 산과 하늘이다. 무엇보다 단군신화에서 환웅이 하늘에서 산으로 내려온다. 곰은 산의 동굴에서 사람이 되고, 그녀의 아들 단군은 산신이 된다. '처용설화'에서 덩실덩실 춤을 추며 처용이 물러난 뒤 산신이 등장한다. 산신도 춤을 추면서 '지리다도파도파智理多都波都波, 곧 '인재들이 떠나 나라가 곧 파괴된다'라고 노래 부르며 왕에게 경고한다. 하지만 산신의 경고를 되레 상서로운 징조로 여긴 기득권 세력은 한층 환락에 빠져들어 망국을 맞았다. 설화를 사회서사 이론으로 분석함으로써 우리는 처용의 얼굴을 집 대문에 붙이는 민중의 마음이 천년을 넘어 소월의 「진달래꽃」으로 표출됐다고 풀이할 수 있었다. 님이 "가시는 걸음걸음"에 뿌린 그 꽃을 따 온 곳도 산, 영변의 약산藥山이다.

'해와 달이 된 오누이' 설화에서 하늘은 위기를 맞은 오누이에게 동아줄을 내려주고, 착취하는 권력에 맞선 두 어린이를 해와 달로 만들어준다. '효자 호랑이' 설화와 '호랑이 눈썹' 설화에서 산은 삶의 고통에 시달리던 민중들이 서사를 바꾸는 공간이다. '아기장수' 설화에 여러 변이형이 있지만 아기장수가 변혁을 준비하는 곳도 산자락의 바위다. 아기장수를 태울 '용마龍馬' 이름을 붙인 산은 경기도, 경상남도, 서울, 전라남도, 충청북도에 걸쳐 있다.

단재의 설화 같은 소설에서 하늘은 작품의 무대다. 작가는 단군신화에 나오는 태백산의 얼을 강조하며 그 대척점에 '황금산'을 배치했다. 황금산 산이마에 앉은 '한 쌍 옥동자'는 "이 산을 가지려거든 단군을 버리고 나를 할아비 하"라고 노래한다. 일본제국주의가 조선 땅을 강점하던 시대에 수많은 먹물들이 '황금산'에 머물며 '태백산의 단군'을 망각했다.

하지만 어떤가. 조선 고유의 민중혁명을 주창하며 실천에 목숨을 바친 단재가 뤼순 감옥에서 눈을 감을 때 훗날 식민지를 벗어난 후손들이 남과 북으로 갈라져 서로를 살상하며 세기가 바뀌도록 적대적 분단 체제를 이어가리라 꿈이라도 꿨을까.

일본제국이 강성할 때 「꿈하늘」을 그린 단재는 "하늘이 제 빛을 잃으니 그 나머지야 말할쏘냐"며 태백산 높이가 줄어들어 석 자도 못 된다고 탄식했다. "하늘이 뽀얗고 해와 달이 네모"가 된 '변이'도 직시했다. 해와 달이 된 민중의 오누이, 민중들이 오랜 세월 아끼며 기억해온 슬기로운 소년과 소녀가 '네모' 된 셈이다. 하지만 작가는 절망하지 않는다. 인간이 "하늘을 더럽히고 해와 달도 빛이 없게 만들었"지만 "이제라도 인간에서 지난 일의 잘

못됨을 뉘우쳐 하고 같이 비를 쓸어주면 이 하늘과 이 해와 이 달이 제대로 되기 어렵지 않으리라"고 전망한다. 마침내 각성한 '한놈'은 노래한다. "가자 가자, 하늘 쓸러 걸음걸음 나아가자."

단재는 뤼순 감옥의 차디찬 냉방에서 옥사했지만, 그가 노래한 하늘은 군부독재 시기의 대표적 민중시인 신동엽(1930~1969)의 절창으로 이어졌다.

"누가 하늘을 보았다 하는가/ 누가 구름 한 송이 없이 맑은/ 하늘을 보았다 하는가.// 네가 본 건, 먹구름/ 그걸 하늘로 알고/ 일생을 살아갔다.// 네가 본 건, 지붕 덮은/ 쇠 항아리,/ 그걸 하늘로 알고/ 일생을 살아갔다."

단재가 하늘 쓸러 가자고 촉구했듯이 신동엽도 호소했다.

"닦아라, 사람들아/ 네 마음속 구름/ 찢어라, 사람들아,/ 네 머리 덮은 쇠 항아리.// 아침저녁/ 네 마음속 구름을 닦고/ 티 없이 맑은 영원의 하늘/ 볼 수 있는 사람은/ 외경畏敬을/ 알리라"

무엇보다 장편서사시『금강』에서 신동엽은 동학혁명을 "가슴 두근거리는 큰 역사"로 애틋하게 노래했다. 동학은 최제우가 착상한 새로운 철학이다. 최시형과 손병희로 이어지며 사람을 하늘로 섬기라는 철학, 사람이 곧 하늘이라는 철학으로 전개됐다.

21세기를 살고 있는 한국인들은 마치 유전자라도 있다는 듯이 산과 하늘을 사랑한다. 한국인이 사랑하는 산은 역동적이다. 전국 곳곳에 있는 산사山寺마다 산신을 모신 산신각이 있다. 산신각의 벽화에는 어김없이 산신과 함께 호랑이가 등장한다. 호랑이는 성찰하지 못한 존재를, 산신은 이상 사회인 신시神市의 꿈을 상징한다.

하늘도 역동적이다. 단재의 '뿌얗게 변한 하늘'과 신동엽의 '지붕 덮은 쇠항아리'가 있지만 그것을 쓸러 가자는 한놈이 있고 '영원의 하늘'을 찾는 민중이 있다.

물론, 한국인의 밑물결 철학은 완결적이거나 체계적이지 않다. 그를 바탕으로 새로운 철학을 세울 과제는 금강석처럼 빛나는 이야기들을 물려받은 우리에게 있다. 단군신화에 나오는 성찰의 동굴은 약육강식의 질서가 지배하는 '호랑이 유형의 문화'를 벗어나 자기성찰과 그에 근거한 실천을 미덕으로 삼은 '곰 유형의 문화'를 세계화하는 밑절미가 될 수 있다. 처용에서 호랑이 설화, 아기장수에 이르는 이야기들에서도 우리는 사회서사의 변화와 함께 민중의 성찰을 중시하는 흐름을 볼 수 있다.

한국인이 사랑해온 신화와 설화에 담겨 있듯이 민중들은 긴 역사 과정을 통해 인간적 성찰과 사회적 실천을 동시에 강조하며 새로운 세상을 소망해왔다. 한국사의 밑물결로 연면히 이어온 단군신화의 깨끗한 꿈―널리 사람과 사회를 물질적·정신적으로 이롭게 함―은 민중적 위기를 맞은 제국주의 침탈기에 동학의 인내천 철학과 혁명적 실천, 신채호의 조선혁명선언으로 피어났다. 오랜 세월 한문을 숭상한 지배체제 아래서 문맹의 굴레를 쓰고 구전되는 신화와 설화로 생각을 나눠왔던 민중들은 한글을 기반으로 문예 공론장을 형성하고 19세기와 20세기를 거치며 역사의 주체로 자신을 정립해왔다. 21세기 들어서 지구촌의 격찬을 받은 촛불혁명이 거듭 일어난 배경이다. 다만 그 배경에는 사람보다 자본, 연대보다 경쟁을 중심에 둔 사회체제의 어둠이 아직 시커멓게 깔려 있음을 유의해야 한다. 딴은 그 어둠이 짙기에 서로가 서로에 보내는 응원이 한결 빛날 터다.

'사람이 곧 하늘'이라는 동학의 웅숭깊은 철학은 '사람이 바로 문학'이라는 상쾌한 명제와 썩 잘 어울린다. 동학은 한국인의 밑물결에서 길어 올린 사상이기에 한류의 철학적 기반으로 삼아도 손색이 없다. 신채호의 철학으로 이어지는 그 선구적 사유를 평화와 생태라는 시대적 과제에 맞춰 숙성할 과제는 우리 시대 민중의 몫이다. 물론 그 과정에서 서양철학이나 중국 철학의 성과를 배제할 필요도 이유도 없다. 오히려 한국인의 밑물결 철학을 기반으로 적극 사유하며 새롭게 융합해낼 일이다.

산과 하늘을 사랑한 '문학'은 인류세의 위기를 넘어설 철학의 씨앗을 품고 있다. 산과 하늘 그리고 사람까지 모두 우주의 표현이라는 우주적 사유가 그것이다. 현대 과학과 소통을 통해 한국 철학사의 밑물결이 사나운 겉물결을 뚫고 용솟음친다면 인류 문명을 새롭게 열 눈부신 흐름이 탕탕하리라 확신한다.

참고문헌

— 여는 글

강미정 외, 『문학치료학적 고찰을 통한 사회통합모형 제안 : 노사갈등을 중
  심으로』, 경제·인문사회연구회, 2013.

리처드 로티, 『우연성, 아이러니, 연대』, 김동식·이유선 옮김, 사월의책,
  2020.

매튜 D. 리버먼, 『사회적 뇌, 인류 성공의 비밀』, 최호영 옮김, 시공사. 2015.

손석춘, 「문학치료의 '사회서사' 시론」, 『문학치료연구』 41, 2016.

손석춘, 『우주철학서설 : 어둠의 인식론과 사회철학』, 철수와영희, 2022.

신동흔, 「문학치료학 서사이론의 보완·확장 방안 연구 – 서사 개념의 재설
  정과 서사의 이원적 체계」, 『문학치료연구』 38, 2016.

위르겐 하버마스, 『후기 자본주의 정당성 문제』, 임재진 옮김, 종로서적,
  1983.

정운채, 「시화에 나타난 문학의 치료적 효과와 문학치료학을 위한 전망」, 『고
  전문학과 교육』 1, 1999.

정운채, 「문학치료학의 서사이론」, 『문학치료연구』 9, 2008.

존 B. 캅 주니어, 『지구를 구하는 열 가지 생각』, 한윤정 엮고 옮김, 지구와사
  람, 2018.

클라우디아 비크만·R.A. 말 외, 『상호문화 철학의 논리와 실천』, 김정현 외
  옮김, 시와진실, 2010.

테오도르 아도르노, 『미학 이론』, 홍승용 옮김, 문학과지성사, 1994.

테오도르 아도르노, 『부정변증법』, 홍승용 옮김, 한길사, 1999.

토마스 베리 · 브라이언 스윔, 맹영선 옮김, 『우주 이야기』, 맹영선 옮김, 대화
　　문화아카데미, 2010.

프리드리히 슐레겔, 『초월철학 강의』, 이관형 옮김, 마인드큐브, 2017.

하은하, 「역사적 트라우마와 관련된 문학치료연구 현황」, 『문학치료연구』
　　27, 2013.

허균, 「호민론」, 임형택 옮김, 한국고전번역원, 1983.

Carl Jung, *Psychological Types*, Princeton University Press, 1971.

Karl Marx, *Theses on Feuerbach*, Marx/Engels Selected Works, Vol. One,
　　Moscow: Progress Publishers, 1969.

— 1장

김용섭, 『동아시아 역사 속의 한국문명의 전환』, 지식산업사, 2008.

김용섭, 「고조선 기자정권의 쇠망과 그 유민들의 국가재건 – 부여와 고구려
　　의 경우」, 『역사교육』 137, 2016.

김창규, 『安自山의 國文學硏究』, 국학자료원, 2000.

단군학회 엮음, 『남북 학자들이 함께 쓴 단군과 고조선 연구』, 지식산업사,
　　2005

데이비드 메이슨, 『산신 : 한국의 산신과 산악 숭배의 전통』, 신동욱 옮김, 한
　　림출판사, 2003.

동북아역사재단 엮음, 『고조선 단군 부여』, 동북아역사재단. 2015.

리우쿼이리, 「호랑이와 중국의 민담」, 이어령 편, 『십이지신 호랑이』, 생각의
　　나무, 2009.

마리-루이제 폰 프란츠, 『민담의 심리학적 해석』, 이부영 · 이광자 옮김, 한국

육연구원, 2018.

손석춘, 「단군신화의 사회철학 연구」, 『문학치료연구』 64, 2022.

신동흔, 『살아있는 한국 신화』, 한겨레출판, 2014.

신용하, 「箕子朝鮮說의 사회학적 검증과 '犯禁8條'의 실체」, 『고조선단군학』 29, 2013.

신용하, 「고조선문명 형성의 기반과 한강문화의 세계 최초 단립벼 및 콩의 재배 경작」, 『고조선단군학』 31, 2014.

안자산, 『朝鮮文學史』(한일서점, 1922), 한국학진흥원(『한국문학사연구총 서』 1), 1982.

우리어문학회, 『국문학사』(수로사, 1948), 한국학진흥원(『한국문학사연구 총서』 1), 1982.

유동식, 『민속종교와 한국문화』, 현대사상사, 1978.

이병찬, 「단군신화 교육의 전제와 방법적 제안」, 『국제어문』 53, 2011.

이어령, 『한국인의 신화』, 서문당, 1996.

이춘호, 「檀君朝鮮과 箕子朝鮮歷史에 대한 再認識」, 『한국(조선)어교육연 구』 15, 2020.

이평래, 『동북아 곰 신화와 중화주의 신화론 비판』, 동북아역사재단, 2009.

일연, 『삼국유사』 상·하, 이동환 옮김, 삼중당문고, 1977.

일연, 『삼국유사』 기이1 '고조선', 문화콘텐츠닷컴(http://www.culturecontent.com). 2017년 11월 3일 검색.

자크 모노, 『우연과 필연』, 김진욱 옮김, 범우사, 1996.

정영훈, 「다시 홍익인간이다 – 인간 없는 성장과 발전을 교정할 대안적 지 혜」, 『단군학연구』 42, 2020.

정인보, 『조선사연구』 상(서울신문사, 1946), 우리역사연구재단, 2012.

정재서, 「중국의 민간신앙 속에 나타난 호랑이」, 이어령 편, 『십이지신 호랑 이』, 생각의나무, 2009.

조성환, 「단군신화에 나타난 한국철학의 정체성」, 『한국교육철학회 학술발
　　표회 논문집』, 2017.

조흥윤, 「홍익인간 사상의 연원과 의미」, 『역사민속학』 9, 1999.

조희정, 「변화와 성장의 서사로 〈단군신화〉 읽기」, 『문학교육학』 47, 2015.

최원오, 「동북아신화에서 '惡, 부정적 존재들'에 대한 비교신화학적 이해 –
　　부리야트 〈게세르〉 신화를 중심으로」, 『한국문학논총』 54, 2010.

한영우, 「기자조선은 사실인가 허구인가」, 『진단학보』 136, 2021.

허경진, 「『삼국유사』 〈고조선〉 기사에 보이는 단군의 신화」, 『기독교사상』
　　701, 2017.

― 2장

김경수, 「처용랑 망해사 설화의 구조와 그 해석」, 김경수 외, 『처용은 누구인
　　가』, 역락, 2005,

김소월, 『진달래꽃』, 혜원출판, 1983.

김기흥, 「신라 처용설화의 역사적 진실」(2001), 처용간행위원회 편, 『처용연
　　구전집』 Ⅳ, 역락, 2005.

김학성, 「〈처용가〉와 관련설화의 생성기반과 의미」(1995), 김경수 외, 『처용
　　은 누구인가』, 역락, 2005

박기석, 「『삼국유사』 소재 설화의 읽기의 한 방법」, 『문학치료연구』 18,
　　2011.

박일용, 「고려 〈처용가〉 미석명(未釋明) 구절의 역사, 신화적 의미」, 『고전문
　　학과 교육』 35, 2017.

박일용, 「역신의 상징적 의미와 〈처용가〉의 감동 기제」, 『고전문학연구』 49,
　　2016.

손석춘, 「처용설화의 사회서사와 소통 효과」, 『문학치료연구』 46, 2018.

신선혜, 「『삼국유사』 기이편 「處容郎 望海寺」조의 이해」, 『신라문화제학술 발표논문집』 38, 2017.

이기백, 『한국사신론』, 일조각, 1967.

이상희, 「조선조(朝鮮朝) 민중예술(民衆藝術)의 커뮤니케이션사상(思想) 시론(試論)」, 『언론정보연구』 22, 1985.

이우성, 「삼국유사 소재 처용설화의 일 분석」(1969), 김경수 외, 『처용은 누구인가』, 역락, 2005.

이지영, 『한국의 신화 이야기』, 사군자, 2003.

이홍구, 『처용무』, 화산문화, 2000.

일연, 『삼국유사』 상 · 하, 이동환 옮김, 삼중당문고, 1977.

일연, 『삼국유사』 기이2 '처용랑 망해사', 문화콘텐츠닷컴(http://www.cul-turecontent.com). 2015년 8월 31일 검색.

임재해, 『민속문화론』, 문학과지성사, 1986.

전기웅, 「憲康王代의 정치사회와 '處容郎望海寺'條 설화」, 『신라문화』 26, 2005.

정운채, 「〈처용가〉와 〈도량 넓은 남편〉의 관련 양상 및 그 문학치료적 의의」, 『고전문학과 교육』 12, 2006.

사회과학원 역사연구소, 『조선통사』 상, 오월, 1988.

홍기삼, 「처용랑 망해사」(1997), 처용간행위원회 편, 『처용연구전집』 II-2, 역락, 2005.

황병익, 「역신(疫神)의 정체와 신라 〈처용가〉의 의미 고찰」, 『정신문화연구』 34(2), 2011.

설화 '팥죽할멈이 호랑이 잡은 이야기', 『한국구비문학대계』, 한국정신문화
연구원, 1980~1988.

설화 '해와 달이 된 오누이', 『한국구비문학대계』, 한국정신문화연구원,
1980~1988.

마쓰무라 아키라, 『절대지식 일본고전』, 윤철규 옮김, 이다미디어, 2011.

박재인·한상효, 「설화〈해와 달이 된 오누이〉에 대한 북한의 현대적 수용 방
식 고찰」, 『고전문학과 교육』 32. 2016.

신동흔, 『옛이야기의 힘』, 나무의철학, 2020.

이지영, 「〈해와 달이 된 오누이〉 설화의 동북아 지역 전승 양상과 그 특징」,
『동아시아고대학』 20, 2009.

전영선, 「'해님 달님' 밧줄 내려준 건 하늘이 아니다?」, 『통일한국』 376,
2015.

정재서·전수용·송기정, 『신화적 상상력과 문화』, 이화여자대학교출판부,
2008.

조현설, 「〈해와 달이 된 오누이〉형 민담의 창조신화적 성격 재론」, 『비교민속
학』 33, 2007.

조현설, "해와 달로 쫓고 쫓기는 오누이…'근친혼 스캔들'이 숨어 있다", 경
향신문, 2018.4.5.

차남희, 「최제우의 천(天) 개념 – 고대 무교와의 연관성을 중심으로」, 『담론
201』 9(4), 2007.

설화 '호랑이 눈썹', 정운채 외, 『문학치료 서사사전』 1(설화편), 문학과치료, 2009.

권내현, 「내재적 발전론과 조선 후기사 인식」, 『역사비평』 111, 2015.

김금숙, 「설화 〈호랑이 눈썹〉의 서사 의미 연구 – 일본, 중국, 인도에서 전승되고 있는 설화와의 비교를 중심으로」, 『어문연구』 42(3), 2014.

박연숙, 「구전설화 〈호랑이 눈썹〉의 한일 비교」, 『일본어문학』 65, 2014.

박홍갑, 『사관 위에는 하늘이 있소이다』, 가람기획, 1999.

손석춘, 「사회적 절망과 〈호랑이 눈썹〉의 사회서사」, 『문학치료연구』 56, 2020.

신동흔, 『삶을 일깨우는 옛이야기의 힘』, 우리교육, 2012.

신병주, 『조선평전』, 글항아리, 2011.

윤승준, 「〈도깨비감투〉와 〈호랑이 눈썹〉, 그 상반된 욕망의 서사」, 『실천민속학연구』 29, 2017.

이강옥, 「부부 짝 바꾸기 이야기의 존재 양상과 죽음명상 텍스트로서의 가치」, 『우리말글』 68, 2016.

임병훈, 「조선후기 광업경영의 발전 – 금·은광업을 중심으로」, 『한국사연구』 32, 1981.

임재해, 「설화에 나타난 호랑이의 다중적 상징과 민중의 권력 인식」, 『실천민속학연구』 19, 2012.

정운채, 「정몽주의 암살과 복권에 대한 서사적 이해 – 분단서사와 통일서사의 역사적 실체 규명을 위하여」, 『통일인문학』 53, 2012.

조재곤, 『보부상 : 근대 격변기의 상인』, 서울대학교출판부, 2003.

설화 '호랑이로 변한 남편', 『한국구비문학대계』, 한국정신문화연구원, 1980~1988.

설화 '효자가 된 호랑이 형님', 『한국구비문학대계』, 한국정신문화연구원, 1980~1988.

강만길, 『한국민족운동사론』, 한길사, 1985.

강준만, 『한국 근대사 산책』1~10, 인물과사상사, 2007.

강석근, 「한국 호랑이의 문화 상징적 가치와 의미」, 『국제언어문학』42, 2019.

국사편찬위원회, 『조선왕조실록』, 41책, http://sillok.history.go.kr/id/wua_10111003_003

김정호, 『조선의 탐식가들』, 따비, 2012.

김정희, 「〈호랑이로 변한 남편〉과 〈효자가 된 호랑이 형님〉의 비교를 통해 본 관계 맺기의 두 양상」, 『문학치료연구』38, 2016.

김종대, 「黃八道傳說의 傳承과 存在意味에 대한 一考察」, 『어문론집』22, 1992.

도나 해러웨이, 『트러블과 함께하기』, 최유미 옮김, 마농지, 2021.

박경주, 「대학 고전문학교육의 현황과 그 방향성 모색」, 『고전문학과 교육』45, 2020.

박홍갑, 『사관 위에는 하늘이 있소이다』, 가람기획, 1999.

서유석, 「설화에서의 도적 혹은 의적 재현에 관하여 – 도적을 의적으로 호명하는 욕망과 그 의미」, 『한국문학연구』63, 2020.

손도심, 『호랑이』, 서울신문사, 1974.

손석춘, 「'효자 호랑이' 설화의 사회서사와 소통의 철학」, 『문학치료연구』72, 2024.

신동흔, 「그 호랑이는 어떻게 형님이 되었나」, 『샘터』 527, 2014.

안병욱, 「전근대 민중운동의 논리와 이념」, 『역사비평』 24호, 1994.

안토니오 그람시, 『옥중수고』 2(철학·역사·문화 편), 이상훈 옮김, 거름, 1993.

역사학연구소, 『함께 보는 한국근현대사』, 서해문집, 2004.

위르겐 하버마스, 『공론장의 구조변동』, 한승완 옮김, 나남, 2004.

이가원, 『조선 호랑이 이야기』, 학민사, 1993.

임재해, 「설화에 나타난 호랑이의 다중적 상징과 민중의 권력 인식」, 『실천민속학연구』 19, 2012.

천진기, 「민중신앙 속의 호랑이」, 이어령 편, 『십이지신 호랑이』, 생각의나무, 2009.

최래옥, 『설화와 역사』, 집문당, 2000.

최원오, 「한국 구비문학의 성격과 민족문화의 정체성 – '호랑이설화'를 예로 들어」, 『국학연구』 16, 2010.

하은하, 「정신분열증에 대한 문학치료학적 접근과 서사지도」, 『문학치료연구』 14, 2010.

한스게오르크 가다머, 『진리와 방법』 2, 임홍배 옮김, 문학동네, 2012.

한영우, 『허균평전 : 천재 혁명사상가, 실학자』, 민속원, 2022.

한자경, 『한국철학의 맥』, 이화여자대학교출판부, 2008.

홍태한, 『인물전설의 현실인식』, 민속원, 2000.

황현, 『梅泉野錄』 제2권, 高宗 31년 甲午(1894년), 국사편찬위원회, 한국사데이타베이스.

황혜진, 『고전의 현대적 변용과 매체 교육』, 황금비 2023.

― 6장

김영희, 「비극적 구전서사의 연행과 '여성의 죄'」, 연세대학교 박사학위논문, 2009.

손석춘, 「〈아기장수〉 설화의 '내적 소통'에 관한 시론」, 『문학치료연구』 33, 2014.

신동흔, 「아기장수 설화와 진인출현설의 관계」, 『고전문학연구』 5, 1990.

윌버 슈람·윌리엄 포터, 『인간 커뮤니케이션』, 최윤희 옮김, 나남, 1990.

이청준, 『사랑의 손가락 : 이청준 동화집』, 문학수첩, 2006.

이청준, 『신화를 삼킨 섬』, 열림원, 2003.

정운채, 『문학치료의 이론적 기초』, 문학과치료, 2006.

최인훈, 『옛날 옛적에 훠어이 훠이』, 문학과지성사, 1979.

― 7장

김병민, 『신채호문학연구』, 아침, 1989.

김병민, 「단재 신채호의 철학과 그 인간상」, 『퇴계학논집』 14, 2014.

김진영, 『자아 커뮤니케이션』, 커뮤니케이션북스, 2015.

김진옥, 「단재문학과 한국 근대문학의 성격」, 대전대학교지역협력연구원 엮음, 『단재 신채호의 현대적 조명』, 다운샘, 2003.

김현주, 「단재 신채호 소설 〈꿈하늘〉에 대한 정신분석학적 연구」, 『한민족어문학』 65, 2013.

다이앤 애커먼, 『뇌의 문화지도』, 김승욱 옮김, 작가정신, 2006.

롤랑 바르트, 『롤랑 바르트가 쓴 롤랑 바르트』, 이상빈 옮김, 강, 1997.

미하이 칙센트미하이, 『몰입의 재발견』, 김우열 옮김, 한국경제신문, 2009.

손석춘, 「단재 〈꿈하늘〉의 자아소통과 사회서사」, 『문학치료연구』 49, 2018.

신동흔, 「〈바리공주〉 신화에서 '낙화'의 상징성과 주제적 의미」, 『구비문학연구』 49, 2018.

신채호, 「꿈하늘」, 『단재 신채호 전집』 7, 독립기념관 한국독립운동사연구소, 2008.

신채호, 「조선혁명선언」, 『단재 신채호 전집』 8, 독립기념관 한국독립운동사연구소, 2008.

양진오, 「신채호 문학 다시 읽기의 시론적 고찰」, 『한민족어문학』 72, 2016.

우한용, 「소설쓰기와 '자기인식/ 자기치유'에 대한 단상」, 문학치료학회 176회 학술대회발표문, 2018.

이은애, 「신채호와 양계초의 '소설개혁론' 비교 연구」, 『한중인문학연구』 9, 2002.

장 자크 루소, 『참회록』, 홍승오 옮김, 동서문화사, 2007.

정운채, 「문학치료학 서사이론에 입각한 창작이론」, 『문학치료연구』 26, 2013.

주광순, 「신채호와 상호문화철학」, 『코기토』 82, 2017.

하정일, 『탈식민의 미학』, 소명출판, 2008.

하타노 세츠코, 『이광수, 일본을 만나다』, 최주한 옮김, 푸른역사, 2016.

— 닫는 글

손석춘, 『우주철학서설 : 어둠의 인식론과 사회철학』, 철수와영희, 2022.

신동엽, 『신동엽전집』, 창비, 1975.